从0到1

从创新到创业

（第二版）

主　编　雷燕瑞

副主编　刘来权　虞成诚　陈冠星
　　　　李传科　何　蕾

厦门大学出版社

XIAMEN UNIVERSITY PRESS

国家一级出版社
全国百佳图书出版单位

图书在版编目（CIP）数据

从 0 到 1：从创新到创业 / 雷燕瑞主编. -- 2 版. --
厦门：厦门大学出版社，2023.10（2024.12 重印）
　　ISBN 978-7-5615-9158-1

　　Ⅰ．①从… Ⅱ．①雷… Ⅲ．①大学生-创业-高等学
校-教材 Ⅳ．①G647.38

中国版本图书馆CIP数据核字(2023)第197020号

责任编辑　林　鸣
美术编辑　李夏凌
技术编辑　许克华

出版发行　**厦门大学出版社**
社　　址　厦门市软件园二期望海路 39 号
邮政编码　361008
总　　机　0592-2181111　0592-2181406(传真)
营销中心　0592-2184458　0592-2181365
网　　址　http://www.xmupress.com
邮　　箱　xmup@xmupress.com
印　　刷　湖南省众鑫印务有限公司

开本　787 mm×1 092 mm　1/16
印张　18
插页　2
字数　324 千字
版次　2020 年 8 月第 1 版　2023 年 10 月第 2 版
印次　2024 年 12 月第 2 次印刷
定价　58.00 元

厦门大学出版社
微信二维码

厦门大学出版社
微博二维码

编 委 会

主 编

雷燕瑞

副主编

刘来权　虞成诚　陈冠星

李传科　何　蕾

编 委

陈冠星　陈雪利　雷燕瑞

李传科　梁新亮　刘来权

刘米兰　何　蕾　徐靖喻

虞成诚　张瑞娥

前言 PREFACE

创新无止境，创业有风险。

一部人类的文明史是由一个一个创新促成的，无数被历史铭记的伟人在政治、经济、科技、艺术等不同领域，实施了爆炸性的创新，才造就了今天的人类文明。从古至今，有无数的创业者历经艰辛，有人一败涂地，有人无往不利……因为创业中处处充满风险。从创新到创业，就是从0到1的转变，0是驰骋狂想，1是顶天立地。

优秀的创新者不仅善于遐想，更能创造性地解决问题。优秀的创业者不是善于冒风险，而是善于控制风险。创新和创业都是可以学习的，只有方法多了，经验丰富了，才能更好地创新与创业。

希望您在读完本书之后，修得创新心法，练得创业大法，吸收众多创新者的智慧和创业者的经验，在创新与创业路上不再迷茫，大胆创新，谨慎创业，成就一个更好的自己，成为离成功最近的人。

本书由雷燕瑞主编，刘来权、虞成诚、陈冠星、李传科、何蕾为副主编。其中，第一章由张瑞娥负责编写，第二章由虞成诚负责编写，第三章由陈冠星负责编写，第四章、第五章和第六章由刘来权负责编写，第七章由何蕾负责编写，第八章和第九章由雷燕瑞负责编写，第十章由李传科负责编写。参与本书编写和修订工作的还有陈雪利、徐靖喻、梁新亮和刘米兰。本书是所有成员辛勤和智慧的结晶，在此感谢所有人的努力和付出。特别感谢郑全军教授和刘方明副教授，在本书编写的过程中提出了很多宝贵的意见。

为扎实推进习近平新时代中国特色社会主义思想和党的二十大精神进教材、进课堂、进头脑，落实相关文件精神，本教材充分借鉴了作者在科研、教学实践过程中的经验，以及读者的反馈意见，对内容做了进一步修订，使创新与创业课的教学内容富有时代特色。修订工作中,得到了海南省哲学社会科学规划课题(思政专项)(hnsz2023-44)的支持。

我们在编写过程中竭尽全力,不敢有半点懈怠和马虎。但是,鉴于编者水平有限,全书可能还有许多不妥或者错漏之处,敬请读者批评指正。

雷燕瑞

2023 年 2 月

目录 CONTENTS

第 1 章
创新思维

　　创新思维是人们在认识事物的过程中，运用自己掌握的知识和经验，通过分析、综合、比较、抽象，再加上合理的想象产生的新思想、新观点的思维方式。换句话说，创新思维是指以新颖独创的方法解决问题的思维过程，以求突破常规思维的界限，以超常规甚至反常规的方法、视角去思考问题，提出与众不同的解决方案，从而产生新颖、独特、有意义的思维成果。

　　但是，创新不是随意、凭空想象，更不是不着边际的编造和涂鸦。创新思维来源于生活，来源于对各类信息的整理、收集和学习借鉴。生活为我们的创新提供了取之不尽、用之不竭的源泉，离开对生活的热爱、观察和细心品读，我们的创新思维也会枯竭，不能产生有效的作用。

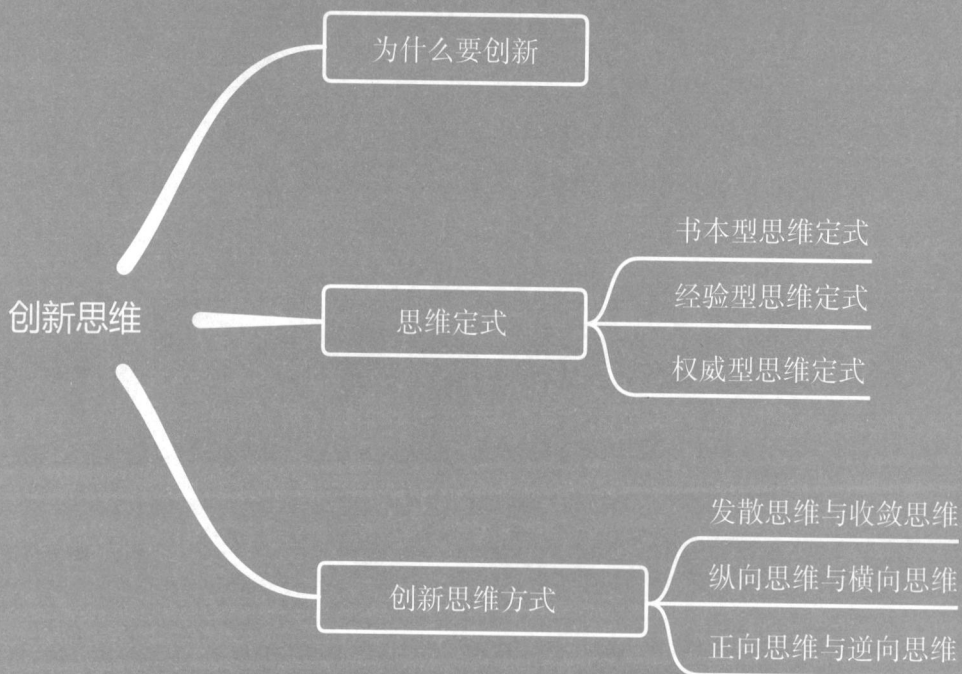

1.1 为什么要创新

人类社会的每一次进步，都离不开技术创新；人类文明的每次向前，都离不开创新驱动。可以说没有创新，就没有人类的进步，创新永无止境。创新是一个民族生存与发展的根本，创新能够推动文化的发展、科技的进步以及社会的发展。科技兴则民族兴，人才强则国家强。习近平总书记在党的二十大报告中指出："必须坚持科技是第一生产力、人才是第一资源、创新是第一动力，深入实施科教兴国战略、人才强国战略、创新驱动发展战略，开辟发展新领域新赛道，不断塑造发展新动能新优势。加快实施创新驱动发展战略。加快实现高水平科技自立自强。"由此可见创新的重要性。

纵观历史，创新关乎国家民族发展的根本，创新是推动人类社会发展的第一动力。中国历史上的创新举措不胜枚举。

从远古人类学会钻木取火，人类得以用火烧烤食物和抵御野兽的侵袭，用火加工食物改善饮食，并且促进人类大脑发育。指南针的发明让中国人在航海中创造了一套非常实用的导航技术，凭借着这套导航技术，人类得以在茫茫大海中辨别方向，郑和实现了下西洋的伟大壮举。造纸术的发明是中华民族对世界文明的伟大贡献，它使造纸材料简单易得，成本低廉，方便携带、书写；而活字印刷术的发明，则为我国历代的书籍印刷提供了极大的方便，二者的发明在文化传播方面起到了积极的促进作用，对世界文明进程和人类文化发展均产生了重大影响。

蒸汽机的发明推动了机械工业的发展，促进了交通运输的进步，带来了第一次工业革命，极大地推进了社会生产力的发展；电的发现和应用改变了社会进程，让社会进入一个全新的发展阶段，带给人类高效创造生产和生活的能源，极大地发展了生产力，推动了社会进步，电的发现和应用也为现代电力工业和电子科技的发展奠定了基础。从蒸汽机到发电机，人类进入了"电气时代"，各类机器、机械相继被发明，人类的生活方式进入了全新时代。由此可见，人类社会的每次进步和改变，都离不开技术的创新。

案例 1-1

我国科技工作者迎难而上、攻坚克难

20世纪80年代，美国经济学家布朗曾发出这样的疑问："21世纪谁来养活中国？"20年后，我国已通过杂交水稻增产3500亿千克，每年增产的稻谷可以多养活6000万人，这就是袁隆平的回答。2022年，我国全年粮食实现增产丰收，全国粮食总产量达6865.5亿千克，比上年增加37亿千克，增长0.5%，粮食产量连续8年稳定在0.65万亿千克以上。而这些数字的背后是"共和国勋章"获得者袁隆平和他的团队的努力。

袁隆平根据苏联生物学家米丘林、李森科的无性杂交理论尝试进行无性杂交、营养培植、环境影响等实验。这些嫁接的农作物，有些确实结出了果实，月光花嫁接的红薯长出了8.75千克的"红薯王"。结果到了第二年，这些嫁接得到的果实无法继续遗传，试验宣告失败。在历经3年的试验后，袁隆平意识到这种方法不能改变作物的遗传性。之后，袁隆平通过看书、查资料，决心回到遗传学说上来，开始从研究与实践的结合上深入研究。他从研究红薯转为研究水稻，开展田间试验。袁隆平想起来农民常说的一句话，叫作"施肥不如勤换种"。

1964年夏，在湖南安江农校的水稻田里，袁隆平发现了自己一直苦苦寻找的那棵奇特的植株。之后，袁隆平经历了试验3000多次仍不成功的失落，经历了毁苗事件以及自然灾害，过程异常艰难。1973年，袁隆平和科研团队成功培育出杂交水稻，这让中国成为世界上第一个成功培育出杂交水稻的国家，将水稻产量从每亩300千克提高到每亩500千克以上。在袁隆平的带领下，中国的水稻先后于2000年、2004年和2011年实现亩产700千克、800千克和900千克的目标，并于2014年实现亩产1000千克的历史性突破。袁隆平的研究成果不仅在很大程度上解决了中国人的吃饭问题，而且被认为是解决21世纪世界性饥饿问题的法宝。国际上甚至把杂交稻当作中国继四大发明之后的第五大发明，将其誉为"第二次绿色革命"。

另一位家喻户晓的科技工作者屠呦呦因在创新型抗疟疾药物领域做出的杰出贡献，荣获诺贝尔生理学或医学奖。她是历史上获此殊荣的第一位中国人。

屠呦呦的原创性贡献，在于发现了青蒿素中杀灭疟原虫的有效成分。当年，屠呦呦尝试过用高温提取有效成分，没有成功。后来，她从中医古籍《肘后备急方》中得到启发，创新了低温提取青蒿抗疟有效成分的方法，并最终发现了青蒿素，为人类带来了一种全新结构的抗疟新药，标志着人类抗疟步入新纪元。以青蒿素类药物为基础的联合用药疗法是世界卫生组织推介的最佳疟疾治疗方法，挽救了全球特别是发展中国家数百万人的生命，为中医药科技创新和人类健康事业做出了重要贡献。

同样，在医学领域，1965年，中国首次创新完成了人工合成结晶牛胰岛素。这是世界上第一次人工合成的蛋白质，在世界上居于领先地位。

新中国成立70多年来，涌现出许多重大科研成果，为提高人民的生活水平提供了有力的保障，也为世界难题提供了中国的解决方案。中国人在科学研究中不断探索创新，中国的创新能力正在蓬勃发展。

（资料来源：https://mp.weixin.qq.com/s?__biz=MzI1OTAzOTc0OA==&mid=2650226905&idx=1&sn=809d58b3ef8fb8952dc109d54bcb067b&chksm=f27d17b2c50a9ea464c0938ffc8502f4d3acf0ddad9bf63e402feb639e6718bb896fe42a9916&scene=27）

自主创新是企业的生命，是企业爬坡过坎、发展壮大的根本。要坚持创新在现代化建设全局中的核心地位，把创新作为一项国策，积极鼓励支持创新。

华为从一家销售代理公司到自主生产企业，再到成为全球第一大电信设备厂商，靠的是技术创新；大疆创新科技自成立以来，从无人机系统拓展至多元化产品体系，在无人机、手持影像系统等领域成为全球领先的品牌，以一流的技术产品重新定义"中国智造"内涵，靠的是技术创新；九阳专注于健康饮食电器的研发、生产、销售，成为小家电行业非常有影响力的品牌，靠的也是技术创新。

互联网、大数据、人工智能信息化技术的日新月异、蓬勃发展离不开创新；深海深空深地深蓝等战略高技术领域的每次跨越离不开创新；"雪龙 2 号"南极首航、"嫦娥五号"月球采样、"海斗一号"万米深潜、"天问一号"火星着陆也离不开创新；生物育种、先进制造、集成电路、量子计算、基因研究等前沿领域更离不开创新，创新是引领发展的第一动力。

党的二十大报告指出，要坚持创新在我国现代化建设全局中的核心地位。强化国家战略科技力量，优化配置创新资源，优化国家科研机构、高水平研究型大学、科技领军企业定位和布局，形成国家实验室体系，统筹推进国际科技创新中心、区域科技创新中心建设，加强科技基础能力建设，强化科技战略咨询，提升国家创新体系整体效能。深化科技体制改革，深化科技评价改革，加大多元化科技投入，加强知识产权法治保障，形成支持全面创新的基础制度。培育创新文化，弘扬科学家精神，涵养优良学风，营造创新氛围。扩大国际科技交流合作，加强国际化科研环境建设，形成具有全球竞争力的开放创新生态。

伟大的人民教育家陶行知曾说"处处是创造之地，天天是创造之时，人人是创造之人"。从中国制造向中国创造、中国速度向中国质量、中国产品向中国品牌转变，需要全民的共同参与方能做到。

1.2　思维定式

思维定式（thinking set），也称"惯性思维"，是由先前的活动造成的一种对活动特殊的心理准备状态或活动的倾向性。在环境不变的条件下，定式能使人用已掌握的方法迅速解决问题。而在情境发生变化时，定式则会妨碍人采用新的方法。消极的思维定式是束缚创造性思维的枷锁。

思维定式有益于日常对普通问题的思考与处理，可以应用已掌握的方法迅速解决问题；但不适用于创造性思维，它会妨碍新思想、新观点、新技术和新形象的产生。因此，在创造性思维过程中，需要突破思维定式。常见的思维定式有书本型思维定式、经验型思维定式、权威型思维定式以及从众型思维定式。

1.2.1　书本型思维定式

书本是人类社会发展的见证者、影响者和引导者。书本知识对人类发展进程中的作用也是显而易见的。但如果认为书本中的一切都是正确的、不能改变的，必须严格按照书本上所写的去做，不能怀疑和违反，就是一种把书本知识扩大化、绝对化、片面化的有害观点，也就是书本型思维定式。书本型思维定式会严重束缚、禁锢创新思维的发挥。

案例 1-2

马谡街亭守卫战

《三国演义》中，熟读兵书、精通兵法的马谡在守卫街亭的战斗中，不听王平劝阻，在山上屯兵，认为这样可以"凭高视下，势如破竹"；如敌军截断水道，我军会"背水一战，以一当十"。马谡的这些观点正是从兵书上学来的，可白纸黑字的兵书与刀光剑影、瞬息万变的战场毕竟不同，蜀军在被围后不仅不能以一当十，反而军心涣散不战而退。最后熟读兵法的马谡未能在战争史上留下一场经典之战，却因诸葛亮的"挥泪斩马谡"而"流芳百世"。

（资料来源：http://dy.163.com/v2/article/detail/DJMNQKA90519WVHA.html）

案例 1-3

对盖伦著作的坚信不疑

公元前 2 世纪古罗马时代的医学家盖伦，医术精湛，对后来医学有着非常重要的影响。但是在以后 1000 多年的时间里，他的成就被严重夸大化、绝对化，成为至高无上的经典，任何人都不能怀疑和违反。盖伦写的一本书上称人的腿骨也像狗的腿骨一样是弯曲的。后来，有人对人体进行解剖发现，人的腿骨并不是弯曲的，而是直的。这时候应该根据实际发现纠正盖伦的说法，但人们对新发现的事实做出了这样的解释：盖伦时代人的腿骨确实是弯曲的，因为那时候的人穿长袍，腿骨的弯曲得不到纠正，后来改穿裤子了，狭窄的裤腿箍住了腿骨，几百年后人们的腿骨也就变直了。在今天看来，这么牵强地解释说明一件事情，就是那时候的人对盖伦的书盲目崇拜、迷信，禁锢了其创新思维和认识的发展。

（资料来源：https://max.book118.com/html/2017/1231/146664505.shtm）

以上案例告诉我们，对于书本知识的学习需要掌握其精神实质，活学活用，切忌当成教条死记硬背，生搬硬套。对于书本知识既要学习又要理解，还要能从书本中跳出来，站在一个更高的层次看清其中的思想或作用，避免了解的片面性。

1.2.2　经验型思维定式

经验型思维定式是指人们往往会按照先前的经验去处理问题的一种思维习惯。经验型思维定式有助于人们提高常规事件的办事效率，但其忽略了经验的相对性和片面性，制约了创新思维的发挥。我们既需要经验，也需要破除经验型思维定式，提高思维灵活变通的能力。

案例1-4

驴子过河

一次，有一头驴子驮着两袋盐过河，不小心摔倒了，跌在了水里，背上袋子里的盐溶化了许多。这时候，驴子站起来感到身体轻松了许多。驴子非常高兴，因为这一跤让它得到了经验，摔一跤就可以减轻背部的重量。又有一回，主人让驴子驮着棉花，由于有了上一次在河里摔倒就可以减轻重量的经验，驴子走到河边的时候，故意跌倒在水里，结果棉花吸了水变得更重了，驴子不但没有减轻重量，反而再也站不起来了，就这样一直往下沉，最后淹死了。

（资料来源：http://zujuan.xkw.com/16q7740210.html）

英国学者贝尔纳曾说过："构成我们学习最大障碍的是已知的东西，而不是未知的东西。"

1.2.3 权威型思维定式

在思维领域，不少人习惯引证权威的观点，不假思索地以权威的是非为是非，一旦发现与权威相违背的观点，就认为是错误的，这叫"权威型思维定式"。权威型思维定式是对权威的迷信、盲目崇拜与夸大，属于权威的泛化。事实证明，权威也会犯错误，爱迪生曾极力反对交流电的应用，也有许多科学家曾经预言飞机是不能上天的。

案例1-5

惩罚小猴子吃西瓜

一次，一群猴子抬着一大筐西瓜孝敬美猴王。美猴王从未见过也就不可能吃过西瓜，不知如何下口。忽然，他眼睛一转，说道："小的们，我来考考你们，这西瓜该吃瓤，还是该吃皮？答对的有赏。"

一只小猴子抢着说："吃西瓜得吃西瓜瓤，西瓜皮不好吃。"

话未说完，一只德高望重的老猴子说道："不对，吃西瓜当然得吃西瓜皮，哪有吃西瓜瓤的？"

这时候，美猴王拍了拍老猴子的肩膀，笑着说："姜还是老的辣！"

于是，那只小猴子"受罚"吃西瓜瓤，西瓜皮则被美猴王等分享了。

（资料来源：https://wenku.baidu.com/view/3acb80d8ce2f0066f53322cc.html）

案例 1-6

小泽征尔敢于挑战权威

日本的小泽征尔是世界著名音乐指挥家。他在成名以前，有一次去欧洲参加音乐指挥家大赛。决赛时，他最后一个上场。小泽征尔拿到评委给他的乐谱后，经过很短时间的准备，便开始全神贯注地指挥起来。

忽然，他发现乐曲中有一点不和谐的地方，开始他以为是演奏错了，就让乐队停下来重新演奏，但再次演奏仍然觉得不和谐。

这时候，小泽征尔认为乐谱本身有问题，可是在场的作曲家和评委却一再强调，乐谱不会有问题。

面对几百名国际音乐界的权威人士，小泽征尔也对自己的判断有了怀疑，但他考虑再三，仍然坚持认为自己的判断是没有错的。于是他斩钉截铁地告诉大家，乐谱肯定错了。他的声音刚落，评委立即站了起来，对他报以热烈的掌声，祝贺他大赛夺冠。

原来，这是评委在赛前精心设计的一个圈套，以试探指挥家能否发现错误；而在权威人士拒不承认错误的时候，是否还能坚持自己的正确判断。评委认为，只有具备这种素质的人，才真正称得上是世界一流的音乐指挥家。

小泽征尔最终突破权威型定式思维，获得了成功。当然，这种成功还要缘于自己的自信心。

（资料来源：http://zujuan.xkw.com/24q6150004.html）

在权威型思维定式下，一切都以权威的观念作为是非的衡量标准，这就使人们的思维固化，根本无法创新。我们应该坚持"实践是检验真理的唯一标准"这条真理，在实践面前，任何理论、权威都必须让位。

案例 1-7

阿西莫夫的故事

阿西莫夫是美籍俄国人，从小就很聪明，年轻时多次参加"智商测试"，得分都在160分左右，属于天赋极高之人。有一天，阿西莫夫遇到一位熟人，这位熟人对阿西莫夫说："嗨，博士，你的智商很高，我这里有道题看你能不能回答出来。"阿西莫夫点头同意，于是这位熟人开始出题："有一位聋哑人，想买几根钉子，就来到五金商店，对着售货员做出左手食指在柜台上，右手握拳敲击的样子，售货员见状就递给他一把锤子，聋哑人摇了摇头，于是售货员明白了，他想买的是钉子。聋哑人买完钉子高兴地走出商店，接着又来了一位盲人，这位盲人想要一把剪刀，请问，盲人会怎么做？"

"盲人肯定会这样……"阿西莫夫边回答边伸出食指和中指，做出剪刀的形状。

听了阿西莫夫的回答，这位熟人开心地笑了起来："哈哈，答错了吧！盲人想要买剪刀，他只需要开口对老板说'我买剪刀'就行了，干吗要做手势呢？"

（资料来源：http://www.360doc.com/content/18/0827/10/6220327_781526083.shtml）

人的思维空间是无限的，也许我们正被困在一个看似走投无路的地方，也许我们正囿于一种两难的选择之间。这时，我们一定要明白，这种境遇只是我们固执的定式思维所致，如果敢于跳出这个思维重新思考，一定能找到不止一条跳出困境的出路。

1.3 创新思维方式

"创新"既是当今世界出现频率非常高的一个词，也是一个非常古老的词。innovation 源自拉丁语，原来有三层含义：第一，更新；第二，创造新的东西；第三，改变。创新作为一种理论形成于 20 世纪。

创新是指以现有的思维模式提出有别于常规或常人思路的见解为导向，利用现有的知识和物质，在特定的环境中，本着理想化需要或为满足社会需求，改进或创造新的事物、方法、元素、路径、环境，并能获得一定有益效果的行为。

产品创新就是要采取一种新的生产方法生产一种新的产品。美国管理学大师德鲁克在 20 世纪 50 年代把创新引入管理领域，从而有了管理创新。他认为，创新可以扩展到社会的方方面面，如我们讲的理论创新、制度创新、经营创新、技术创新、教育创新、分配创新等。

创新思维是指以新颖独创的方法解决问题的思维过程，通过这种思维能突破常规思维的界限，以超常规甚至反常规的方法、视角思考问题，提出与众不同的解决方案，从而产生新颖的、独到的、有社会意义的思维成果。

1.3.1 发散思维与收敛思维

1. 发散思维

发散思维（divergent thinking），又称"辐射思维""放射思维""扩散思维"或"求异思维"，是指大脑在思维时呈现的一种扩散状态的思维模式，见图 1-1。发散思维表现为思维视野广阔，呈现出多维发散状，在解决一个问题时，会沿着不同的方向进行积极的思考，找出符合条件的多种答案、解决方法或结论。"一题多解""一事多写""一物多用"等方式都是发散思维的表现。不少心理学家认为，发散思维是创造性思维最主要的特点。发散思维

图 1-1 发散思维示意

要求人们的思维向四方扩散，无拘无束，海阔天空，甚至异想天开。通过思维的发散，打破原有的思维模式，提供新的结构、新的点子、新的思路、新的发现、新的创造，特别是可以提供一种全新的思考方式。

具有发散思维的人，在观察一个事物时，往往会通过联想与想象，将思路扩展开来，而不局限于事物本身，常常能够发现别人发现不了的事物与规律。发散思维具有流畅性、变通性和独特性的特点。

流畅性就是思想的自由发挥。能在尽可能短的时间内生成并表达出尽可能多的思维观念及较快地适应、消化新的思想观念。流畅性反映的是发散思维的速度和数量特征。

变通性就是克服人们头脑中某种已经僵化的思维框架，按照某一新的方向思考问题的过程。变通性需要借助横向类比、跨域转化、触类旁通，使思维沿着不同的方面和方向扩散，表现出极其丰富的多样性和多面性。变通性使发散思维的数量增多、跨度变大。

独特性是指人们在发散思维中从前所未有的新角度认识事物，产生不同寻常的、异于他人的新想法，使人们能获得创造性的成果。独特性是发散思维的最高目标。

📑 案例 1-8

铅笔的用途

1983 年，一位在美国学习的法学博士普洛罗夫做毕业论文时发现这么一个现象：50 年来，美国纽约里士满区的一所穷人学校圣·贝纳特学院毕业的学生比其他地区学校的毕业学生犯罪记录都低。

之后，普洛罗夫进行了一项长达 6 年的调查，调查中他问了所有圣·贝纳特学院毕业的学生一个问题："圣·贝纳特学院教会了你什么？"这次调查一共收到了 3756 份回函，在这些回函中有 74% 的人回答，他们在学校知道了一支铅笔有很多种用途，入学的第一篇作文就是这个题目。

学生都知道铅笔的一种用途——写字。后来，因为入学作文让大家开始思考铅笔不仅能用来写字，还有很多用途：替代尺子画线；作为礼品送给好朋友表示友谊；当作商品出售获得利润；铅笔芯磨成粉可以做润滑粉，演出的时候甚至可以临时用来化妆；铅笔削下来的木屑可以做成装饰画；一支铅笔按照等比例锯成若干份，可以做成象棋，可以当作玩具的轮子；在遇到坏人时，削尖的铅笔还能作为自卫的武器等。圣·贝纳特学院让这些穷人的孩子明白，有着眼睛、鼻子、耳朵、大脑和手脚的人更有无数种用武之地，并且任何一种用途都足以使他们成功。

（资料来源：https://wenku.baidu.com/view/f4936ba2852458fb760b5631.html）

在大家看来，铅笔最主要的功能是写字，但它可以当礼品、做尺子，特殊情况下还可以抽去笔芯做成吸管。这就是发散思维，从一个点出发，向四面八方发散思考，寻求解决问题的方法。总之就是"此路不通，另辟蹊径"。

案例1-9

冰箱用途的延展

很长一段时期，发达国家电冰箱市场一直为美国人所垄断，几乎每个家庭都拥有了冰箱，这种高度成熟的产品竞争激烈，利润率很低。此时，美国的电冰箱厂商显得束手无策，而日本人却异军突起，另辟蹊径发明创造了微型冰箱。他们发现，微型冰箱除了可以在办公室使用外，还可安装在野营车、娱乐车上。于是，全家人外出旅游变得更加舒适了。微型冰箱改变了一些人的生活方式，也改变了它进入市场初期默默无闻的命运。

微型冰箱与家用冰箱在工作原理并没有区别，其差别只是产品所处的环境不同。日本人把冰箱的使用场所由居家转换到了办公室、汽车、旅游等其他侧翼场所，有意识地改变了产品的使用环境，引导和开发了人们潜在的消费需求，从而达到了创造需求、开发新市场的目的。

（资料来源：https://wenku.baidu.com/view/f4936ba2852458fb760b5631.html）

微型冰箱和普通大小的家用冰箱功能没有区别，差别之处在于产品使用的场景或者环境不同。发明微型冰箱的人仅仅把冰箱的使用场所从居家换到了办公室或者汽车等其他场所，有意识地改变产品的使用场景或者环境，开发了人们潜在的消费需求，原来，需求也是可以创造出来的。

2. 收敛思维

收敛思维也叫作"聚合思维""求同思维""辐集思维"或"集中思维"，是指在解决问题的过程中，尽可能利用已有的知识和经验，把众多的信息和解题的可能性逐步引导到条理化的逻辑序列中，最终得出一个合乎逻辑规范的结论。收敛思维与发散思维不同，发散思维是为了解决某个问题，从这一问题出发，想的办法、途径越多越好，总是追求还有没有更多的办法。而收敛思维也是为了解决某一问题，在众多现象、线索、信息中，向着问题一个方向思考，根据已有的经验、知识或发散思维中针对问题的最好办法得出最好的结论和最好的解决办法，见图1-2。收敛思维的过程就好比凸透镜的聚焦过程，使不同方向的光线集中到一点，从而引起燃烧。

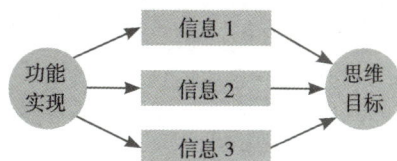

图 1-2　收敛思维示意

在实际生活中，我们常常会遇到选择目标的情况。例如，我们急需上交一篇计算机打字稿，但专职打字员又没在，我们可能就用两根手指非常不规范地用比打字员长的时间打出来上交了。有的人会指责说：你的打字水平太低，太不规范，而且速度慢，应该先去练习打字。

这里就存在目标的问题，前者是为了及时交上打字稿件，而不是为了提高打字速度；而后者则是学习了规范的打字，可以提高打字的速度和质量。显然，目标不同，处理问题的方法也会有所不同。聚焦法就是围绕问题进行反复思考，有时甚至停顿下来，使原有的思维浓缩、聚拢，形成思维的纵向深度和强大的穿透力，在解决问题的特定指向上思考，积累一定量的努力，最终达到质的飞跃，顺利解决问题。

案例 1-10

隐形飞机

隐形飞机的制造难度比较大，是一个多目标聚焦的结果。要制造一种使敌方雷达探测不到、红外及热辐射仪等也追踪不到的飞机，就需要分别实现雷达隐身、红外隐身、可见光隐身、声波隐身等多个目标，每个目标中还有许多具体的小目标，在解决这些具体的小目标之后，最终制造出隐形飞机，见图1-3。

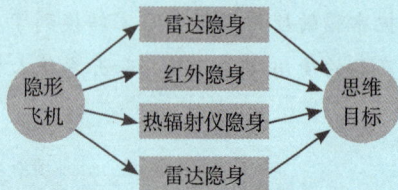

图 1-3　隐形飞机制造的收敛思维

（资料来源：https://www.docin.com/p-891877569.html）

如果说发散思维是"由一到多"的话，那么收敛思维则是"由多到一"。收敛思维的另一种情况是先进行发散思维，越充分越好。然后，在发散思维的基础上进行收敛，从若干个方案中选出一个最佳方案，同时注意吸收其他方案中的优点，加以完善，围绕这个最佳方案进行打磨，会达到更好的效果。

案例 1-11

洗衣机的发明

洗衣机的发明首先围绕"洗"这个关键问题，列出各种各样的洗涤方法，如用洗衣板搓洗、用刷子刷洗、用棒槌敲打、在河中漂洗、用流水冲洗、用脚踩洗等，然后再进行收敛思维，对各种洗涤方法进行分析和综合，充分吸收各种方法的优点，结合当下的技术条件，制定出设计方案，然后再不断改进，结果成功实现了洗衣机的功能。

（资料来源：https://wenku.baidu.com/view/208c0569a98271fe910ef98d.html）

1.3.2 纵向思维与横向思维

纵向思维侧重于将事物发展中的某些历史阶段加以比较，以了解其发展历史、分析现状、预测未来，是"深入分析"，而横向思维是"全面思考"。

1. 纵向思维

纵向思维，是指在一种结构范围内，按照有顺序的、可预测的、程式化的方向进行的思维形式。这是一种符合事物发展方向和人类认识习惯的思维方式，遵循由低到高、由浅到深、由始到终等线索，因而清晰明了，合乎逻辑。我们在平常的生活、学习中大都采用这种思维方式。

纵向思维有着多种表现形式，其中一种为连环法。具体应用这种方法有四个步骤：

①确定最后要达到的理想成果是什么，也就是你希望得到什么样的产品或结果；

②确定妨碍成果实现的障碍是什么；

③找出障碍的因素，也就是导致这些障碍的原因是什么；

④找出消除障碍的条件，也就是在哪种条件下障碍会得到解决。

连环法较为严密，思考虽比较费时，但比较周密。按照这样的思考方式一步一步推演，可以找到解决问题的方法。

2. 横向思维

横向思维是一种打破逻辑局限，将思维往更宽广领域拓展的前进式思考模式。它的特点是，不限制任何范畴，以偶然性概念逃离逻辑思维，从而可以创造出更多匪夷所思的新想法、新观点、新事物的一种创造性思维。

所谓横向，是因为逻辑思维的思考形态是垂直纵向的，而横向思维则可以创造多点切入，甚至可以从终点返回起点。横向思维其实就是一种难题解决方法，它的职能只有一个，就是创新。所谓横向思维，是指突破问题的结构范围，从其他领域的事物、事实中得到启示而产生新设想的思维方式，它不一定是有顺序的，同时也不能预测。

横向思维是以寻找更多更优的创意为核心，它不像逻辑思维，一旦发现一个好创意、好想法就立即停止思考，相反，它会将这个创意和想法暂时搁置，继续从另一个方向甚至更多方向去拓展，试图找到更多更佳的新点子、新方法，这种多点思考法在横向思维中就叫作"前进式思考"。

例如，一个人驾驶一辆摩托车，在十字路口遇到红灯而熄火，绿灯后启动时却发生故障，他便把车推到路边，检查火花塞是否积炭、汽化器是否堵塞，最终发现是火花塞积炭影响打火，就拧下火花塞，清除掉火花塞上的积炭，再装上去发动引擎，成功了，然后继续开着往前走了，这是传统的思维习惯。

如果是横向思维的前进式思考，这个人就会继续推进自己的思考：火花塞为什么会积炭，要怎么做才会永远不会积炭？答案是必须不用混合汽油，而是用纯汽油，甚至是高纯度的汽油。这个思考触及了摩托车引擎的改造和炼油技术的提升，就会推动摩托车和炼油两大领域的创新进步。

案例 1-12

电梯旁边的镜子

牛津大学的爱德华·博诺先生非常推崇横向思维。在一次讲座中，博诺先生提出了这样一个问题：某工厂的办公楼是一栋二层楼的建筑，占地面积很大。为了有效利用地皮，工厂在旁边新建了一幢 12 层的办公大楼，并准备拆掉原来旧的办公楼。员工搬进新的办公大楼不久，便开始抱怨新大楼的电梯不够快、不够多、上下班高峰期等电梯时间太长。

基于员工的抱怨，工厂决策层讨论出了 5 个解决方案。

①让一部分电梯只在奇数楼层停，另一部分电梯只在偶数楼层停，以便减少那些为了上下一层楼而搭电梯的人。

②安装几部室外电梯。

③错开公司各部门上下班的时间，避免高峰期拥挤。

④在所有电梯旁边墙面上都安装上镜子。

⑤搬回旧办公楼。

如果是你，会选哪一个方案？

如果你选了方案①、方案②、方案③、方案⑤，那么你用的是"纵向思维"。如果选了方案④，那么你用的是"横向思维"，考虑问题时跳出了思维惯性。这家工厂最后采用了方案④，并成功地解决了问题。

博诺先生解释说："因为员工在等电梯的时候忙着在镜子前审视自己，或是偷偷观察别人，这时候他们的注意力不再集中于等待电梯上，焦急的心情得到缓解，抱怨自然没有那么多了。大楼其实不缺电梯，而是人们缺乏耐心。"

（资料来源：刘世河：《博诺的"横向思维"》，《课外阅读》2013 年第 19 期）

世间万事万物都是相互联系的，一些看似不相干的事物，有时却可以互相影响。因此，我们在考虑问题时，不妨跳出思维的惯性，这样才会有意外收获。

案例1-13

利用抗生素治疗胃溃疡和十二指肠溃疡

很久以前，患胃溃疡和十二指肠溃疡疾病的人需要长时间服用抗酸药对抗疾病，有时候还需要动手术将胃的部分或全部切除，患者需要承受很大的痛苦。很多医务人员和科学家一直没有停止对这种疾病的研究工作，致力于寻找更好的治疗方法。

一天，一位年轻的消化科医生巴里·马歇尔提出这样的疑问：胃溃疡和十二指肠溃疡有没有可能是一种细菌感染？当时，权威医疗专家都认为这种想法太荒唐了，因为人的胃中分泌出的胃酸是完全可以将所有细菌杀死的，没有人把这种可能性当回事。

1979年，病理学医生罗宾·沃伦在慢性胃炎患者的胃窦黏膜组织切片上观察到一种弯曲状细菌，并发现这种细菌邻近的胃黏膜总是有炎症存在，因而意识到这种细菌可能和慢性胃炎有着很大的关系，这时候医学界才意识到巴里·马歇尔的探索是有价值的。

1982年4月，为了进一步证明这种细菌就是导致胃炎的罪魁祸首，巴里·马歇尔在罗宾·沃伦的配合下，喝下了含有快速致人患病的细菌培养液，成为第一例人为地患上最严重的胃溃疡和十二指肠溃疡疾病的患者，随后巴里·马歇尔再用抗生素进行杀菌治疗并获得成功！

（资料来源：http://www.svmc.cn/html/shiyong/4041.html）

横向思维常常会运用断裂、偶然的方式与创新目标进行交叉，这与逻辑思维者思考问题完全不同。逻辑思维者思考问题时不希望有人分散注意力，而是希望所有人集中精力解决问题；但横向思维完全要求我们与更多不靠谱的事物进行交叉性思考。

很多淘宝卖家经常有这样的苦恼：要么是不知道该卖什么产品；要么是产品的售价很低，利润几近于无但却依然没有流量、没有订单，面对这样的情况，卖家的问题是不知道该如何应对。其实无论是困惑于不知道该卖什么，还是发愁为什么不出单，在卖家提出这样的疑问时，都是没有用横向对比的视角看问题，缺少了横向思维，自己只是在和自己对比，觉得自己已经很努力了，觉得自己的价格已经很优惠甚至对自己来说已经是亏本价了，因此没有销量实在不应该，然后，苦恼就应运而生了。

在生意中，如果只是以纵向思维看问题，就会自我沉醉、自我满足和自我抱怨，但这些情绪不能改变现状，也不会产生自己期望的结果。

笔者曾读过一篇文章，甲乙二人去森林里玩，突然远处来了一头熊，两人准备逃跑，甲跑了几步发现乙没有跟上，回头看，乙正在弯腰系鞋带，甲疑惑地问："难道你认为你能跑过熊？"乙回答道："我固然跑不过熊，但只要能跑过你就行了。"虽然文章的主题不在于此，但乙的行为就是典型的横向思维使然。

在生意场上，你固然需要和之前的自己对比，客户的期望在提高，你必须比之前的自己表现得更好才有可能获得新的机会，但比这更重要的是，你得和同行对比，你得比同行更出色，只有这样，才能获得机会。否则，自己原来的表现是 60 分，现在有了长进，成长为 70 分，而竞争对手都是 90 分甚至是 100 分，那你的长进永远跟不上同行的水平。

万维刚在《高手》一书中曾经提出过一个问题。假设 A、B 两个商家，A 在产品和服务等各方面都比 B 优秀 5%，你觉得 A、B 两个商家在市场端的情况对比会怎样呢？也只有 5% 的差别吗？绝对不是！有可能是 500 倍的差别，A 拥有了整个市场，B 却可能惨遭市场淘汰甚至彻底出局。而这种结局的诱因，可能仅仅是各方面差的那 5%。

当卖家不知道该卖什么发愁时，就去看一看竞争对手。竞争对手是最好的老师，竞争对手用自己的销售帮你做了市场验证，又用自己的销量向你证明哪些产品可以卖得好，为什么不去参考竞争对手的销售情况进行选品呢？对于大部分卖家来说，热销产品选品法和优质店铺复制法绝对是最好的选品方法，而这两种选品方法正是横向思维的体现。

对于产品价格低到亏本却依然卖不动的卖家，把自己的售价和竞争对手对比，拿产品的图片、标题去和竞争对手对比，把自己产品呈现的每个细节和同行进行对比，当你发现自己和竞品的差别后，做出进一步的优化调整。发现自己都亏本了售价还是比别人的高，可以回过头进行详细的成本核算和把控，当价格真正具有竞争力时，订单量必然会一步一步增加。

市场不相信眼泪，对于消费者来说，选择最优永远是他们的唯一选择。消费者在做出选择时，永远不会考虑所谓的付出。因此，努力让自己学会以横向思维看问题，让自己变得比对手都强大，只有这样，才能得到消费者的青睐。

总之，横向思维为了创新，必须打破旧有模式，多路横向思考，如此才能创造奇迹！

1.3.3 正向思维与逆向思维

正向思维是指按常规习惯分析问题，按常规过程进行思考、推测，从已知进到未知的逻辑顺序揭示问题本质的思维方法。逆向思维是相对正向思维来说的，逆向思维在思考问题时，为了实现创造过程中设定的目标，跳出常规，改变思考空间的排列顺序，从反方向寻找解决方法。正向思维与逆向思维相互补充、相互转化。

1. 正向思维

正向思维是由条件推解结论的过程，一般只限于对一种事物的思考。坚持正向思维，就要充分估计自己现有的工作、生活条件及自身具备的能力，了解事物发展的内在逻辑、环境条件、性能等，这是自己获得预见能力和保证预测正确的条件，也是正向思维法的基本要求。

2. 逆向思维

逆向思维的本质不仅仅是我们日常所说的"反过来思考"，还是跳出惯性思维、打破常规、反常识的思考方式，敢于"反其道而思考"，让思维向问题的相反面深入探索，常常会提供"看上去无法解决的问题"的解决方案。当周围人都朝着一个固定的方向思考问题时，你敢于大胆朝相反的方向思考，这样的思维方式就是逆向思维。

案例1-14

1美元的贷款

一个老人走进一家银行的信贷部坐下来，他身着豪华西装、脚穿高级皮鞋。

"我想借1美元。"

"什么！1美元？"

"对啊，可以吗？"

"当然可以，只要有抵押，再多些也无妨的。"

老人打开随身携带的皮包，拿出一堆股票、债券等，放在经理的桌上。

"总价值50多万美元，够了吧？"

"当然！当然！不过，您真的只借1美元吗？"

"是的，就1美元。"

"那么年息为6%，只要您按时付出利息，到期我们就退给您抵押品。"

老人办完手续，拿着借来的1美元准备离开银行。

一直在旁边观察的银行行长，怎么也想不明白有50多万美元抵押品的人，为何只借1美元？于是他追上前去想知道答案。老人笑着说："来贵行前，我问过好几家金库，他们保险箱的租金都太昂贵。因此，我就在贵行寄存这些证券，相对于保险箱的租金，你们银行的租金实在是最划算的，一年才6美分……"

如果是"正常思维"的话，会这么思考问题：既然目的是能最便宜地寄存，就只能一家一家去询问，比较租金高低，然后选择价格最低的那家。唯独这位老人跨越了"正常思维"：改变思维方向，用"反常"的方法达到了"正常"的目的，而且将租金减少到几乎等于零。

（资料来源：http://www.360doc.com/content/20/0124/11/52898107_887688205.shtml）

案例1-15

吸尘器的发明

1901年，美国一家生产车厢除尘器的厂家在英国伦敦莱斯特广场的帝国音乐厅举行了一次除尘表演。这种除尘器的工作原理就是用压缩空气把尘埃吹入容器。当天，观看表演的观众都被吹得灰头土脸。同样观看了这场表演的英国土木工程师布斯认为这种做法实在不是个好主意，因为太多的尘埃并没有被吹入容器。回家路上，他一直在思考："既然吹尘不行，那么能不能换个处理方式，把吹尘改为吸尘呢？"

回到家里，布斯做了一个很简单的试验：他用手帕捂住嘴和鼻子，然后趴在地上找有灰尘的地方使劲儿吸气，结果灰尘不再到处飞扬，而是被吸附到了手帕上。布斯根据这个试验的原理制成了吸尘器，用强力电泵把空气吸入软管，软管另一侧通过布袋将灰尘过滤。1901年8月，布斯申请并获得了发明专利，之后成立了真空吸尘公司，但那时候还没有考虑出售吸尘器。他把用汽油发动机驱动的真空泵装在马车上，主要为家庭做吸尘服务，公司职工都穿上工作服，把三四条长长的软管从窗子伸进房间吸尘，这便是最早的吸尘器。

（资料来源：https://www.sohu.com/a/330928398_347412）

案例 1-16

反推汽车销售

20 世纪 60 年代中期，在福特一家分公司任副总经理的艾科卡正在寻求方法，提高公司业绩。他通过调研发现，要达到这个目的最好能推出一款设计大胆、能引起大众广泛兴趣的新型小汽车。在确定了目标之后，他开始绘制战略蓝图。艾科卡从顾客着手，反向推演了设计新车的过程：

第一，顾客买车的重要途径是试车；

第二，要让潜在顾客能够试车，就必须把车放进汽车交易商的展室；

第三，吸引交易商的办法是要使交易商本人对新车型有足够的热情。

要实现这一目标，艾科卡需要得到公司市场营销和生产部门百分之百的支持。同时，他确定了这一系列活动需要征求同意的人员名单，然后逐一推进。

几个月后，艾科卡的新车型"野马"从流水线上下线了。20 世纪 60 年代，"野马"风行一时，它的成功也使艾科卡在福特公司一战成名，晋升到了公司的领导层。

（资料来源：http://www.360doc.com/content/10/1216/18/3298732_78744750.shtml）

常有所疑，是创新的开端；勇于破疑，是创新的原动力。常年喝井水的村民没有因为井水能治病有所疑或有所行动，而化学家则对井水产生了疑惑并进行研究，最终发现了井水的秘密。这充分说明了创新精神对于我们的重要性。

课后练习

1.有两个人比赛骑马，看谁骑得慢。这次比赛跟以往不一样，因此，两个人都骑得很慢。一位老者对他俩说了一句话，两人骑着马，一溜烟就跑了。请运用思维定式理论，猜猜老者说了什么。

2.一家三口两个大人、一个孩子找房子。找到合适的房子后，房东却说不租给带小孩的人。夫妻俩没办法。这时，孩子对房东说了一句话，房东马上答应他们住下来。请运用思维定式理论，猜猜孩子说了什么。

3.有一天，柏拉图来到西西里岛一个镇上居住。小镇只有两位理发师，他们各开了一家发廊。这两家发廊有天壤之别：一家窗明几净，理发师本人也是仪表整洁，发型大方得体；另一家则又脏又乱，理发师也不修边幅，头发乱糟糟的。柏拉图想理发，观察了这两家发廊后，走进了那家脏发廊。请问这是为什么？

4.一家酒店经营得很好，人气爆棚、财源广进。酒店的老板准备开展另外一项业务。由于没有太多精力管理这家酒店，老板打算在现有的三个部门经理中物色一位总经理。老板问第一位经理："是先有鸡还是先有蛋？"这位部门经理不假思索地说道："先有鸡。"接着老板问第二位经理："是先有鸡还是先有蛋？"第二位部门经理胸有成竹地回答道："先有蛋。"对于这两个答案老总都不满意，如果你是第三位部门经理会如何回答？

5. 请运用发散思维说说一根回形针的用途。

6. "孔"结构在工程实例中被广泛应用，运用发散思维，想想"孔"结构还在哪些地方有应用。

7. 运用发散思维思考一下如何把冰箱销售到北极。

8. 请用发散思维思考，如果人类不需要睡眠，那么会发生什么结果？

9. 国外有一家烟草公司，试制了一种新型号卷烟，命名为"环球牌"，正准备大张旗鼓推出的时候，却逢全国性的反对吸烟运动。"宣传香烟"与"禁烟运动"是截然相反的两回事。为了打响自己的香烟品牌，而又不与当前的戒烟浪潮相冲突，就必须把矛盾的两件事沟通起来，找出其共同点。请运用收敛思维，拟一条广告，不超过 20 字。

10. 阅读下面四段材料，运用收敛思维，提取一个共同点。

A. 英国凯特林男子中学课余天文兴趣小组由二十多个中学生组成，年龄最小的才 12 岁。1982 年，该小组发现苏联"宇宙 -1402 号"核动力卫星出了毛病，比美国防空司令部空间监测中心的发现还早了一个星期。

B. 1975 年，在我国江西天文爱好者段元星发现"天鹅座新星"的同时，上海市奉贤县

（今上海市奉贤区）一所小学的天文小组，也观察到了这一奇异现象，受到有关方面的称赞。

C.《红楼梦学刊》是我国具有较高水平的文学研究专刊，有一期刊登的一篇论文作者是一名普通的中学生。

D. 15岁的女中学生杜冰蟾，通过努力，发明了"汉字全息码"，并获得专利权。

11. 某市，地铁里的灯泡经常被偷，这会导致安全问题。接手此事的工程师不能改变灯泡的位置，也没多少预算供他使用，但他提出了一个非常好的横向解决方案，是什么方案呢？

12. 一个小镇里有四家鞋店，它们销售同样型号、同一系列的鞋子，然而其中一家鞋店丢失的鞋子是其他三家平均数的3倍，为什么会出现这种情况，如何解决这个问题？

13. 一家位于纽约的商店叫作"七只钟"，然而在它的外面却挂着八只钟，这是为什么？

14. 有一个小镇，第一位商人来了，开了一家加油站，生意特别好；第二位商人来了，开了一家餐厅，第三位商人来了，开了一家超市，这个小镇很快就繁华了。另一个小镇，第一位商人来了，开了一家加油站，生意特别好；第二位商人来了，开了第二家加油站；第三位商人来了，开了第三家加油站。您觉得第二个小镇会怎样发展？谈谈您的观点。

15. 一家自助餐厅因顾客浪费严重而效益不好，于是餐厅贴上告示"凡是浪费食物者罚款十元！"，结果生意一落千丈。请运用逆向思维帮助一下这家餐厅，扭转局面。

第 2 章
发现创意新点子

　　许多人不相信创意思维可以通过学习获得。他们固执地认为创意思维是天生的，不会因后天的学习而有所改变，他们觉得如果不具备创意思维的话，就没有什么方法可以帮助自己。很显然，这样的观点是错误的。其实，创意思维并不神秘，创意不过是思维习惯和外界环境共同作用的产物，如果有合理的训练方法，每个人的创新能力都会得到提高。生活中，我们遇到的每个问题、每次挑战都可能蕴藏着机会，能否抓住它取决于我们能否发现创意新点子。肌肉不常用的话会萎缩，创意思维如果经常被忽视也会退化。接下来，我们一起用科学的方法激发创意思维，产生更多创意新点子。

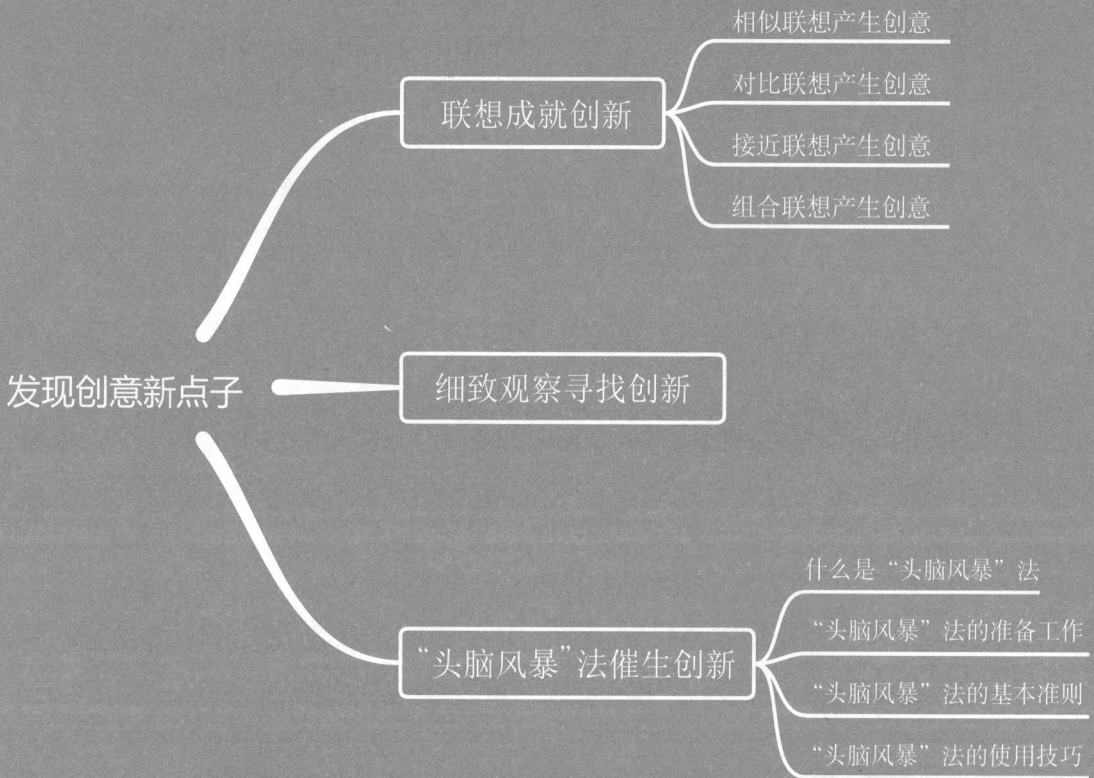

发现创意新点子

联想成就创新
　相似联想产生创意
　对比联想产生创意
　接近联想产生创意
　组合联想产生创意

细致观察寻找创新

"头脑风暴"法催生创新
　什么是"头脑风暴"法
　"头脑风暴"法的准备工作
　"头脑风暴"法的基本准则
　"头脑风暴"法的使用技巧

2.1　联想成就创新

联想是由一个事物或多个事物结合想到另一事物的心理过程，由当前事物回忆过去事物或展望未来事物，由此一事物或多事物结合想到彼一事物，都是联想。每个人都经常自觉不自觉地做各种联想。

联想是创意思维的基础。奥斯本（Adam Osborne，1939—2003）说："研究问题产生设想的全部过程，主要是要求我们有对各种想法进行联想和组合的能力。"联想在创意设计过程中起着催化剂和导火索的作用，许多奇妙的新产品和创意，都是由联想的火花点燃的。事实上，任何创意活动都离不开联想。

建立在联想思维基础上的联想系列创意方法，是其他创意设计方法的基础。因此，掌握联想的创意设计方法是非常重要且必要的。著名物理学家爱因斯坦说过："想象力比知识更为重要，因为知识是有限的，而想象力却包括世界上的一切。"麦金农（Roderick Mckinnon）则说："想象力是大于创造力的。"因为想象力比创造力先行，只有想不到，没有做不到。

联想能使我们超越时间和空间的限制，凭"表象之手"去触摸感觉不到的世界。

2.1.1　相似联想产生创意

相似联想是指事物空间和时间特征接近形成的联想，如星星和月亮、收音机和录音机、录像机和放映机等。人们提起春天，就会想到生机与繁荣；由鲁迅会想到高尔基。相似联想有非常广泛的应用，在各种事物的比较、形容、韵律、比喻、类比推理中都有极其明显的作用。

案例 2-1

太阳牌锅巴的诞生

西安一家工厂的厂长李照森及其夫人发明的锅巴片，获得了国家专利，其生产技术在其他十多个国家和地区也申请了相同的专利。1990 年，太阳牌系列食品销售量达到 25000 多吨，销售收入超过 15 亿元。

这一切发明来自一次很偶然的机会，李照森陪客人在一家餐厅进餐。这家餐厅以锅巴为原料做成的菜肴让客人极其喜欢，于是李照森思考："锅巴能做菜肴，为什么不能成为一种小食品呢？美国的薯片能风靡全球，中国的自创锅巴小吃是否也能走出国门呢？"接着，李照森开始用大米试制锅巴并且最终获得了成功。

联想的大门打开之后就会蹦出无限的创意，既然研制成功了大米锅巴，那么是否可以用其他原料做出别样风味的锅巴？之后，小米锅巴、五香锅巴、牛肉锅巴、麻辣锅巴、孜然锅巴、黑米锅巴、玉米锅巴等陆续研制成功。既然锅巴畅销，那么类似于锅巴特点的食品是否也可以走俏呢？之后，如虾条、奶宝、麦圈、菠萝豆、营养箕子豆等相继问世，这些风味多样的新产品给小食品市场增添了很多新花样。

（资料来源：https://wenku.baidu.com/view/cab572edd15abe23482f4d6f.html）

李照森运用相似联想创新思维，从锅巴做原料的菜肴、美国的土豆片风靡全球，联想到用锅巴做成小食品，投入市场后，不但畅销全国，还打入了国际市场。

案例 2-2

巧移"钟王"

北京大钟寺的一座大钟，号称"钟王"，重达八万七千斤。这口大钟是明成祖朱棣为了防止民众造反，派军师姚广孝收缴老百姓的各种兵器之后熔铸而成的。后来不知何故，这口大钟沉到了西直门外万寿寺前面的长河河底。一百多年后的一天，一位打鱼的老人发现了河底这口大钟。清朝皇帝得知此事之后，下令将这口钟打捞上来并要求运到觉生寺（现在的大钟寺），修建一座大楼悬挂这口大钟。从河底把大钟打捞上岸虽然困难，但经过大家的努力，最终将大钟成功打捞出来。可是要把这座八万七千斤重的大钟，运到五六里以外的觉生寺，大伙儿都没了主意。钟是夏天打捞的，直到秋叶凋零也没有人想出好办法。

有一天，参与此事的工匠在工棚里喝闷酒。他们用工棚内一块长长的石条当桌子，大伙围坐在石桌旁。因为下雨从漏雨的棚顶上漏下来的雨水刚好滴在了石桌上。一个工匠给石桌另一头的工匠递酒杯的时候，由于手上有水，不小心把酒杯里的酒洒了。这时，旁边一个工匠很不耐烦地说："何必用手递呢！石桌子上有水，轻轻一推不就推过去了。"坐在旁边一个平时很少说话的工匠沉思了片刻，突然将石桌一拍，大叫起来："有啦！有啦！移动大钟有办法啦！"他的办法是：从万寿寺到觉生寺，挖一条浅河，放进一二尺深的水，河里的水结冰后，不需要费太多力气就能把大钟从冰上推到目的地。后来，采用这个方法果然将大钟运到了觉生寺。

（资料来源：http://www.360doc.com/document/12/0821/21/4231377_231591997.shtml）

这个工匠思考问题运用了相似联想创新思维。大钟虽然比酒杯重很多，可它们都是"在光滑平面上可以推着走"，在这一点上，它们遵循着相同的物理规律，有相同的力学基本原理起作用。因此，二者有相似之处，都是运用相似联想由此及彼地想出解决问题的方法。

案例 2-3

吸油泵的诞生

1942 年冬季一个寒冷的早晨，正在读初二的主人公看见母亲在厨房里，双手抱着一个巨大的、约1800毫升的玻璃酱油瓶，向桌上的小瓶子里倒酱油。那时，又大又重的玻璃瓶口上没有现在的注出口，因此向小瓶里子里倒酱油并不是一件轻松的事，一不小心就会把酱油洒出来，而小瓶子里却没装进去多少。这时，他想有没有什么好方法可以轻松地将小瓶装满酱油？于是他去图书馆读书，查资料。有一天，正在为这事苦思苦想的时候，他的目光突然落在桌子上自来水笔的墨水吸取管上，脑子里一个念头一闪而过，来了灵感。经过试验和思考，他终于成功实现了现在称为"吸油泵"的制作。

80多年来，这项发明被家家户户使用。主人公利用自来水笔的墨水吸管原理相似联想找到解决问题的方法。故事里的主人公后来成为日本著名的创造学家。

（资料来源：https://wenku.baidu.com/view/f2808150f605cc1755270722192e453611665b51.html）

主人公在寒冷的冬天，看到母亲艰难地倒出酱油的样子，触动他决心创造一种自动吸取的装置，而自来水笔的墨水吸管又触发他的灵感，最终使他找到解决问题的方法。

2.1.2 对比联想产生创意

对比联想是指对于性质或特点相反的事物的联想，也称为"相反联想"。两种事物在性质、大小、外观等方面存在相反的特点，人们在认知到一种事物时会从反面想到另一种事物。

案例 2-4

人工牛黄

天然牛黄是非常珍贵的药材，价格堪比黄金，以前只能从屠宰场上偶然获得。这样偶然得来的东西不可能很多，因此无法满足制药的需求。其实，牛黄这种东西，只不过是由于某种异物进入了牛的胆囊后，在它的周围凝聚起许多胆囊分泌物形成的一种胆结石。一家医药公司的员工为了解决牛黄供应不足的问题，集思广益，终于联想到了"人工育珠"的方法，既然河蚌能经过人工将异物放入它的体内培育出人工珍珠，那么通过人工把异物放进牛的胆囊内是不是也能培育出牛黄来？他们设法对牛实施外科手术，把一些异物埋在牛的胆囊里，一年后，果然从牛的胆囊里取出了人工牛黄。

（资料来源：http://www.docin.com/p-238157389.html）

医药公司的员工运用对比联想创新思维，在了解到牛黄生成机制后，对比人工育珠的过程，联想到通过人工将异物放入牛的胆囊形成牛黄，从而制成了人工牛黄。

案例 2-5

可口可乐的瓶子设计

1923年的一天，美国某玻璃瓶厂工人路透的女友来看望他。这天，女友穿着流行的紧身裙，这种裙子在膝部附近变窄，突出了人体的线条美，非常漂亮。

约会结束后，他突发灵感，根据女友当时穿着紧身裙的形象设计出一个玻璃瓶，后来经过无数次的反复修改实验，瓶子被设计得很像一位亭亭玉立的少女，非常美观。他还把瓶子的容量控制得刚好是一杯水的容量。瓶子试制出来后，获得了大家的一致称赞。有专利保护意识的他立即到专利局申请了瓶子的设计专利。

当时，可口可乐的负责人坎德勒在市场上看到了这种设计新颖的玻璃瓶后，认为非常适合作为可口可乐的玻璃瓶包装。他马上与路透签订了一份合同，约定每生产 12 打瓶子便会付给路透相应的专利报酬。

该瓶子不仅美观，而且考虑到人们的使用习惯，易握不易滑落，其瓶型的中下部是扭纹型的，如同少女所穿的条纹裙。此外，因为瓶子的结构采用了中大下小的设计，用它装饮料时，给人分量比较多的感觉。采用该设计的玻璃瓶作为可口可乐的包装以后，可口可乐的销量飞速增长，在两年的时间内，销量增加了 1 倍。从此，采用该瓶子作为包装的可口可乐开始畅销美国，并迅速风靡世界。

（资料来源：http://www.docin.com/p-285054504.html）

2.1.3 接近联想产生创意

接近联想是根据事物之间在空间或时间上的彼此接近进行联想，进而产生某种新设想的思维方式。例如，苏东坡当年在杭州任职之时，西湖的很多地方都被泥沙淤积，成了当时所谓的"葑田"。苏东坡多次巡视西湖，反复思考如何改变现况再现西湖美景。有一天，他突然灵机一动，想着如果把从湖里挖上来的淤泥堆成一条贯通南北的长堤，既能方便来来往往的游客，又能清淤，重现西湖的秀美，简直太好了。苏公妙计，一举数得。

案例 2-6

互利的推销

国外有一家既经营鲜牛奶又经营面包、蛋糕等食品的公司，其出售的牛奶质优价廉，而且保证每天在天亮之前就将牛奶送到订户门口的牛奶箱里。因为牛奶质量好、服务优，订牛奶的客户不断增加。可是这家公司经营的面包、蛋糕等食品，虽然质优价廉，却因为店面所在的地段比较偏僻，来往的行人量并不大，营业额一直无法增加。

这家公司的老板也想过在报纸和电视等媒体打广告，但广告费用太高，而且面包、蛋糕这类食品不同于大件商品，在媒体上公布其名称、价格很难引起消费者的注意。该公司老板从牛奶订户不断增多的事实中突然想到，订购牛奶的客户是一个很大的消费群体，有针对性地对订购牛奶客户进行宣传可能有意想不到的效果，而且通过他们可以不断扩大影响范围。

于是他下定决心针对牛奶订户做宣传，并为此做了周密的策划：设计、印制一种精美的小卡片，正面印上店里各种面包、蛋糕的名称和价格，背面印上订货单，可填写顾客需要的品种、数量和送货时间及顾客的签名。每天送牛奶的时候把卡片挂在牛奶瓶上送给订户，第二天再由送奶人收走，第三天便可以将客户订购的面包、蛋糕等食品随同牛奶一起送到订户家中。在这家公司没开展这项业务之前，订户自己上街去买面包、蛋糕，费时费事。而且这家公司为订户所送的面包、蛋糕价格总是比从街上零售店买的要更优惠一些。

通过这样的办法，一段时间后，这家公司的面包、蛋糕销量大增。

（资料来源：https://wenku.baidu.com/view/cab572edd15abe23482f4d6f.html）

这家公司的老板思考这个问题运用了接近联想创新思维方法，他想出的推销办法，既扩大了销路，增加了盈利，又不失为便民之举，自然大受欢迎！

2.1.4 组合联想产生创意

现代创新理论的提出者约瑟夫·熊彼特（Joseph Schumpeter，1883—1950）在其名著《经济发展理论》中对"创新"有过这样的解释：创新即"生产要素的重新组合"，企业实现创新，就是把"旧要素"重新拆解，并匹配形成"新组合"。

组合型创新方法是指利用创新思维将已知的若干事物合并成一个新事物，使其在性能和服务功能等方面发生变化，以产生新的价值。产品的组合创新包括功能组合、材料组合、原理组合等。

创新不一定是颠覆式的发明，"旧要素"的"新组合"是企业创新的主要方式，做别人没做过的事，或是以别人没用过的方式做新的"组合"。就像写一篇文章，没有发明一个汉字，但对汉字的重新排列组合就可以表达一个全新的观点或表述。如表 2-1 所示，这些新产品都是原有产品的组合。

表 2-1 组合创新产品示例

产品名称	新产品
自行车	二轮、三轮、四轮机动车
发动机	
温度计	有温度显示的奶瓶
奶瓶	
手表	电话手表
电话	
飞机	飞行背包
书包	

续表

产品名称	新产品
磁悬浮技术	磁悬浮列车
火车	
灭火器	有提示使用方法的灭火器
广播	
各种坚果与葡萄干等	每日坚果

案例 2-7

云南白药创可贴的发明

很长一段时间"邦迪"创可贴在国内小创伤护理市场的地位无人能撼动，顾客在想到创可贴的时候，第一反应就是"邦迪"。当时，云南白药产品的功能是给伤口止血消炎，因此就在思考能否将创可贴和云南白药现有的药品功能结合起来，做出有止血、消炎、杀菌功能的创可贴。

于是云南白药开始挑战"邦迪"，"邦迪"也成了云南白药第一个模仿并且被超越的对象。挑战"邦迪"之初，云南白药面临的瓶颈是胶布材料的技术。经过再三讨论，云南白药的解决方案是整合全球资源"强强联手"，与德国拜尔斯多夫公司合作开发，这家公司在绷带和黏性贴等领域具有全球领先的技术。不到两年时间，双方合作的"云南白药"创可贴迅速推向市场，并在市场上占有一席之地。

（资料来源：https://health.sohu.com/20080924/n259717519.shtml）

从案例 2-7 可以看到，当市场成长、变得复杂的时候，需要将多种类型的创新模式通过精心的研究、巧妙的设计组合在一起，才能满足市场的需求。

戴尔是个人电脑的领导品牌之一，但仍然通过不断创新保持市场活力，在渠道和服务方面都融入了新的创新方法。

在盈利模式上，戴尔采用提前预收消费者货款的方式，降低公司对流动资金的需求。在销售上，戴尔将供应商的数量控制在 100 家以内，主要培养高质量的优质供应商。在流程上，戴尔将供应改为按日供需匹配，避免库存积压。在服务上，戴尔开通 24 小时订购和技术服务，为大客户提供额外定制服务。在渠道上，戴尔将实体销售转向在线销售，避免了资金占用及实体店成本增加的风险。

哪怕是成熟的企业也需要时刻审视和研究行业模式，不断研究现有客户和潜在客户，用不断的创新使自己立于不败之地。

2.2 细致观察寻找创新

很多创新都来源于细致观察，通过细致观察发现现有事物、生产方式、管理流程等存在的问题，有意识地运用观察到的现象或改造观察到的弊端，达到改善的目标，这就是创新。

案例 2-8

鲁班发明锯的故事

相传，鲁班当年接受了一项建筑巨型宫殿的任务。古时候的宫殿都是木质结构，自然需要大量的木料。他和徒弟在工程之初上山砍木材，那时候还没有锯子，只有斧头，自然效率低下。一次上山，鲁班无意中抓到了一种野草，等松开的时候发现手被划破了，鲁班想：什么样的小草这样锋利？于是，他蹲下身来细心观察，发现这种小草的叶子两侧都长着许多锋利的小细齿，用手轻轻一摸，就可能被划破。后来，鲁班又看到一只蝗虫在吃草的叶子，两颗大板牙非常锋利，一开一合，很快就吃掉了一大片叶子。鲁班抓住一只蝗虫，仔细观察蝗虫的牙齿，发现蝗虫的两颗大板牙上有类似锯齿状的结构，排列着许多小细齿，蝗虫正是依靠这些小细齿轻松地咬断草的叶子。

这两次细致的观察给了鲁班很大的启发，他回去之后先用大毛竹做成有锯齿的竹片，但只能锯掉非常小的树枝，而且强度比较差，很容易断掉。这时候，鲁班又想到了铁片，便请铁匠帮助制作带有小锯齿的铁片，制作好之后鲁班和徒弟各拉一端，在一棵树上拉了起来，如此两人一来一往，不一会儿就把树锯断了，又快又省力。锯子就是在鲁班认真地观察下发明出来的。

（资料来源：https://m.ximalaya.com/mip/wenda/5956.html）

案例 2-9

电饭煲的改造

电饭煲是厨房小家电的必备产品，如何从市场众多成熟的产品中脱颖而出，提升销售额，是小家电设计师一直思考的问题。苦思冥想没有解决之道，这个设计师就来到家电商场，没有调研、没有座谈、没有问卷，他就坐在旁边静静地观察所有来看电饭煲的顾客。经过几天的观察，他发现这么一个现象，很多来看电饭煲的顾客不管是有意还是无意，都会做一个相同的动作，掂一下电饭煲的内胆。设计师灵机一动，新系列电饭煲在其他地方升级的同时特意把内胆的重量增加了一倍以上，投入市场之后销量出奇的得好。

产品需要不断创新才能维持市场活力，传统电饭煲一般都是底部加热，加热速度慢、受热不均匀，导致做出来的米饭口感不好。那如何能做出农家香甜的"柴火饭"？这也来源于对农家柴火锅细致观察之后的灵感。最新的电饭煲打造航天级的铝合金材料内胆、高速传热，加热圈也模仿真正的柴火效果，除了底部加热外，还增加了内胆一圈的加热，使米粒立体受热均匀，提高了米饭的蓬松度，粒粒蓬松，真正实现"柴火饭"的口感。

（资料来源：https://baijiahao.baidu.com/s?id=1654413237955674833&wfr=spider&for=pc）

这一切改造正是来源于设计师细致观察之后的结果。

📚 案例 2-10

耐克鞋的诞生

风靡全球、闻名世界的运动鞋品牌耐克自从诞生之日起就成为众多顾客钟情的品牌。它的诞生之路坎坷曲折，不过这一切都来源于发明者认真细致的观察与思考。

奈特是一名中长跑运动员，索萨则是奈特的教练。在长期的执教生涯中，索萨发现奈特经常有脚疼、腿部肌肉痉挛的现象，而造成这一切的原因有两个：一是训练强度大，二是脚上穿的鞋子不合适。面对自己运动员身体承受的伤害，他一直思考如何能改善这一局面。

后来，索萨仔细观察运动员的动作，发现人在高速运动状态下脚的受力点和缓慢运动状态下的受力点有明显差别，这就要求运动鞋的设计与普通鞋有所区别，必须具有保护运动员双脚的功能。不合适的运动鞋除了会给运动员带来运动伤害之外，也会直接影响他们的运动成绩。

索萨决心改变这一局面，就从一双合适的运动鞋开始。索萨运用运动力学的原理，结合自己多年的实践经验，设计出几款运动鞋的图样，希望与制鞋公司合作，制造出真正适合运动员穿的运动鞋，却没有找到愿意与其合作的制鞋公司。

失望加无奈的索萨却并没有放弃，他选择根据自己的设计手工制作样鞋，样鞋成品出来以后外观虽显笨重、难看，但因为鞋子的设计采用了前后跟加厚垫高的样式，对运动员的脚部起到了保护作用，能有效防止或减少运动员脚部和腿部受伤的情况，首先受到运动员的喜爱。不久，索萨手下的运动员在一次运动会上取得了前所未有的好成绩，穿的就是这种鞋子，这更增加了索萨要把新设计的鞋子推广到整个训练基地的信心。

受到索萨的影响，奈特开始与索萨一起投入这项造福运动员的事业。他们创建公司，使用希腊神话中胜利女神的名字——耐克作为公司商标名称，并且设计了独特而标志性很强的商标图形。耐克发展了这么多年，之所以能一直活跃在市场的最前沿，是因为一直没有忘记初衷——开发最适合运动员穿的鞋子，并且永远在创新的路上。

（资料来源：https://wenku.baidu.com/view/388c77876bdc5022aaea998fcc22bcd126ff42fc.html）

案例 2-11

易拉罐的发明

铝罐因为其不易破碎、重量轻、不透光、不易被酸腐蚀、易于成形、在压力作用下也不用担心变形、能保证其水中二氧化碳的压力、制造成本相对低廉、环保等众多优点，一时间成为啤酒和气体饮料包装的不二选择。

但在易拉罐没有发明之前，要想打开瓶子，只能自己在瓶盖上挖个小洞，费时费力非常不方便。如何能轻而易举地在瓶盖上开个大口子，技术人员尝试了很多方法都无法解决。这时候，他们开始从动植物和自然现象中寻找灵感，有哪些是可以自动开口的？

在经过对动植物和自然现象的特点对比研究以后，他们选择了具有开口功能的蛤蜊、凤仙花荚果及火山口作为仔细观察的研究对象。在进一步的观察和研究中，他们发现，蛤蜊的一开一合，是因为其壳内有俗称"瑶柱"的肌肉，一开一合就是由这块肌肉的收紧和放松形成的。凤仙花荚果外皮的一部分是有裂缝的，在裂缝上有细细的筋拉合着，一到秋天，荚果成熟，那些细筋就枯竭没力了，弹力会使荚果在成熟之后啪地裂开个大口子。而火山口的喷发处则是因为那儿的地壳比别处薄，地下熔岩的量大。

技术人员通过对蛤蜊、凤仙花荚果、火山口的仔细观察和研究之后，选择将蛤蜊开口的原理、凤仙花荚果开口的结构及火山口形成的原理等特征加以综合利用最终发明出来了易拉罐。

认真仔细观察、全情投入研究、大胆想象都会为创新插上有力的翅膀。

（资料来源：https://wenku.baidu.com/view/1eea022a783e0912a3162a14.html）

再回过头来看鲁班的发明、耐克鞋的问世、易拉罐的发明，在这些产品问世之前，肯定也有人碰到手被野草划伤、鞋子伤脚、罐子不易打开的情形，为什么只有他们能从中受到启发，发明设计了这些产品，这无疑值得我们思考。大多数人碰到一些这样的事情，只会认为这是一件小事，在治好伤口以后就把这件事忘掉了，或是选择忍受现有的鞋子，不方便的罐子打开后也会选择忽视。只有怀有强烈的好奇心和正确的想法，注重对生活中一些微小事件的观察、思考和钻研的人，才能从诸多事物中找到解决问题的方法和思路，甚至完成一些创造性发明。留意生活中许多不起眼的小事，勤于思考，不仅会增长智慧，也会改变生活。

2.3 "头脑风暴"法催生创新

蒂娜·齐莉格在《斯坦福大学最受欢迎的创意课》一书中写到一个案例。在一次课堂上，她做了这么一个活动，要求学生不说话，在规定的时间内按生日大小排成一排。一开始，学生们都表示疑惑，表情似乎说这怎么可能做得到？不过，很快，就有人站起来打手势表示自己的出生年月，周围的人纷纷加入其中，这时候大家共同的目标就是通过这样的方式尽快按照要求排成一排。虽然在规定时间内完成了规定的要求，但在检查时发现很多人站错了位置。对于原因，几乎所有同学的回答都是一样的，后面的人看到前面的人打手势传递信息，他们就都跟着选择了同样的方式。

这时候，如果让大家思考更好、更简单的方法，那么可以在很短的时间里讨论出各种各样的方法。例如，每个人可以把生日写到纸上；可以把身份证拿出来看看生日；可以把生日写在手机上；可以把自己的生日唱出来；可以在地上画上时间线，每个人找到自己的位置等。总之，大家会发现这时候想出来的办法又多又好。

有趣的是，对于不同年龄、不同背景的人做这个游戏时，过程总是惊人的相似。而相似的现象说明了一个问题：大多数人在解决问题时，如果觉得已经找到了解决问题的方法，就会停止思考，放弃创新的机会。但第一个并不总是最好的，如果我们要找到最有效、最具创新性的解决方案，就不能满足于简单的答案，可以用"头脑风暴"（brain storming）的方法提出尽可能多的方案，从中筛选出最理想的答案。

2.3.1 什么是"头脑风暴"法

"头脑风暴"法的发明者是美国 BBDO 广告公司的奥斯本。"头脑风暴"法也称为"智力激励法""自由思考法"或"诸葛亮会议法"，通常由小组成员在正常融洽和不受任何限制的气氛中创造性地思考或联想，打破常规，积极思考，畅所欲言，充分发表看法，在短时间内尽可能多地提出解决问题的方案。"头脑风暴"是一种产生创意和想法的方法，通过汇聚会议中不同人的观点，从中产生新的创意点。"头脑风暴"法的具体流程如图 2-1 所示。

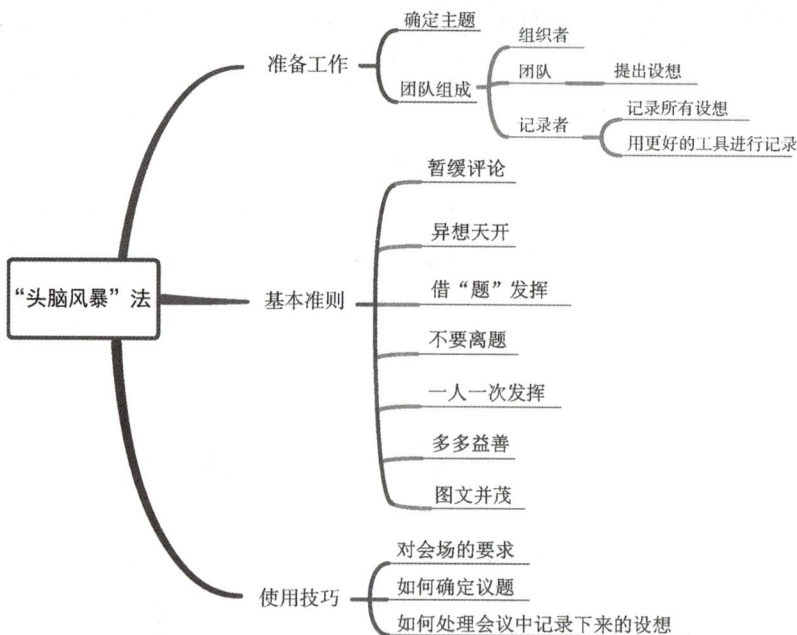

图 2-1 "头脑风暴"法的流程

在群体的讨论过程中，由于群体成员心理的相互影响，易屈服于权威或有从众心理，这就是所谓的"群体思维"。群体思维会削弱讨论者的批判精神和创造精神，进而影响创意的质量。"头脑风暴"法就是为了保证群体决策的创造性和创新质量的典型方法。

总之，"头脑风暴"是一种方法；"头脑风暴"的形式都是以小组的规模展开的，一个人的想法不能算是头脑风暴；"头脑风暴"的展开方式鼓励所有参与人员积极思考、畅所欲言。

2.3.2 "头脑风暴"法的准备工作

在进行"头脑风暴"之前，无论是组织者还是参与者，都需要做充分的准备。

1. 确定主题

组织者需要明确地知道做"头脑风暴"的主题，根据目标确定"头脑风暴"的参与者。对于参与者来说，在明晰了"头脑风暴"的主题之后，就应该着手收集相关主题的资料，只有做了充足的准备才能产生思想的碰撞，达到最初的主题目标，做到"不打无准备之仗"。

2. 团队组成

确定了"头脑风暴"的主题后，就要着手确定参与"头脑风暴"的成员。

（1）"头脑风暴"小组的人数。"头脑风暴"的发明者奥斯本建议，小组人数以 5～10人为宜，若包含主持人、参与讨论者及记录员在内 6～7 人最佳。小组人数太多，会削减每个人畅所欲言的机会；人数太少，会使场面冷清，无法调动参与者的热情。

（2）"头脑风暴"小组的成员。"头脑风暴"小组中，成员的最佳组合是具有不同学科背景或不同职位的成员，他们在各自领域产生新观念，不同领域新观念形成新的碰撞，更有利于获得"头脑风暴"效应。

例如，现在做"头脑风暴"的主题是设计一款新型无人驾驶汽车，受邀请的就可能是人工智能设计师、汽车设计师、汽车销售人员、汽车修理师、顾客或停车场管理员。这些人中没有一个是最终的决策者，但他们的意见很有价值。

另外，小组成员中不宜有太多专家，专家太多，会有权威思维定式的影响，给与会者的心理造成压力，难以畅所欲言。如果有领导人员参与讨论，一定要遵守"头脑风暴"法的基本规则。

2.3.3 "头脑风暴"法的基本准则

如何正确地进行"头脑风暴"，可以参考 IDEO 公司的做法。

IDEO 公司，是当代最具影响力的设计公司之一，其设计水平在全球一直处于领先地位。

其业务范围相当广泛，提供的设计服务包括产品设计、环境设计、数码设计等。IDEO 公司曾于 1982 年为苹果公司设计出第一只鼠标，并于同年设计出了全世界第一台折叠式电脑，可以说是笔记本电脑的鼻祖。而这些设计均是通过"头脑风暴"法产生的新创意。在经历无数次的"头脑风暴"后，他们总结出了正确进行"头脑风暴"的"七大准则"，那就是暂缓评论、异想天开、借"题"发挥、不要离题、一人一次发挥、多多益善、图文并茂，如图 2-2 所示。

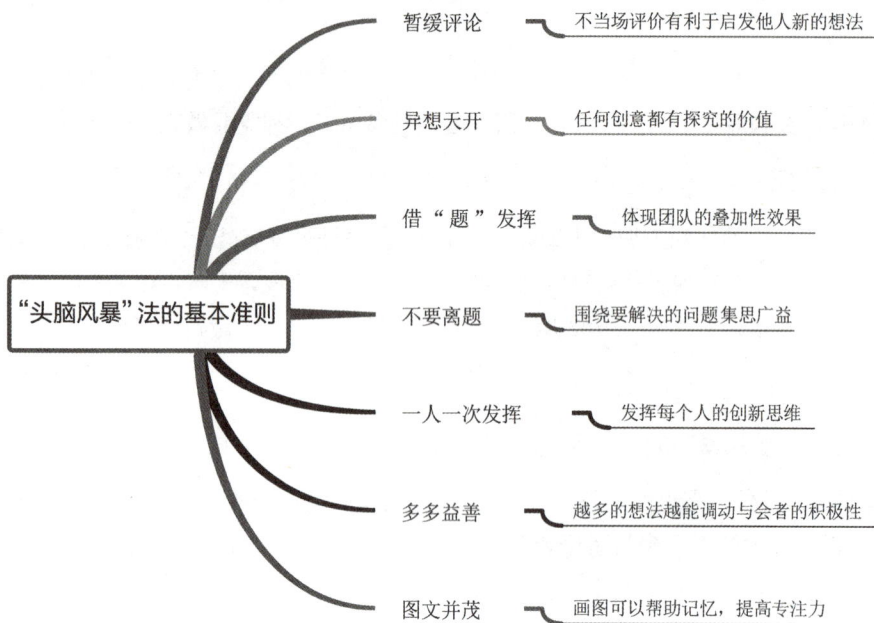

图 2-2 "头脑风暴"法的基本准则

1. 暂缓评论

在头脑风暴会议中，对于组织者及参与者发表的任何意见、方案，不要当场做出评价，更不能当场提出批评或指责。如果对发表的意见或方案进行立即评论，就会使与会者人人自危，对发言有所保留，无法催生好的创意，而且会打断集体思维的联想和延展。参与者丰富、开放的思维更有利于启发他人产生新的想法。暂缓评论的做法可以营造更浓厚的开放氛围，激发所有人的创新能力。

2. 异想天开

头脑风暴会议中，鼓励与会者大胆联想，提出自己独特的见解，哪怕听起来是异想天开的想法，都有可能成为另一个想法的引子。切忌人云亦云、随波逐流，只有跳出思维定式，才能迸射更多的思想火花。只有让异想天开蔚然成风，才能鼓励每个人真正思考创意，而不是思考自己的水准和对错。

3. 借"题"发挥

鼓励在他人见解的基础上借"题"发挥，可以提高与会者的参与度，也体现团队的叠加性效果，对新思想的出现具有抛砖引玉的效果。

4. 不要离题

在进行"头脑风暴"之前，只要与会者都明确了"头脑风暴"的主题，那么会议过程中的所有想法就都应该围绕要解决的问题集思广益，一旦离题，就有可能做无用功。因此，发表的想法一定要贴题，聚焦很重要。如果讨论方向偏题了，就需要组织者引导参与者回到当前的话题上来。

5. 一人一次发挥

发言时，一次一人讲，切忌七嘴八舌，让更多人参与并发表见解有助于创意的产生，也方便记录在案。

6. 多多益善

"头脑风暴"中产生的想法越多，就越有可能发现好的方案。而且越多想法的出现越有利于调动所有与会者的积极性，他们才越有可能解放思想、无拘无束、畅所欲言，而不会顾忌自己的想法多么离经叛道，这是一个良性循环的过程。因此，"头脑风暴"法以在给定的时间内获得尽可能多的方案为原则。

7. 图文并茂

如果在会议过程中能够用图文并茂的方式记录会议中产生的想法或方案，则可以让与会者更专注地进行头脑风暴。另外，画图可以帮助记忆，有利于提升大家的专注力。

在"头脑风暴"的过程中，鼓励所有与会者异想天开、天马行空，但是无论你的思绪跑得多远，都要为主题服务。虽然"头脑风暴"鼓励讨论，但是不要打断别人的思路，这不仅是对与会者的尊重，更是为了让思维有新的爆炸点。在这个过程中，没有想法的对错，只有想法的多少。

2.3.4 "头脑风暴"法的使用技巧

1. 对会场的要求

如果进行"头脑风暴"的场地能够让与会者自由站立和走动，参与者积极性会更高，精力会更充沛，能够提高会议的效率。

另外，完整记录与会者的每个想法。如果将这些想法写在普通的纸上，与会者是看不到的。如果能把这些想法记录在白色书写板或翻页纸上就会使所以与会者看到，提升会议效果。最好的做法是把会场四面墙都贴上白色书写纸，或者把写在便利贴上的想法贴在会场四周，眼睛看到的地方想法越多，与会者提出新想法的可能性越大。

会场最好可以准备一些与议题相关的小物件，这些小物件可以激发与会者的想象力，帮助他们更好地思考。例如，有团队要设计一款新型的中性笔，他们会准备各种书写工具、各种纸张、有趣的配件及玩具等放在会场里；此外，他们还会准备一些尺子、剪刀、橡胶带、双面胶等物品放在会场内帮助与会者搭建模型。因为直观立体的模型比语言和平面图画更能刺激大脑思考。

2. 如何确定议题

选择一个合适的议题非常重要，如果议题过于笼统，如"如何解决全球缺水问题"，就会让人无从下手；如果议题面太窄缺乏深度，就让人没有发挥空间。因此，一定要选择合适的议题。好的议题可以让与会者充分参与其中，尽最大可能发挥他们的想象。一般来说，新颖或带点挑战性的议题会比较合适，例如，"这次晚会准备些什么节目？""怎么才能让这场晚会最难忘、最有趣？"这两个主题，后者明显比前者更有创新空间。因此，改变提问内容，思考的方向和内容也会随之变化。

3. 如何处理会议中记录下来的设想

会议结束后，会产生大量与议题相关的想法，至此，"头脑风暴"的任务只能算完成了一半。接下来，更重要的是对已收获的想法进行整理分析、综合应用，以便选出有价值、能进行开发实施的创造性想法，这也是会议中最困难的部分。

对会议产生的设想，可以根据重要性、可行性、实用性等进行分类整理、标识，决策者在看到这些设想的时候一目了然。另外，可以用扫描或拍照的方式将会议中产生的设想全部记录下来，后期可随时查阅。今天看似没有可行性的设想说不准哪天就可以派上大用场。

创新是世界进步的动力，有了创新精神就有了前进的希望。小鸟飞行需要翅膀，世界进步需要创新，创新就是进步的翅膀。

各行各业都需要发展，如果行业缺乏创新意识，那么它只会停滞不前，甚至可能倒退。只有坚持创新精神，勇于实践，行业才能得到发展。

当今社会是一个飞速发展的时代，创新精神显得尤为重要。只有拥有创新精神的国家，才能让自己立于世界强国之林。市场是无情的，竞争是残酷的，只有坚持创新，个人才能体现价值，企业才能获得优势，国家才能繁荣富强。

创新就像打拳一样，一个单一的动作很容易被人学会和模仿，但是一套组合拳很难被模仿或超越。

课后练习

1."转动书架"是从转椅的相似联想发明的;"爬楼梯车"是从与狗爬楼梯的双脚动作相似的联想发明的;适度而有节奏的声响能催人入眠,这是从列车行驶的单调声,小雨点的淅沥声,联想到在蜂鸣器中增设延时开关发出相似的模拟声,发明了"电子催眠器"。你还能想到哪些相似联想产生创意的案例吗?请说一说。

2.利用相似联想产生创意的方法,看看身边的物品,是否有新的创意产生?

3.可口可乐流线型瓶子的包装让其迅速风靡全球,那你知道百事可乐在创业之初是如何利用可口可乐流线型瓶子的"优势"与可口可乐竞争的吗?可以查阅相关资料参与讨论。

4.除了书中的案例外,你还能想到哪些对比联想产生创意的案例?请说一说。

5.利用对比联想产生创意的方法,看看身边的物品,是否有新的创意产生?

6.阿拉伯人多信奉伊斯兰教,虔诚的教徒每天都要向圣城麦加方向跪拜,有时因为辨不清方向而犯愁。你觉得该如何解决?

7.在你的鞋子上、普通的杯子上、枕头等物品上可添加些什么元素组成新的产品?

8.你还能想到哪些组合创新的好案例,跟大家分享一下。

9.易拉罐的发明固然方便人们打开铝质的罐装产品,请仔细观察易拉罐的结构,觉得它有哪些缺点,如何改造?

10.雨衣的设计方便了人们在雨天出行,但有很多人不喜欢使用雨衣,请观察或回想一下人们穿着雨衣的样子,是不是穿起来下摆总是贴在裤腿上,雨水会流到裤腿上或鞋子里?针对这个情况,你有什么好的方法吗?

11.请观察身边的现有物品、身边人使用某些产品的习惯等,是否可以有针对性地对这些产品进行改造?

12."六项思考帽"是"创新思维学之父"爱德华·德·博诺(Edward de Bono)博士开发的一种思维训练模式,或者说是一个全面思考问题的模型。它提供了"平行思维"的工具,避免将时间浪费在互相争执上,强调的是"能够成为什么",而非"本身是什么",是寻求一条向前发展的路，而不是争论谁对谁错。运用博诺的"六项思考帽"，将会使混乱的思考变得清晰，使团体中无意义的争论变成集思广益的创造，使每个人变得富有创造性。结合"六项思考帽"的思想，针对预设的问题进行小组会议，请完整策划并实施这次会议。

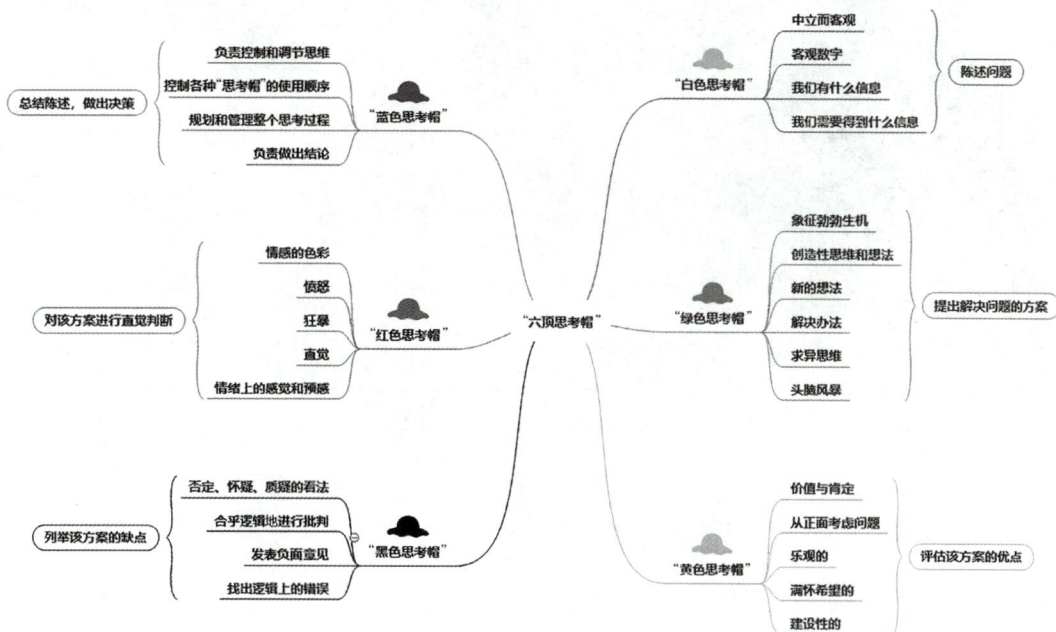

从 0 到 1：从创新到创业

第 3 章
指数型增长组织

　　谷歌联合创始人拉里·佩奇在一次活动的演讲中说道："我现在有一个非常简单的评判标准，那就是你做的事情能否改变世界，能还是不能？99.99% 的人回答是'不能'。我认为我们需要教人们如何改变世界。显而易见的是，技术正是达到这一目标的手段。这是我们从历史中看到的，技术驱动了一切变革。"正是技术使强大的变革力量正在世界范围内涌现，如指数型技术、DIY 创新者及众筹等。而这些变革的力量正让规模越来越小的团队有能力做到以前只有政府或超级大公司才能做到的事情。在变革中，要想不落伍，就要对组织这个概念有新的认识、新的看法，这种新视野就是指数型组织。

指数型增长组织

线性组织vs指数型组织
- 线性组织
- 指数型组织

指数型组织增长的特性
- 宏伟的发展目标
- 灵活的员工聘用制度
- 社群，集众人之力
- 算法的发展
- 使用杠杆资产
- 吸引用户参与其中
- 友好的用户界面
- 实用性强的仪表盘
- 持续不断的实验
- 员工自治
- 消除延时的社交技术

如何创建指数型增长的组织
- 第1步：选择宏伟的发展目标
- 第2步：加入或创建相关社群
- 第3步：建立一支团队
- 第4步：突破性创意
- 第5步：绘制商业模式的蓝图
- 第6步：先实验
- 第7步：验证市场和销售
- 第8步：塑造企业文化
- 第9步：定期回顾关键问题

3.1 线性组织 vs 指数型组织

无论是实体经济还是服务行业，销售稀缺性是大部分传统公司的根基，有些稀缺资源甚至是人为造就的，如钻石、网络带宽、奢侈品等。这些销售稀缺性资源的组织通常是线性组织结构。

与此同时，供应或资源的稀缺往往会让成本居高不下，更多刺激拥有而非使用。随着技术的发展，我们将走入一个富足的、使用权胜过所有权的世界。传统组织结构正迅速退出历史舞台。

要想在高速变化的世界中保持竞争力，需要一种新型的组织，既能应对变化，又能巧借东风，指数型组织应运而生。

3.1.1 线性组织

人类从狩猎采集到圈养动物再到耕种，慢慢学会了"拥有某项物品"和"使用权的交易"。到近代社会，为了"拥有"和"交易"，人类社会出现了日益庞大的组织结构。当这些组织结构拥有更多土地、更多设备、更多员工时，总能创造出更高的价值。组织增长的过程中，会出现组织管理，建立组织结构，明确责权关系，规定职务或职位，使组织中的成员能够协同工作与配合，实现生产最大化，这样的组织结构通常称为"线性组织结构"，如图3-1所示。

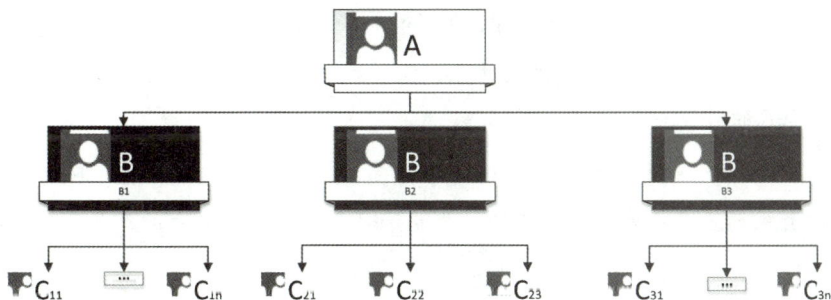

图 3-1 线性组织结构

对于线性组织结构来说，要进行耕种，若土地的面积增加1倍，那么耕种的人手需增加1倍；如果1辆挖掘机可以取代50个工人，那么2辆挖掘机就可以取代100个工人。在生产中，产品制造和服务也都遵循这种规律，这种线性组织在全世界的经济领域都非常普遍。

对于线性组织来说，思维是线性的，行为也是线性的，战略规划在很大程度上是根据以往的经验进行决策的。拥有的资产和劳动力越多，改变战略和商业模式就越困难，因为规模和灵活是背道而驰的。无论组织多么高效、多么现代化的工具，这种拥有大量设备和大量员工的大型组织都难以敏捷地应对信息化发展的世界。

◆ **案例 3-1**

诺基亚跌下神坛

诺基亚曾是全球最大的手机生产商，它有过辉煌的历史，创造了无数个纪录，至今没有手机制造商可以超越。自 1996 年开始，诺基亚连续 15 年全球手机销量第一。数据显示，销量最大的单品机型来自诺基亚，它就是诺基亚 1100，累计销量超过 2.5 亿部。这是个什么概念呢？诺基亚 1100 是全球第一款销量破 2 亿部的手机，至今无人超越。即便与今天的手机制造商对比，销量最好的苹果 iPhone 6 系列，累计销量也只有 2.2 亿部。参考调研机构 Counterpoint Research 的最新数据，2019 年，苹果手机出货量是 1.96 亿部，全年销量不及一部诺基亚手机。2009 年，诺基亚销量高达 4.318 亿部，对比一下就知道 4.318 亿意味着什么。我国是全球最大智能手机市场，2019 年，国内手机市场出货量也不足 4 亿部。

如果在 2009 年诺基亚销量高达 4 亿部之时，有人说 10 年后满大街都不会看见一部诺基亚手机，那么你一定认为这是个笑话。可事实上，不过短短几年，昔日号称可以砸核桃的诺基亚手机就这样轰然倒在了移动互联网时代。

实际上，从 2007 年苹果 iPhone 问世，到 2011 年诺基亚手机跌落神坛，诺基亚每年花在手机研发上的费用是苹果研发费用的 4 倍还多，每年的研发资金超过 55 亿欧元。同时，诺基亚也非常注重人性化的设计，设计中会考虑人种、生活情境等细节，从市场调研到布局收购全球最先进的技术，每笔花费和布局都是为了让诺基亚重新争夺市场份额，可最后诺基亚还是输了，并且输得不可谓不惨，这究竟是为什么呢？

2007 年，乔布斯在旧金山发布了第一款 iPhone。同年，诺基亚依旧是手机界的巨无霸，那时的塞班系统依然没有看到销匿的迹象，那一年诺基亚的旗舰机型 N95 市场大卖，而 N73 则如同今日的 iPhone 一样是大众机型。

对诺基亚而言，其认为自己真正的对手是微软的 Windows Mobile。刚刚进入市场的 iPhone 并没有被诺基亚视为最大的威胁，毕竟这只是一部初出茅庐的产品，市场的接受程度还未可知。

没有将 iPhone 视为对手，不能说明诺基亚对智能手机的未来不够重视，恰恰相反，诺基亚很早就在为这场未来智能手机的决战做充分的准备。诺基亚很早就意识到，要在这场智能手机的决战中掌握足够的主动权，决战的战场一定在地图领域，智能手机没有地图就如同没有定位想发射导弹一样，于是斥资 81 亿美元收购了当时最好的地图公司——Navteq。Navteq 这家公司实现地图的方式是耗费巨额资金在街道两边埋大量的传感器，以获取街道信息，如果全球的每条街道都有了这样的传感器，那么地图定位的准确性可想而知。

几乎在同时，谷歌（Google）以 11 亿美元买下了 Waze。Waze 也是一家地图公司，一家看起来毫不起眼的地图界的小公司，它的策略与 Navteq 不同，没有考虑埋传感器这个听起来像极了愚公移山的策略，而是利用用户手机上的 GPS 传感器获取交通信息，因为手机用户的暴增，仅用了两年时间，Waze 的交通数据量就赶上了 Navteq，四年之后是 Navteq 的 10 倍以上，而成本却是零。

最终，谷歌地图免费，诺基亚的 Ovi 地图长期收费，消费者的选择毫无悬念。

Navteq 是今天"线性思考"失败的经典案例。与此相反，Waze 公司则是指数型思考的典型代表。

（资料来源：［加］萨利姆·伊斯梅尔、［美］迈克尔·马隆、［美］尤里·范吉斯特：《指数型组织》，苏健译，浙江人民出版社 2015 年版）

线性组织结构的特点是金字塔形状的责权管理系统，如图 3-1 所示。在这样的系统运作过程中，每个员工只对一个上级负责。传统企业采用的这种层次分明的组织结构，优势在于分工明确，因此，为企业带来了比较快的利润增长速度。但随着互联网时代的到来，传统的信息不平衡局面被逐渐改变，不断提高的用户需求和日益激烈的市场竞争也需要企业改变传统的运营方式，很大程度地发挥员工的积极性、主动性和创新性。

3.1.2 指数型组织

无独有偶，在地图市场战胜了诺基亚的谷歌，却在社交网站的市场争夺中败给了 Facebook。2011 年年中，谷歌隆重推出了名为 Google+ 的全方位社交网站，在发布会之前，谷歌已经为这一产品耗费了两年的时间和精力，自认为 Google+ 的制作水准属于上乘，带着必胜的信念推向市场。谷歌在等着收获之时，却发现 Facebook 早已坐上了社交网络的头把交椅。

当时，Facebook 有 2127 名员工，而谷歌有 20000 多名员工，差不多是 Facebook 的 12 倍。在营业额方面，谷歌的年收入是 Facebook 的 15 倍，净利润则是 Facebook 的 14 倍。2011 年，谷歌不仅垄断了搜索广告业务 85% 的市场份额，而且在全部数字广告业务中占到了 44%，Facebook 的份额只有微不足道的 3.1%。

2019 年 4 月 2 日，谷歌正式关闭个人版 Google+。这样的竞争似曾相识，让人回想起 Navteq 和 Waze，我们会发现传统的线性思维方式是无法适应指数型组织发展。

在互联网发展的今天，若组织的运营模式仍然遵循线性组织的架构，每当发布新产品或旧产品升级时，背后的团队都需要通过层层关卡，耗费过多的沟通成本，如品牌、法律、隐私及公关等，每次过关可能都需要花费较长的时间，有时甚至可能长达几周。等到产品进入消费者视线时，却总是晚那么一点，总有一家或几家创业公司已经占得先机。

互联网公司彻底颠覆了传统广告投放及市场营销的方向，纸质媒体面临着改革，它也改变了人们交流与互动的方式，这一切发生的原因是：在互联网上，产品或服务的传播成本几乎为零，特别是那些可以完全被转换为信息数据的东西。以前的软件公司成立之初需要耗费巨额的服务器及软件开发成本，现如今有了"阿里云"这样的服务商，服务器及软件开发的成本降到原来的零头，这为指数型组织出现提供了一切必要的条件。

指数型组织的出现正是运用了以信息为基础的技术倍增指数型规律，一份投入可以得到几何比例的产出（见图 3-2）。

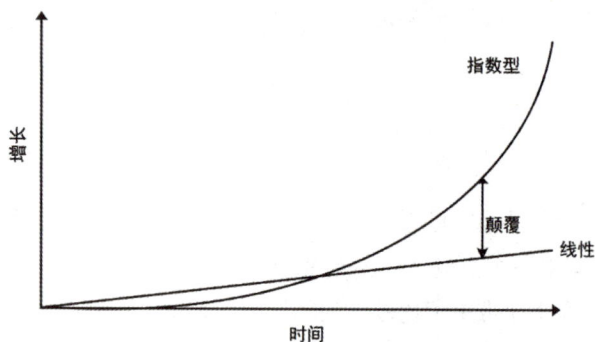

图 3-2　线性增长与指数型增长的区别

指数型组织无须拥有资产或劳动力，它们拥有规模较小的核心员工和设备，借助外部资源实现自己的目标，当业务随市场变化时，可以以极快的速度和灵活性做出相应的调整。

我们正从基于物质的世界向基于信息的世界迈进，而信息具有成倍加速特性。库兹韦尔在《奇点临近》中说道："当你朝一个以信息为基础的环境转移时，发展速度就会跳跃到一条指数级增长曲线上，性价比每 1 ～ 2 年将会翻一番。"

由于信息在本质上是流动的，那些面向用户、粉丝、合作方或普通大众的大型商业功能都可以被转移到组织外部。例如，百度搜索出来的网页都不是自己的产品，微博和 Facebook 这些社交平台借助人际关系的数字化与用户的原创内容维持平台的丰富性及多样性。

指数型组织打破了层级式的组织结构，转而采用趋近扁平式的组织结构（见图 3-3）。在这样的组织中，企业高层的管理权和决策权逐渐转移到了普通员工身上，员工拥有更大的自主性。当面对特定的挑战时，员工需要自主决策，并寻找解决方案。这样的组织结构，决定了企业更具生命力和创新性。

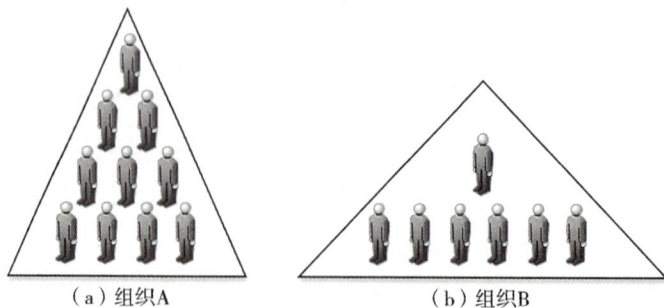

（a）组织A　　　（b）组织B

图 3-3　扁平化管理结构

指数型组织新在何处？

1. 产品改进

除了改变企业的内部组织结构激发员工活力外，指数型组织还可以通过外部资源获得创新的灵感。如今，越来越多的企业通过众包方式解决企业内部大部分（75% 左右）创新和研发任务。

例如，美国著名儿童玩具制造商费雪玩具公司，很早就通过众包的方式设计公司生产的玩具。由于指数型组织更注重顾客的参与感和反馈意见，因此更愿意花费时间和精力与顾客打交道，甚至通过论坛、官方微博等多种方式建立与顾客的长期沟通，通过用户的反馈实施产品的改进策略。

众包倾向于利用集体的力量，指由多个个体通过合作或竞争展示出来的群体智能。下面这个案例可以使我们更明确众包的概念。

案例 3-2

图书馆搬迁

某图书馆馆藏图书众多。一天，该图书馆接到任务，要进行搬迁，要求在 1 个月以内将图书馆中的所有图书搬迁至新馆，而且预算只有 40 万元。按照市场价格，搬迁的最低运输成本至少需要 80 万元，远超预算。馆长四处寻求合作方，可是都未能如愿，正当馆长一筹莫展之际，一个大学生找到馆长，毛遂自荐揽下这项任务。他对馆长说："馆长先生，我只需要您支付 40 万元，就可以帮您完成这项庞大的工作，但条件是您不能干涉我怎么用这笔钱。"馆长思虑再三，没有更好的办法，于是决定接受这个学生的建议，并一直在暗中关注他将如何完成这项工作。接到工作的大学生并没有去找搬家公司这样的合作机构，而是制作了几张告示，上面写着："即日起，在此馆借阅图书的读者若 1 个月内将所借图书归还至图书馆新址，则免除所有图书借阅费用。"（图书的借阅费用与运费相比，成本要低得多）如此这般，这个学生搬迁图书馆的成本是告示成本、少量的图书运输成本（需要运输那些读者不会借阅的书籍）再加上少量的借阅成本支出，最终轻松地完成了这项任务。

（资料来源：https://www.sohu.com/a/296840592_120021884）

从图书馆搬迁这个案例可以看到，正确引导并运用"集体智慧"，不仅可以节约成本，而且能提高效率。

现如今，随着越来越多的企业认识到众包的价值，众包的各种模式不断地被创造出来，一些公司在专业研发网络平台上"悬赏"创新方案，标致汽车通过举办"标致"设计大赛发动人们设计自己梦想中的汽车，宜家通过举办"天才设计"大赛，吸引顾客参与多媒体家具方案的设计，麦当劳、欧莱雅等众多知名公司也纷纷推出让顾客参与广告设计的活动方案。

有些公司设立了自己的众包网络平台，如戴尔、百思买及耐克等，均在自己的平台上吸引业余爱好者共同参与解决企业面临的技术难题、设计新产品甚至提供新创意。众包已然成为市场发展的必然。

案例 3-3

搜狗输入法的众包

搜狗输入法分搜狗拼音输入法和搜狗五笔输入法。搜狗输入法的众包业务为两块：一块是输入法的皮肤，就是输入法的变换界面，因为用户的积极参与，短时间内其皮肤数量增长至 19000 多种，并且这个数字还在持续增长；另一块众包业务是词库，搜狗将其命名为"细胞词库"，也是在短时间内增长至 12000 多个词库。词库中包含的生物词汇、武术名词、各地地名、音乐词汇、网络流行用语、古诗词等。如果没有采取众包的方式，那么设计人员要花费很长时间才能出品 19000 多种皮肤及 12000 多个词库。

（资料来源：https://www.williamlong.info/archives/1903.html）

2. 资金获取

企业建立的专业研发网络平台，不仅可以有效地收集顾客的创意，获得产品的改进方向，还可以使企业获得外部资金的支持。

例如，一个设计专业的学生在众包网络平台发布一款衣服的设计任务，确认产品的设计方案之后，在产品生产之前，先获得意向客户的预付金，之后找第三方生产公司进行生产。这样一方面保证了产品的顺利生产；另一方面提前确保了产品的销量，没有库存积压，从设计、生产到销售都与传统组织完全不同。

虽然和新兴的互联网企业相比，海尔、可口可乐及通用电气并非创新型的企业，但这些大企业纷纷利用了指数型组织的优势和特点，并融合到了企业的日常运营中。

案例 3-4

小米，"米粉"自己的手机

2010 年 6 月，小米公司创立；2013 年，小米公司卖出了 2000 万部手持设备，年收益超过 300 亿元，崛起速度震惊业界。

小米公司在创始之初的口号便是"为发烧而生"，目标就是通过合理的价格提供给所有人性能、品质良好的产品。小米公司以低廉的价格、良好的用户体验迅速在国内打开市场，其产品销量在亚洲其他国家也一直呈上升趋势。

根据小米公司 2019 年公布的数据，其旗下的 MIUI 论坛有超过 900 万月活用户，同比增长 34.7%；小米智能电视及小米盒子的月活用户达到 2260 万个；小米包括视频、体育、儿童和教育会员在内的会员体系，已经拥有 300 多万个付费用户。

2020 年是小米公司创立的第 10 个年头，短短的 10 年时间，它从一个创业公司变成了世界 500 强，也是国产手机市场销售排名前列的厂商，这一切完美地体现了指数型组织的特点。

小米公司内部的组织结构使用了扁平化管理结构，有 1 个由核心创始人、部门领导和 14513 名员工组成的团队，这样的管理体系在前进的组织中实现了更直接的交流与决策。公司所有员工中，研发人员共计 5515 人，占员工总数的 38%，这是个相当大的比例。

小米公司将每支团队打造得像一个家庭一样，团队中没有森严的等级观念，所有员工在自由、平等、轻松的伙伴式工作氛围中发挥自己的创意，很大程度实现了员工的自我管理。本身具有创业精神及冒险精神的小米公司在雇佣员工时也是倾向对工作有热情或是某一领域的专家，绩效工资包含利润分成和轮岗制度两部分，这也说明小米公司鼓励员工随时自由地更换岗位，懂得更多才能走得更远。

小米公司对于自己生态系统的打造也是独树一帜。广泛的客户互动，在官网、论坛、微博等有米粉的地方都有小米公司的员工第一时间快捷高效地为用户的反馈提供高质量的服务；小米公司的部分设备提供外观定制化服务；小米公司专门打造"米兔"形象，戴着雷锋帽，系着红领巾的小兔，成为维护小米公司与顾客的桥梁；为感谢"米粉"的一路相伴，小米公司将 4 月 6 日这一天定为"米粉节"，每年都会为由粉丝组成的社群举行特殊活动；自 2015 年起，每年年底小米公司都会举办小米家宴，邀请"米粉"回家吃"团圆饭"；小米公司员工自发地为"米粉"手写 10 万张明信片，这是小米人发自内心、一笔一画亲手表达的情感；小米公司为"米粉节"推出了名为"世界拳王争霸赛"的游戏，大量用户参与其中。这些非正式的、娱乐性的参与方式是维系小米粉丝的重要手段。

小米公司的用户不仅在产品上忠于小米的品牌，也在支持服务上对小米公司起到很大的帮助作用。小米公司拥有一个由用户自己推动和建立起来的完全点对点的顾客服务平台，公司不用花一分钱就可以让用户口口相传，很快地形成病毒营销。

2010 年，小米公司成立时就有一个宏大的理想：改变商业世界中普遍低下的运作效率。小米公司有勇气、有决心、有毅力推动一场深刻的商业效率革命，把每份精力专心投入做好产品，让用户付出的每分钱都有所值。

"无米粉，不小米"真正道出了"米粉"对于小米公司企业发展的重要性。

（资料来源：https://www.sohu.com/a/384837316_120615612）

案例 3-5

海尔，传统企业转型为指数型组织

海尔首席执行官张瑞敏说："西方的创业者在实践中总结提炼出一种新的组织概念，即指数型组织，他们把海尔、亚马逊、谷歌等企业探索实践的组织模式称为'指数型组织'。指数型组织固然有一系列衡量评价的标准，但归根结底是拜互联网所赐。互联网技术自诞生以来，经过众多应用者、开发者的参与创新，早已深刻融入经济生活的方方面面。"

海尔的品质到底如何，有一则逸闻是最好的宣传。1985 年，一位用户向海尔反映：工厂生产的电冰箱有质量问题。时任海尔首席执行官的张瑞敏突击检查仓库，发现仓库中有缺陷的冰箱还有 76 台！张瑞敏明白，如果放行这些产品，就无法提升员工的质量意识。他随即召开了员工大会，宣布要将这 76 台质量不达标的冰箱统统砸掉。结果，一柄大锤，真正砸醒了海尔人的质量意识！

这只是海尔改革的第一步，下一步是实现多样化，朝其他家电领域进军。2005 年，张瑞敏决定拆分海尔的整个中间管理层，将公司的 8 万多名员工重组成 2000 个自主经营体，实现"人单合一"的管理模式，人就是员工，单不是狭义的订单，而是指用户的需求。把员工创造用户需求的价值和个人的薪酬连在一起。哈佛商学院教授评价称：海尔探索的与用户零距离的管理模式从理论上颠覆了传统的理论基础，完全是互联网思维。

重组的经营体团队成员根据绩效获得相应报酬（员工自我管理方法），其核心思想是：

（1）员工可在不同单元之间流动；

（2）每个单元都有损益目标，报酬随绩效变化；

（3）团队的主要职责是考虑顾客需求并实现它；

（4）面对顾客，员工拥有最大限度的灵活度和完全的决策能力；

（5）任何人都能提出新产品的创意，经由员工和供应商投票共同决定哪些项目可以获得资助（类似于前面讲过的众包），获胜的创意提出者会成为团队领导，有权在整个组织中招募团队成员；

（6）在每个季度，每支团队都有机会投票决定领导的去留。

海尔公司中被称为 HOPE 的社群管理系统是一个完全开放的创新生态系统。在这里，上百万用户可以与寻求新的商业机会的供应商或其他顾客交流，任何人都可以提出自己的想法或参与竞赛，目的就在于收集众多用户的创意。

海尔并未停止前进的步伐，2013 年，张瑞敏主导了一场"消灭中间管理层"的运动，海尔集团宣布进入第五个战略发展阶段——网络化战略，决定由过去生产产品的企业向平台型企业转型。

在张瑞敏的计划中，未来的海尔只有三种人：平台主、小微主和创客。被消灭的那1.6万中层只有两个选择：要么创业，要么离开。海尔内部每个员工都成为"创客"，他们共同选举出小微主，双方可以互选，不称职的被淘汰；双方共同组成一个有机体，共同面对用户和市场，还可以引入外部社会资源。

"创业小微"是由海尔原有内部员工创立，从海尔集团内部孵化出的小微公司，目前有200多家。这些"创业小微"是真正意义上的内部创业，当海尔员工自己有了好创意和好想法时，就可以依靠海尔平台的支持，逐渐发展出独立的小微企业。

其中，最典型的代表就是海尔集团一个创业不足三年的"雷神"团队，该团队从零开始，网罗了3万余条游戏笔记本的问题意见，找到世界上最好的代工厂，共同处理问题，生产满足用户需求的产品。不过一年半，海尔的游戏笔记本便在全国游戏笔记本销量中排名第三。为了避免产品单一导致销量下滑，"雷神"团队还将笔记本硬件业务拓展到游戏业务，目前已获得A轮、B轮、C轮、C+轮融资，下一步计划上市。

在海尔"消灭中间管理层"运动之后，这样的案例有很多，全部都是小微企业自己整合成一个生态系统。

海尔颠覆了原来的组织模式，变成平台化；颠覆了产销分离制，变成用户个性化；颠覆了雇佣制，变成员工创客化。

（资料来源：https://www.jianshu.com/p/46446055a542?from=timeline & isAppinstalled=0）

海尔的人人创客模式把海尔这艘巨型航母，拆分成一艘艘舰艇——它们彼此独立，灵活作战，同时血肉相连，秉承共同的目标和利益诉求。而这一切经验表明，传统企业要想实现指数级增长，必须转型为"指数型组织"。

未来，公司高管要么主动进行"指数化"，要么被动接受指数型竞争对手的挑战。CEO这一职位将会被"首席指数官"取代，执掌公司的命脉，迅速前行。

3.2 指数型组织增长的特性

创业公司最大的特点是能快速地在市场中推出自己的产品和服务。

Quirky是一家位于美国纽约的创意产品社会化电商，是一个创意产品社区与电子商务网站，于2009年3月推出服务。Quirky利用众包方式，让社区参与产品开发的整个过程，包括提交创意、评审团审核、估值、开发、预售、生产、销售等多个流程。整个过程最快可以让一个创意在29天后就出现在零售商店里。

共享住宿平台爱彼迎（Airbnb）从创立到估值超过300亿美元只用了10年时间，全球房源数量超过 400 万个。令人难以置信的是，这超过 400 万个的出租房源没有一间是爱彼迎自己的实体资产，而且爱彼迎每晚出租房间的数量仍在以指数级速度增长。

滴滴出行创立于 2012 年 9 月，虽未上市，估值却已超过 500 亿美元。滴滴出行是将私人汽车转变为出租车，没有一辆汽车是自己的固定资产，却成了国内最大的出租车公司。而且，其业务是以指数级速度增长的。

樊登读书会于 2013 年 10 月正式成立，主要经营樊登读书，提供的产品有在线视频、音频、图文消息等。2016 年，樊登读书会付费用户达 140 万个；2017 年，这个数字达到 176 万个；2019 年初，这个数字已经变成了 1300 万个，这些数字的变化呈指数级的速度。

对于指数型组织能实现这么快的扩张速度，萨利姆·伊斯梅尔在其著作《指数型组织》一书中，归结为非常重要的 11 个属性。

3.2.1　宏伟的发展目标

指数型组织都有一个令人振奋的发展目标，所有指数型组织均是如此。因为发展目标代表着公司的眼界和视野，如果一家公司没有高瞻远瞩的眼光，它就不可能追求高速发展的商业战略。因此，指数型组织一定是站得高、看得远的那个。

我们来看看下面这些公司对外宣扬的目标口号，很多人会为他们贴上"痴人说梦"的标签。

谷歌："管理全世界的信息。"

樊登读书会："帮助 3 亿中国人养成阅读习惯。"

Quirky："让发明触手可及。"

看到这些公司的口号，你会发现每个目标都透露着公司的壮志豪情。这些口号中并没有告诉你这家公司现在正在做的事情，而是告诉你它要实现的目标，用这些目标吸引组织内部人一起奔向远方，吸引组织外部人跟你一起努力。每个指数型组织都有着宏伟的发展目标，这不仅是吸引顾客和留住员工的有效手段，而且影响着组织的每个部分。激动人心的品牌可以在这些组织的社群中起到催化剂的作用，顾客对产品有认同感，也会为自己能够成为组织中的一员而感到骄傲，顾客的口口相传比任何广告都更有说服力。

3.2.2　灵活的员工聘用制度

麦肯锡的合伙人迈克尔·崔，曾这样描述 20 世纪的雇佣理论："掌握人才的最佳方式是通过全职、独家的雇佣关系，根据人们在公共办公区域工作的时间支付报酬。他们应该接受稳定的层级管理，主要依靠上司的判断对其进行评价，并且事先规定好他们的工作内容和方法。"

但是到了移动互联网发展的今天，这个理论已经没有一个字能够适应现实世界了。因为事实上，无论你的员工多么有天赋，大多数人都很有可能迅速过时，并失去竞争力。过去你学习一项技能，半衰期是 30 年；现在，这个周期已经降低至 5 年。

温城辉，"礼物说"的创始人，他对传统的雇佣制提出了自己的思考，那就是"告别雇佣，走向共享"。

对于信息发展越来越快的今天，任何一家公司，拥有长期性全职员工越多，风险就会越大。因为稳定的工作形式除了带来惰性外，还会削弱前进的动力，你很难指望员工自发自愿为公司去创新或突破。

美团跑腿、UU 跑腿，从字面上看，这项业务是"行动工作者"的意思，很多平台都支持这样的业务，它的运转依靠平台的众多用户，请他们帮忙完成各种各样的"微任务"。完成这些"微任务"的人可以获取一定的报酬，如拍摄一家餐馆的墙上菜单、试用某款 App，在回家路上或外出途中，就可以顺便挣点零花钱。云南白药想知道自己的药品被摆放在药店的哪个角落，可以使用跑腿平台，雇佣数千人，以每人几元钱的佣金让他们到药房查看一番，不到 1 小时，就可以得到想要的答案。

在过去，拥有庞大的劳动力可以让一个企业独占鳌头，实现更多利润；如今，同样庞大的劳动力却可能成为阻碍企业运作灵活性的壁垒。传统企业想要招聘数学科学家、物理科学家这样高技术的工作者是非常困难的，但如果通过众包的方式，就会变得很容易。

3.2.3 社群，集众人之力

2007 年 5 月，克里斯·安德森开始营建一个名为"DIY 无人机"的社群。2009 年，这个社群已经有超过 5 万名会员。他们可以设计和制造出与美国军方使用的"掠食者"无人机极其相似的机型，可以实现"掠食者"无人机中 98% 的功能，而这 2% 的性能差异，主要是武器系统的管制，如果没有管制，功能实现接近 100% 绝对不是梦。但是"掠食者"造价高达 400 万美元，而 DIY 无人机成本只需要 300 美元。安德森说："你没必要去寻找合适的人才，因为他们会找到你。"

2011 年，当特斯拉濒临破产边缘时，埃隆·马斯克改变传统的经营模式，向社群开放知识产权。在社群力量的凝结下，将传统汽车中 700 个传动机构缩减到了 17 个部件，因为这一颠覆式的创新，特斯拉的市场份额从 40 亿美元提高到 300 亿美元。

许多在传统方式中由企业内部完成的功能，如创意、设计、发行、宣传、销售等，指数型组织利用社群几乎可以全部解决。这与目前流行的"认知盈余"不谋而合——全世界每年可以给共享项目提供 1 万亿小时的时间，而随着互联网和移动互联网的快速发展，这一数据也正在成倍地增长。

在随需随聘的员工和社群与大众的共同作用下，组织的核心全职员工会变得更少，灵活的员工团队则会让企业变得更灵活也更强大。因此，在自由、弹性的员工团队影响下，组织更善于学习和遗忘，创意流通的速度也会变得更快。

3.2.4 算法的发展

围棋是一种古老的棋类游戏，每一步都存在诸多选择，因此每一步的落子位置都很难预测，正因如此，人们长久以来一直认为只有人类才能下围棋，哪怕是人工智能也是无法战胜人类的。可是，2016 年 3 月，人工智能的代表 AlphaGo 最终大胜世界围棋冠军李世石。这一切变化得益于算法的发展和应用。

所谓算法就是首先收集数据；其次组织这些数据；再次应用这些数据，根据数据判断归纳我们用眼睛无法发现的内在联系；最后释放这些数据，让它变成一个平台，利用开放数据开发出有价值的服务和新的功能。

当今信息世界的发展很大程度上依赖于算法，这是一个"算法为王"的世界。从汽车的防抱死制动系统到购物网站的推荐引擎；从航空公司的动态定价到预测下一部电影的票房，算法在现实生活中无处不在。现在的互联网应用，如滴滴、美团、百度等公司，都是通过某种算法为更好地满足用户目标服务，使公司获得指数级的增长。

3.2.5 使用杠杆资产

如果指数型组织本身不拥有任何的资产，就省去了管理资产所需的员工，组织在战略层面可以保持非常好的灵活性，其扩张速度会飞速上涨。

现在的信息时代让这些组织能随时随地使用全球范围的共享实体资产，而无须真正拥有它们。这些年出现的潮流——外包，让这一切变得更加容易，例如，苹果公司没有自己的生产线，所有关键产品都是借助合作伙伴的工厂和组装流水线完成生产的。

但并不是所有组织都是如此，在涉及稀缺资源和资产时就应另当别论。例如，特斯拉就拥有自己的工厂，京东也拥有自己的仓库。当涉及的资产是稀有产品或要求速度时效时，拥有就成了更好的策略。例如，京东出售的产品其他平台可能都有，但是只有京东可以保证时效，这就是稀缺资源。

3.2.6 吸引用户参与其中

TED 演讲者简·麦戈尼格尔在《游戏改变世界》一书中这么说：游戏激励人们主动挑战障碍，更积极主动、热情洋溢、自我激励地参与到自己正在做的事情当中。而目前组织吸引用户参与的方法，如奖券、竞赛、折扣券、积分、升级和会员卡都是游戏中经常用到的。最近几年，这些方法变得更信息化、具体化和社交化。组织通过这些方式吸引了更多顾客参与，越多人参与创新性想法就越多，再借助顾客与社群的忠诚度，转而让组织得以实现更快的增长。

小米公司的社群营销一度将小米推向神坛，而社群营销的底层逻辑就是用户参与。在适当的情况下，参与会创造出超大范围的网络效应和积极的反馈回路，从而提高用户的忠诚度。

3.2.7 友好的用户界面

用户界面是组织与用户连接的窗口，在大多数情况下，因为数据量小、对用户缺乏认识等因素的影响，这些界面一开始都是手动的，随着组织的运作成熟可以实现自动化并最终变成与用户自我匹配的平台。

Quirky 公司可以在不到一个月的时间，让产品从概念转变成实物。该公司组织的社群中有超过 100 万的发明者，这些发明者都希望自己的创意走向市场，因此必须建立一些流程和机制对这些创意进行筛选，并且对社群进行有效的管理。友好的用户界面可以有效地提高这些流程的效率并且降低出错率，而根据用户的使用习惯、性格特点等匹配的用户界面则更能吸引顾客参与。

互联网遵循一个极简思维，用户界面的设置越简单，越容易吸引用户，如滴滴、大众点评、微信等应用的用户界面都非常友好，操作简单便捷，这样可以带来更好的用户体验。

3.2.8 掌握实时数据

指数型组织能获得大量来自顾客和员工的数据，让组织内部的每个人都了解关键信息，这就需要在公司的运营中嵌入度量指标，并进行实时跟踪，避免微小的失误迅速演变成严重的后果，而适应力强的实时仪表盘可以实现这一目标。

为了做到时效性这一点，沃尔玛发射了自己的同步卫星，实时跟踪库存和供应链的变动信息。如今，越来越多的创业公司和一些成熟企业正在利用互联网与传感器等技术手段对这些数据进行实时掌握。

3.2.9 持续不断的实验

扎克伯格认为："创业最大的风险就是不冒风险。"因此，持续不断进行实验是唯一可行的降低风险的方法。

就连苹果这样的大公司，在开零售店时都采用了持续不断的实验，有了零售店的原型之后，又根据顾客的反馈数据进行改良，如此经过不断实验迭代后，才在 2001 年凭借充分的实验数据和结果，开了第一家实体零售店，之后才开始扩大规模。

也有公司从创意到产品生成，没有进行充分的实验，导致产生了不适应顾客需求的产品，最终被市场抛弃。

3.2.10　员工自治

员工自治是指员工有意愿并且有能力做出对企业最有利的决策。员工自治模式是为了让员工作为企业主人释放更多活力。传统模式员工在企业的监督下，处于一种被约束的状态，因此无法激发最大的工作热情。员工自治则是随着立场的转变，员工的工作激情与乐趣都会大大提升，有助于从整体上提升企业的经营效率。

从远程办公到外包再到扁平化的组织方式，员工自我管理化呈现出一股明确而稳定的潮流。在遵循宏伟的发展目标情况下实现员工的高度自治，这种组织的风格可以创造社交化、开放和信赖的文化，带来了更加愉悦的员工团队。而现在的年轻人拥有互联网和游戏的思维，他们与注重效率而非适应力的经典层级制度之间的摩擦越来越大。

例如，游戏公司 Valve 招募有热情及创新能力的热血青年，让他们自己决定加入哪个项目。在这里，每个人的意见都会被重视，公司为员工提供了开放自由的工作环境，员工在创新性上则更有激情。有些指数型组织，CEO 的去留由全体员工共同决定。Facebook 的员工有权利在未经审核的情况下把新功能发布到在线平台上，有人认为，没有审核会出错，但是这些员工并不会因此玩忽职守，而是更加细致认真，以防出现非必要的差错。企业文化就是老板不在时的样子。

海尔公司早在 2005 年就将公司整个中间管理层进行了拆分，把公司的 8 万名员工重组成 2000 个自主经营体。每个自主经营体都实行高度自治化管理，员工的自主性更高，面对顾客拥有灵活的决策权力。每个季度员工都会举行投票决定主管的去留。这种管理方式为海尔带来了巨大的效益，创新能力得到显著提升。

3.3　如何创建指数型增长的组织

随着信息化的进一步发展，在这个新陈代谢加快的新世界，指数型的组织正对传统企业形成致命冲击，而且绝对不会手下留情。因此，传统企业必须想办法让自己尽可能地向指数型组织靠拢，方能保证继续发展。同样，在《指数型组织》一书中，将如何创建指数型增长的组织分为 12 个步骤，本书进一步将其梳理为 9 个步骤。

3.3.1　第 1 步：选择宏伟的发展目标

首先要想清楚，公司要解决的最大问题是什么。自己要解决的最大问题是什么，找到要解决的问题所在领域，在此领域构思公司宏伟的发展目标，例如，微软的发展目标是"让全世界的办公电脑都用上微软的软件"，迪士尼的目标是"为人们制造快乐"。

公司的发展目标除了考虑公司创始人的设想外，还要考虑能否吸引志同道合的朋友跟你一起努力，考虑设想是否具有变革的意义，是否具有可行性和清晰的目标。

在创业之后因为某些原因未能坚持初衷，随市场去做其他产品的创业者一般会被挤出局，而坚持下来并且获得成功的创业者都是坚持了自己最初理想的人。

3.3.2 第2步：加入或创建相关社群

众人拾柴火焰高，社群的协作产生的能量是巨大的，一群有着豪情壮志为目标而努力拼搏的人组成的社群，会为了共同的发展竭尽全力。当然，你也得善于经营社群，否则，这个代表创新的社群可能让你的公司土崩瓦解。

3.3.3 第3步：建立一支团队

纵观所有的指数型组织，没有一个组织是单枪匹马打拼出来的。因此，初创团队的构建可以说是至关重要的。

在创建团队方面，硅谷著名投资人艾琳·李发现，这些快速发展的指数型组织创业者平均年龄只有34岁，联合创业者的平均人数为3人。尽量让指数型组织的初创团队具有多样化的背景、独立的思想和互补的技术，每个人都能朝着宏伟的目标努力前行。最重要的一点是，初创团队要彼此信任。

3.3.4 第4步：突破性创意

指数型组织的成功几乎都来自突破性的创意，他们要做的并不是在市场中按部就班地稳步前进，循序渐进地提升，而是要实现根本性的变革。

"只有想不到，没有做不到。"创业团队有永不放弃的态度和执行力，为了实现创意，自然会想方设法地找到解决方案。著名投资人弗雷德·威尔逊认为："创业公司一开始应该是由直觉驱动的，在扩张时才会变成数据驱动。"

3.3.5 第5步：绘制商业模式的蓝图

有了宏伟的发展目标并联合团队找到突破性的创意，下一步就应该做出详细的商业计划，如何让创意走向市场。需要确定你的合作伙伴、核心资源、成本、收入来源及面向的客户群体等。

3.3.6 第6步：先实验

在大规模推广之前，先做应用性质的实验，以确定一个最简单的产品能否获得市场的认可，及时获取用户的反馈，如此这般也有助于组织在开发过程中寻找合适的投资者。无论是成功还是失败的经验，都可以利用反馈及时优化产品。要想让客户对你日久生情，首先得让客户对你的产品一见钟情。持续学习、测试、优化在这一步显得尤为重要。

3.3.7　第7步：验证市场和销售

一旦产品得到了目标市场的认可和使用，就要考虑如何促使新的访问者发现你的产品，并用好的方法将这些潜在的客户转变为付费客户。

3.3.8　第8步：塑造企业文化

公司文化是公司最大的无形资产，企业的初创阶段是团队文化形成的阶段，需要刻意营造。企业文化就是企业的习惯，企业的习惯就是员工的习惯。通过建立企业文化，员工与企业、员工与员工之间的距离逐渐缩小，达到融为一体的效果。随着时间的推移，企业的凝聚力就会越来越强，生产效率也会逐渐提高，企业的发展会更加顺利。

3.3.9　第9步：定期回顾关键问题

即使公司已经步入正轨，还是要定期回顾一些关键问题，因为每次回顾都可能让公司更上一层楼。例如，你为顾客解决了什么问题；你选了什么样的解决方案，这个方案是否使现状改善了超过10倍；你为产品的推广做了什么样的市场营销；你通过什么样的方式扩大你的客户群体并保证他们不流失？

课后练习

1.请说说你对线性组织优点及缺点的认识？

2.说说你还知道哪些指数型组织，它们是如何运作的？

3.如果你创立一家公司，那么你会如何一步一步实现指数型组织的管理？

4.指数型组织绝非凭空出现的，而是在多种元素的共同作用下进化而来的，请谈谈你觉得是哪些因素促进了指数型组织的诞生？

5.有哪些技术或公司是由于创始人过早地放弃寻找投资者，而未能在今天成为现实呢？

6.请查阅相关资料说说小米、樊登读书会等是如何做"先实验"这一步骤的。

第 4 章
保护创意

由创意形成的知识产权是一种无形资产。一个好的创意，可能给你带来巨大的财富。创意可以是一个图案，也可以是一个名字，还可以是一种技术方案。我国法律虽然不直接保护创意，但是可以通过特定的形式保护创意，如《中华人民共和国专利法》（以下简称《专利法》）可以保护技术方案、外观等，《中华人民共和国著作权法》（以下简称《著作权法》）可以保护文字作品、摄影作品、音乐、舞蹈、软件等，《中华人民共和国商标法》（以下简称《商标法》）可以保护商标图案，《中华人民共和国反不正当竞争法》（以下简称《反不正当竞争法》）可以保护商业秘密。

党的二十大报告中指出，要"深化科技体制改革，深化科技评价改革，加大多元化科技投入，加强知识产权法治保障，形成支持全面创新的基础制度"。党的二十大报告从科教兴国角度强调现代化建设的人才支撑，从全面依法治国角度提出法治中国建设，从文化自信自强角度铸就中国文化新辉煌，从新发展格局角度推动高质量发展，处处彰显知识产权的价值。

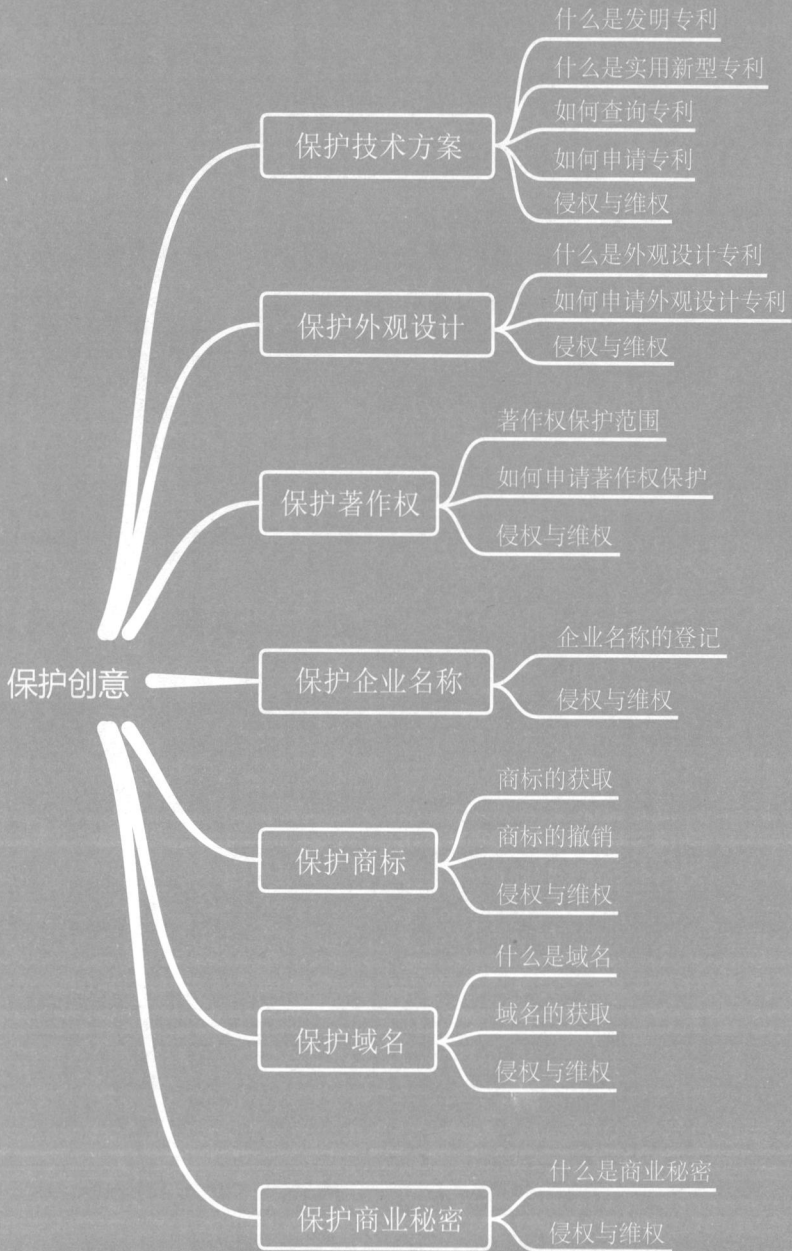

保护创意

- 保护技术方案
  - 什么是发明专利
  - 什么是实用新型专利
  - 如何查询专利
  - 如何申请专利
  - 侵权与维权
- 保护外观设计
  - 什么是外观设计专利
  - 如何申请外观设计专利
  - 侵权与维权
- 保护著作权
  - 著作权保护范围
  - 如何申请著作权保护
  - 侵权与维权
- 保护企业名称
  - 企业名称的登记
  - 侵权与维权
- 保护商标
  - 商标的获取
  - 商标的撤销
  - 侵权与维权
- 保护域名
  - 什么是域名
  - 域名的获取
  - 侵权与维权
- 保护商业秘密
  - 什么是商业秘密
  - 侵权与维权

4.1　保护技术方案

当你突发奇想，有一个绝佳的技术方案时，可以考虑用《专利法》保护它。我国《专利法》对技术方案的保护，主要有发明专利和实用新型专利。此外，《专利法》还保护外观设计。

4.1.1　什么是发明专利

我国《专利法》第 2 条第 2 款对发明的定义是："发明，是指对产品、方法或其改进所提出的新的技术方案。"发明专利并不要求它是经过实践证明可以直接应用于工业生产的技术成果，它可以是一项解决技术问题的方案或是一种构思，具有在工业上应用的可能性，但这不能将这种技术方案或构思与单纯地提出课题、设想混同，因为单纯的课题、设想也许不具备工业上应用的可能性。

截至 2022 年底，我国发明专利有效量为 421.2 万件。2023 年 1—6 月，我国发明专利授权量为 43.3 万件。据《2022 年中国专利调查报告》显示，"2022 年我国企业发明专利产业化平均收益金额为 799.2 万元 / 件"。我国在世界知识产权组织最新发布的《全球创新指数报告》中的排名由 2012 年的第 34 位上升到 2022 年的第 11 位，连续 10 年稳步提升，位居中高收入经济体之首。

案例 4-1

带橡皮头铅笔的发明专利

现在的铅笔一端大都加装了橡皮擦，其实这是发明家李浦曼 100 多年前的杰作。李浦曼原本是一位画家，因为在画界没有名气，收入低微，生活十分贫困。

有一天，李浦曼正潜心于一幅素描画的创作，仅有的一支铅笔已经削得很短了，可他没钱买新笔，只得捏着这个铅笔头作画。画着画着，他发现画面的某处需要修改一下，于是他放下笔，开始在凌乱的工作室中寻找他仅有的一块橡皮。找了很久，他好不容易才找到了那粒比黄豆大不了多少的小橡皮，可当他把需要修改的地方擦干净之后，却发现那个活见鬼的铅笔头又失踪了，李浦曼只好再去找铅笔。结果，找了这个，丢了那个，找来找去，耽误了不少时间。

穷困潦倒的画家不由得怒从心中起，气向胆边生。他发誓一定要把这两样可恶的东西找出来，将它们绑在一起，让它们谁也跑不掉。于是他找来一根丝线，把小橡皮捆在了铅笔的顶端，这样，铅笔似乎长出了一些，用起来更方便了，画家受到了鼓舞。可是，没用几下，丝线就松动了，橡皮掉了下来。画家的牛脾气又上来了，他发了狠，一定要把那捣乱的橡皮固定在铅笔上。李浦曼连画也不画了，凭着倔劲干了好几天，动用了各种办法固定那块小橡皮，可橡皮就是不听指挥，不停地和他作对。李浦曼执着地尝试各种方法，最后，他想出了一个绝招，从罐头上剪下一小块薄铁皮，将橡皮和铅笔的一头包裹起来，这一次他成功了，我们今日所用的带橡皮头的铅笔就此诞生了！

征服了"对手"的喜悦使李浦曼在逆境中看到了曙光，他带着自己的杰作从画室中走了出来，为他这项本专业以外的发明申请了专利，并很快得到了确认。不久，著名的 RABAR 铅笔公司以 55 万美元的巨款买下了这项专利，李浦曼摆脱了窘境，并且成了名人，只是他不是作为画家，而是作为发明家被后世传颂。

（资料来源：周游：《穷画家的专利——带橡皮头铅笔的发明》，《小学生之友》（智力探索版）2009 年 10 期）

案例 4-2

李彦宏的"超链分析技术"专利

众所周知，百度是中国最知名的互联网公司之一。对技术创新的不懈追求是互联网公司成长和发展的关键，百度成为世界上最大的中文搜索引擎和最大的中文网站，离不开李彦宏发明的超链分析。

20 世纪 90 年代中期，世界上还没有真正的搜索引擎，简化搜索结果、识别网站质量和防止作弊是当时难以打破的技术瓶颈。当时，李彦宏在美国道-琼斯担任高级技术顾问，28 岁时，他领导了《华尔街日报》在线实时金融信息系统的开发，这是世界上第一个在线实时金融信息系统。

那时，系统每天收到成千上万条信息，面对这些数据并没有一个可以精准筛选的检索技术。1996 年 4 月，李彦宏想到了如何解决搜索引擎作弊问题。"我想到了我在北大所学的科技论文索引，科学论文通过索引被引用次数的多寡来确定一篇论文的好坏，超链就是对页面的引用，作弊网页没价值，不可能被很多网站主动超链"，"超链上的文字就是对所链接网页的描述，通过这个描述可以计算出超链和页面之间的相关度"，总之，"超链是别人评价你，超链上的描述是别人怎样评价你"。

李彦宏立即反复验证这一理论，并将其编成了一份手稿。1996 年，李彦宏正式提出了"超链分析"的概念并发表了相关文章；1997 年 2 月，李彦宏申请了"超链分析技术"专利，在接下来的 3 年中，李彦宏通过论文逐步分析和改进了自己的"超链分析技术"，在 1999 年底，李彦宏回国并创建了自己的搜索引擎公司——百度。

小档案

Hypertext document retrieval system and method

A search engine for retrieving documents pertinent to a query indexes documents in accordance with hyperlinks pointing to those documents. The indexer traverses the hypertext database and finds hypertext information including the address of the document the hyperlinks point to and the anchor text of each hyperlink. The information is stored in an inverted index file, which may also be used to calculate document link vectors for each hyperlink pointing to a particular document. When a query is entered, the search engine finds all document vectors for documents having the query terms in their anchor text. A query vector is also calculated, and the dot product of the query vector and each document link vector is calculated. The dot products relating to a particular document are summed to determine the relevance ranking for each document.

Inventors:	Li; Yanhong (Scotch Plains, NJ)
Assignee:	IDD Enterprises, L.P. (New York, NY)
Appl. No.:	08/794,425
Filed:	February 5, 1997

（资料来源：http://biz.ifeng.com/a/20190418/45562103_0.shtml）

4.1.2 什么是实用新型专利

《专利法》第 3 条第 4 款对实用新型的定义是："实用新型，是指对产品的形状、构造或其结合所提出的适于实用的新的技术方案。"同发明一样，实用新型保护的也是一个技术方案。但实用新型专利保护的范围较窄，它只保护有一定形状或结构的新产品，不保护方法及没有固定形状的物质。实用新型的技术方案更注重实用性，其技术水平较发明而言要低一些，多数国家实用新型专利保护的都是比较简单的、改进性的技术发明，可以称为"小发明"。

案例 4-3

一种偏心伞的专利

从古至今，伞是一种生活必备品。由于雨伞在使用时是通过一只手握持，雨伞的中心位置会偏离身体，未握持雨伞的一侧就容易淋雨。新型实用专利发明人刘强于 2017 年申请了一种偏心伞的专利，并获得了授权（专利号：CN109700136A）。这种偏心伞包括伞杆、伞架和伞面，其特征在于：所述带延伸伞条的长度为中间一根最长，向两侧越来越短，使所述偏心伞伞面撑开后，有延伸伞条的一侧形成以伞杆和该侧伞盘为焦点的椭圆结构，最长的一根位于该椭圆结构的长轴上，没有延伸伞条的一侧则是以伞杆为圆心的半圆结构。偏心伞的伞骨架结构如图 4-1 所示。

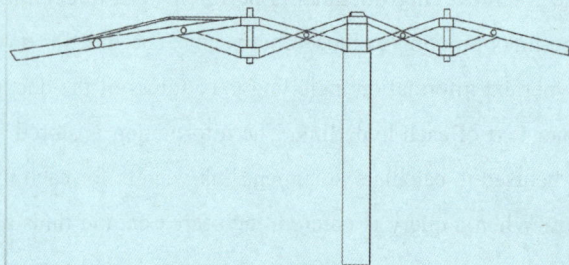

图 4-1　偏心伞的伞骨架结构

（资料来源：国家知识产权局"中国及多国专利审查信息查询系统"）

4.1.3　如何查询专利

专利查询是专利申请前的一个程序，它不是必需的，却是必要的，一份有效检索报告可以让申请人避免所要保护的权利不与在先申请的专利权利相同或相近，保证所申请的专利是有效的。我们以查询华为关于 5G 通信相关的专利为例，具体步骤如下。

第一步：登录国家知识产权局政务服务平台（http://www.cnipa.gov.cn/），选择"服务"菜单中的"公共服务"子菜单，进入国家知识产权公共服务网，如图 4-2 所示。

图 4-2　国家知识产权公共服务网"专利检索及分析系统"入口

第二步：选择"专利检索及分析系统"进入检索首页，如图 4-3 所示。

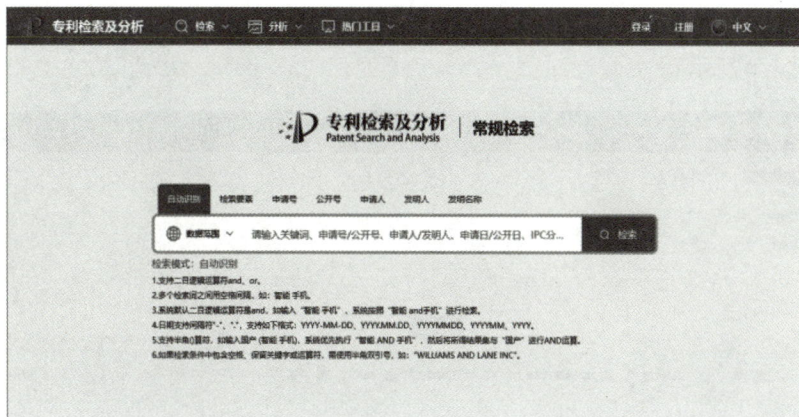

图 4-3 "专利检索及分析"页面

第三步：选择检索数据范围，如图 4-4 所示；选择检索主题，如图 4-5 所示。

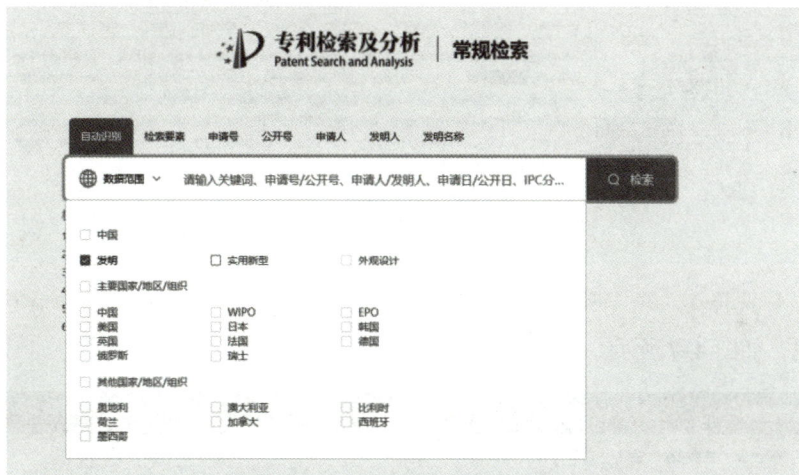

图 4-4 选择检索数据范围

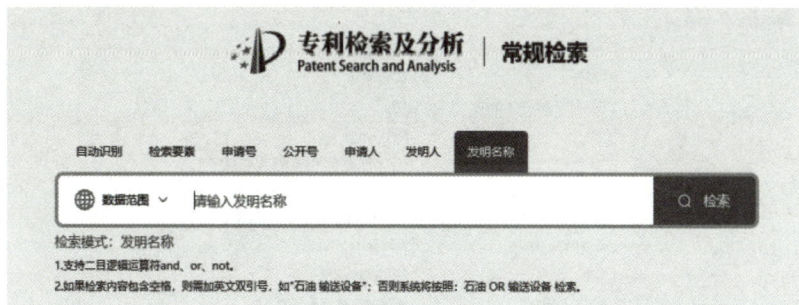

图 4-5 选择检索主题

提醒：只有根据系统提示注册账号并登录后，才可以进行查询。

第四步：选择"自动识别"，在输入框中输入"华为 5G 通信"，单击"检索"按钮，检索结果如图 4-6 所示。

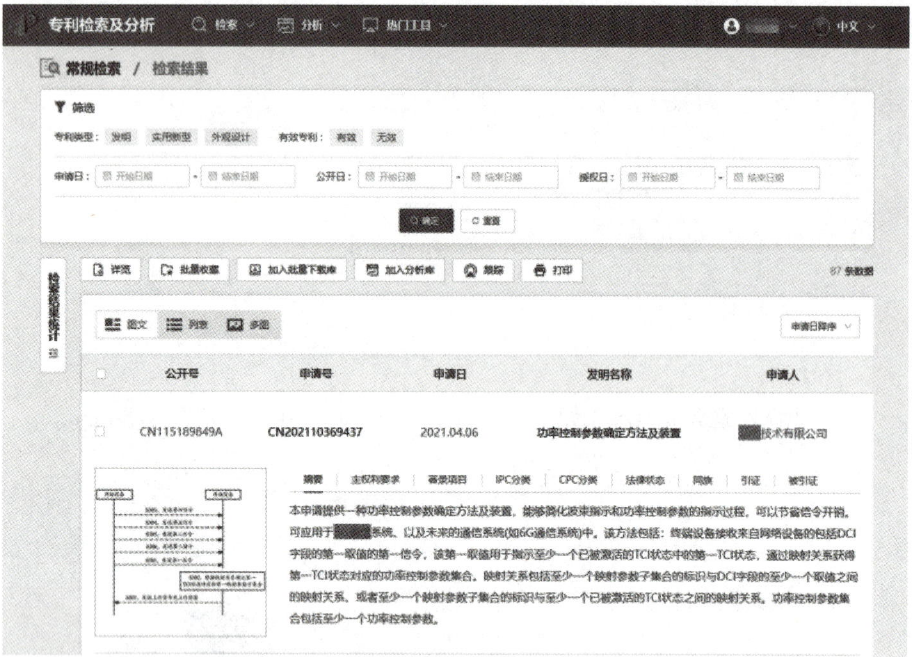

图 4-6 检索结果

第五步：选择第一项专利的下方的"详览"按钮，即可在打开的页面中对专利全部内容进行浏览，如图 4-7 所示。

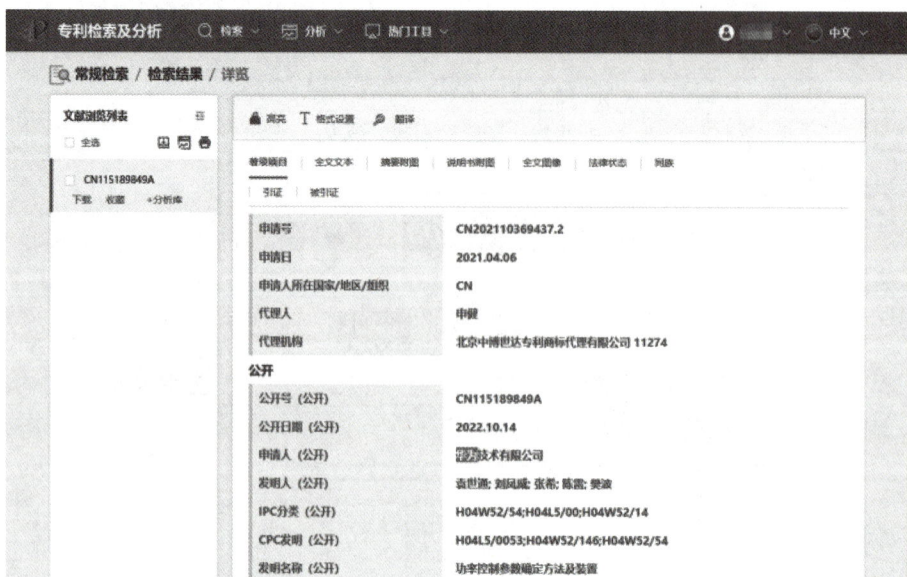

图 4-7 专利详情

4.1.4 如何申请专利

申请发明专利或新型实用专利，可以登录专利业务办理系统（https://cponline.cnipa.gov.cn/）在线申请，也可以委托专业的机构代理。如准备自己申请，推荐参阅国家知识产权局专利局编写的《专利申请在线业务办理平台使用指南》，以下简要介绍专利申请步骤。

第一步：打开专利业务办理系统，如图 4-8 所示。

图 4-8　专利业务办理系统

第二步：选择"专利申请及手续办理"菜单，在弹出的子菜单中选择相应的业务类型，如"实用新型专利申请"，如图 4-9 所示。

图 4-9　专利申请入口

第三步，在打开的"专利和集成电路布图设计业务办理统一身份认证平台"界面进行注册并登录，如图 4-10 所示。

图 4-10 "专利和集成电路布图设计业务办理统一身份认证平台"界面

第四步：在打开的系统中选择"新申请办理"按钮，如图 4-11 所示。

图 4-11 新申请办理专利

第五步：在打开的页面，按照系统指引进行在线填写专利详细信息，如图 4-12 所示。

图 4-12 实用新型专利申请系信息填报页面

第六步：按照系统指引进行保存提交，国家知识产权局受理后，可根据系统提醒交纳相关费用，顺利的话，等待授权即可。专利申请流程如图 4-13 所示。

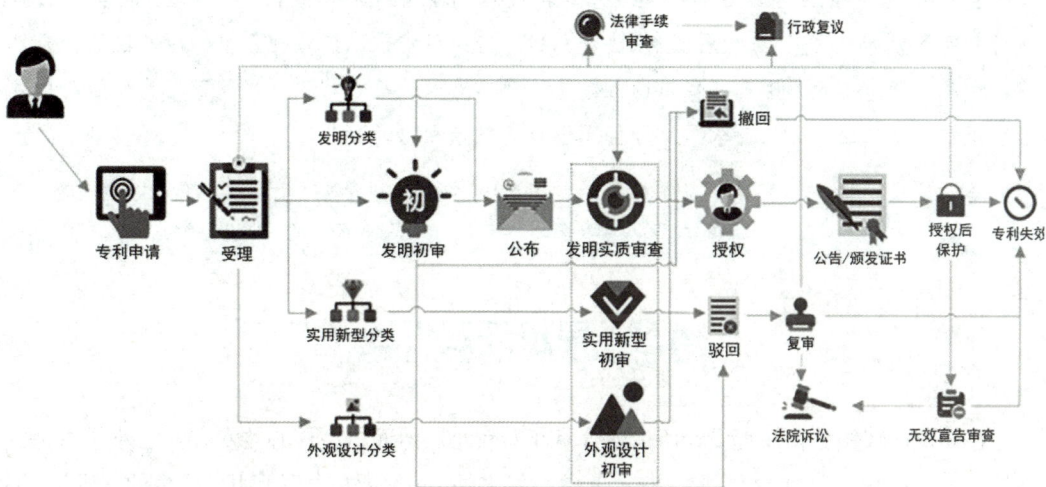

图 4-13 专利申请流程

（资料来源：国家知识产权局"专利业务办理系统"，https://cponline.cnipa.gov.cn/）

4.1.5 侵权与维权

未经专利权人许可，实施其专利，就是侵犯其专利权，专利权人可以通过与侵权人协商、请求管理专利工作的部门处理、向人民法院起诉等三种方式维权。在专利侵权纠纷中，若被控侵权人有证据证明其实施的技术或设计属于现有技术或现有设计的，不构成侵犯专利权。

假冒专利的，除依法承担民事责任外，由管理专利工作的部门责令改正并予公告，没收违法所得，可以并处违法所得 4 倍以下的罚款；没有违法所得的，可以处 20 万元以下的罚款；构成犯罪的，依法追究刑事责任。权利人的损失、侵权人获得的利益和专利许可使用费均难以确定的，人民法院可以根据专利权的类型、侵权行为的性质和情节等因素，确定给予 1 万元以上 100 万元以下的赔偿。

案例 4-4

发明专利被侵权

钟某于 2010 年 6 月 24 日向国家知识产权局提出了名称为"一种应用于餐桌上的推送装置"的发明专利申请，2015 年 12 月 23 日获得授权，专利号为 ZL201410140073.0。钟某认为，黎某未经其许可，以生产经营为目的，生产销售侵害其专利权的产品，遂向市知识产权局提出专利侵权纠纷处理请求。

市知识产权局立案受理以后，依法组成合议组，并向黎某送达了《答辩通知书》及相关附件材料，黎某在规定答辩期间未提交答辩材料。市知识产权局向当事人双方送达了《口头审理通知书》，并依法组织了口头审理。钟某及其代理人到庭参加了口头审理，黎某无正当理由未到庭参加口头审理，合议组依法对本案进行缺席审理。经审理，市知识产权局认为黎某以生产经营为目的，生产并在市场上销售的产品落入涉案专利权保护范围，其行为已构成专利侵权，故依法责令被请求人立即停止侵犯涉案专利权的行为。

（资料来源：搜狐网：《警示：2017 年度打击专利侵权假冒十大典型案例》，https://www.sohu.com/a/242319655_99919423）

4.2 保护外观设计

在知识产权领域，外观设计所占的分量相对较小。然而，在核心技术方案之外，外观的保护也不容小觑。例如，鼠标除了核心光电技术之外，最终要以某种形状、颜色的外观呈现。这种外观设计也受《专利法》保护。

4.2.1 什么是外观设计专利

《专利法》第 2 条第 4 款对外观设计的定义是："外观设计，是指对产品的整体或者局部的形状、图案或其结合以及色彩与形状、图案的结合所作出的富有美感并适于工业应用的新设计。"

外观设计专利实质上是保护美术设计的，而发明专利和实用新型专利保护的是技术方案。虽然外观设计和实用新型与产品的形状有关，但两者的目的并不相同，前者的目的在于使产品形状产生美感，而后者的目的在于使具有形态的产品解决某一技术问题。例如，一把扇子，如果它的形状、图案、色彩相当美观，那么应申请外观设计专利；如果扇子骨、扇面结构设计精简合理，可以节省材料又有耐用的功能，那么应申请实用新型专利。

4.2.2 如何申请外观设计专利

发明专利和新型实用专利要解决技术问题，故申请文件中要撰写解决问题的方法和技术方案。外观设计专利申请文件中需要提交专利请求书、图片或照片。要求保护色彩的，还应当提交彩色图片或照片，不得将图片和照片混用。如对图片或照片需要说明的，应该提交外观设计简要说明。其中，照片要的是这个产品的六面视图 (前视图、后视图、俯视图、仰视图、左视图、右视图) 和立体图，要求保护图案的，应提交展开图和立体图；要求保护色彩的，应提交彩色和黑白照片或图片。图的大小在 3 厘米 ×8 厘米到 15 厘米 ×22 厘米之间。图片上不能出现阴影或虚线，照片的背景只能有一种颜色，而且照片上除了所要求的外观设计外，不能有其他任何别的物品。

外观设计专利的申请流程参见 "4.1.4 如何申请专利"。

4.2.3 侵权与维权

外观设计是最容易被同行抄袭模仿的部分。构成外观设计专利侵权须满足两个条件：一是被控侵权产品包含外观设计专利的独创性部分 (创新点)，二是被控侵权产品整体上与外观设计专利产品相同或相近似。

专利产品的外观设计与被控侵权产品的外观设计是否构成相同或相近似，应当将两者进行比较。如果两者的形状、图案等主要设计部分相同，则应当认为两者是相同的外观设计；如果构成要素中的主要设计部分相同或相近似，次要部分不相同，则应当认为是相近似的外观设计；如果两者的主要设计部分不相同或不相近似，则应当认为是不相同或不相近似的外观设计。

案例 4-5

外观设计专利被侵权

A 公司于 2014 年 9 月 5 日向国家知识产权局提出了名称为 "摩托车 (小型)" 的外观设计专利申请；2015 年 2 月 25 日获得授权，专利号为 ZL201430329219.7。上海 B 公司未经其许可，为生产经营目的制造、销售涉案产品侵犯了其涉案外观设计专利权，A 公司遂向市知识产权局提出专利侵权纠纷处理请求。

上海市知识产权局查明上海 B 公司于 2016 年 5 月 12 日在某杂志刊登了 HL100T-5A 型号摩托车广告，该广告分别从摩托车的左侧面和右侧面展示了该车外形，页面上标注了上海

B 公司的文字商标、图形商标标识和企业名称。A 公司于 2016 年 11 月 10 日向广州公证处提出保全证据申请，公证购买了 HL100T-5A 型号摩托车一辆，并当场取得"机动车销售统一发票"三联、该店铺销售人员名片一张。广州公证处出具了相关公证书。B 公司对上述查明事实均予以承认，但辩称该摩托车涉及外观的配件均是向其他公司采购的产品，其仅是组装后再销售，属于合理使用范畴，不应承担侵权责任。

上海市知识产权局经审理认为，被控侵权产品上及杂志广告中标明的内容均清晰明了地指向 B 公司，无论该产品的配件是自行生产还是向第三方采购，均应当认定 B 公司是被控侵权产品的制造商。经整体观察、综合判断，涉案外观设计专利的所有设计特征都在被控侵权产品中体现，两者整体视觉效果不存在差异，应当认定两者相同，被控侵权产品落入了涉案外观设计专利权的保护范围。B 公司未经专利权人的许可，为生产经营目的制造、销售本案涉案产品的行为，侵犯了 A 公司的合法权益，应当停止侵权行为。上海市知识产权局依法做出如下处理决定：B 公司立即停止制造、销售被控侵权产品的行为。

（资料来源：搜狐网：《警示：2017 年度打击专利侵权假冒十大典型案例》，
https://www.sohu.com/a/242319655_99919423）

4.3 保护著作权

著作权也称"版权"，是指作者及其他权利人对文学、艺术和科学作品享有的人身权和财产权的总称。

4.3.1 著作权保护范围

根据《著作权法》，以下内容可以得到《著作权法》保护。

1. 文字作品

文字作品，是指以语言文字的形式，或其他相当于语言文字的符号表达作者感情、思想的作品。

2. 口述作品

口述作品，是指以口头语言创作的、未以任何物质载体固定的作品，如演说、授课、法庭辩论等。

3. 音乐、戏剧、曲艺、舞蹈、杂技艺术作品

（1）音乐作品。音乐作品，是指能够演唱或演奏，以旋律节奏、合声进行组合，以乐谱或歌词表达作者思想的作品，如民歌、通俗歌曲、流行歌曲、交响曲、弦乐曲、爵士乐、吹打乐等。

（2）戏剧、曲艺作品。戏剧作品不是指一台演出的完整的戏，而是指演出这台戏的剧本。伯尔尼公约也将戏剧作品定为剧本。曲艺是中华民族各种"说唱艺术"的统称，是由民间口头文学和歌唱艺术经过长期发展演变形成的一种独特的艺术形式。据不完全统计，至今活跃在中国民间的各族曲艺曲种约有 400 个。曲艺作品不是指一台完整的曲艺演出，而是指演出这台曲艺的剧本。

（3）舞蹈作品。舞蹈作品，是指舞蹈的动作设计及程序的编排，可以用文字或其他方式进行记载。

（4）杂技艺术作品。依据《中华人民共和国著作权法实施条例》的规定，杂技艺术作品，是指杂技、魔术、马戏等通过形体动作和技巧表现的作品，具体表现形式为车技、蹬技、手技、顶技、走索、空中飞人、民间杂耍等。

4. 美术、建筑作品

美术作品，是指绘画、书法、雕塑等以线条、色彩或其他方式构成的有审美意义的平面或立体的造型艺术作品；建筑作品，是指以建筑物或者构筑物形式表现的有审美意义的作品。

5. 摄影作品

摄影作品，是指借助摄影器材，通过合理利用光学、化学原理，将客观物体形象再现于感光材料上的一种艺术作品。

6. 电影作品和以类似摄制电影的方法创作的作品

电影作品和以类似摄制电影的方法创作的作品，是指摄制在一定记录介质上，由一系列伴音或无伴音的画面组成，并借助适当的装置放映、播放的作品。

7. 工程设计、产品设计图纸、地图、示意图等图形作品和模型作品

图形作品，是指为施工、生产绘制的工程设计图、产品设计图，以及反映地理现象、说明事物原理或结构的地图、示意图等作品；模型作品，是指为展示、试验或者观测等用途，根据物体的形状和结构，按照一定比例制成的立体作品。

8. 计算机软件

计算机软件，是指计算机程序和有关文档。计算机程序，是指为了得到某种结果而由计算机执行的一组代码化指令，或者可以被自动转化为代码化指令的一组符号化指令或符号化语句。

9. 法律、行政法规规定的其他作品

这是一条弹性条款。随着科技、文化事业的发展，将来还可能出现一些新的作品形式。这一规定可以使法律在相当长的时间内保持一定的稳定性与灵活性。

10. 民间文学艺术作品

民间文学艺术作品范围非常广泛，如故事、传说、寓言、编年史、神话、叙事诗、舞蹈、音乐、造型艺术、建筑艺术等都属此类。民间文学艺术的特点是世代相传，往往没有固定化的有形载体，也没有明确的作者，其保护办法根据《著作权法》的授权，由国务院另行制定。

4.3.2 如何申请著作权保护

申请版权保护可以登录中国版权保护中心自己申请，也可以委托代理机构申请。现以摄影作品《万泉河》为例，进行版权申请。

第一步：打开中国版权保护中心（http://www.ccopyright.com.cn/）首页，如图 4-14 所示。

图 4-14　中国版权保护中心首页

第二步：根据系统指引注册账号并登录，然后选择登记类型，如登记摄影作品，则选"作品登记"后打开的新窗口，如图 4-15 所示。

图 4-15　发起作品著作权登记申请

第三步：单击"Z11 作品著作权登记申请"下方的"立即登记"按钮，根据需要选择"我是著作权人"，如图 4-16 所示。

图 4-16　选择办理身份

第四步：填写作品创作信息，如图 4-17 所示；确定作品权属信息，如图 4-18 所示；最后对信息进行确认提交。

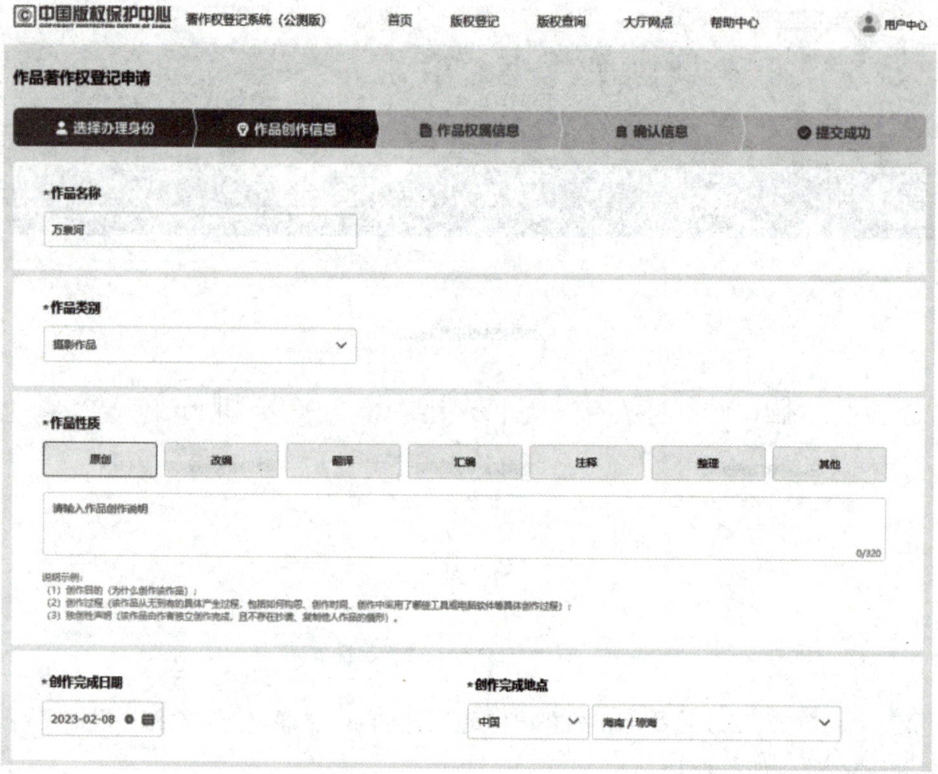

图 4-17 填写作品创作信息

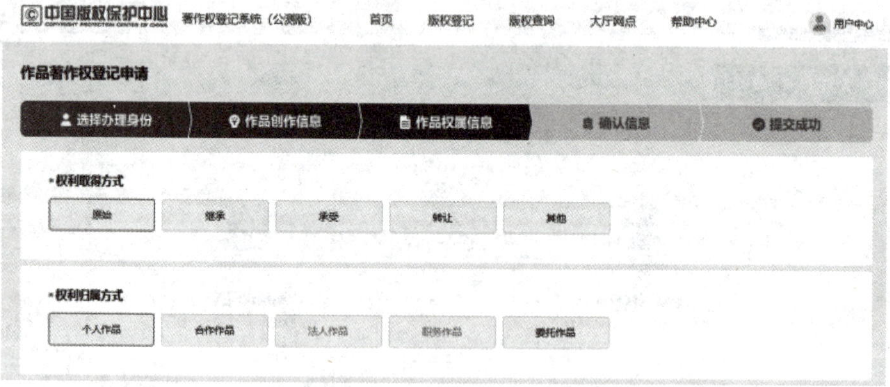

图 4-18 确定作品权属信息

第五步：经工作人员在线检查材料合格后，按照要求交纳费用。

第六步：发放作品登记证书。

4.3.3 侵权与维权

当发现自己的作品著作权被侵权时，先不要急着找对方理论，而是用截图、录像等方式保留侵权证据，或者邀请公证机构予以公证记录，即第一时间保全证据。然后通过各种渠道联系侵权方，用最直接的方式向对方表明来意，同时告知对方后果及要求，如赔礼道歉、删除图片、消除影响、经济赔偿等。如果私下协商无效，则可以通过法律途径解决。

案例 4-6

图片作品被侵权的官司

海南 A 公司与北京 B 公司是同行业企业，双方的经营范围存在重叠。2019 年，海南 A 公司发现北京 B 公司向其客户发放的企业宣传册和官网网页中出现了 A 公司在 6 年前为产品宣传拍摄的照片，A 公司发现该情况后，立即委托律师维权。

律师在接受委托后并未立即起诉，而是做了充分的诉前准备：

第一步，律师通过公证的手段保全了涉嫌侵犯 A 公司著作权的 B 公司的官方网页；

第二步，律师为 A 公司就其所有产品的宣传照片申请了著作权登记；

第三步，律师向 B 公司出具了律师函，严正警告 B 公司，要求其停止侵权，撤下已经使用的照片。

B 公司未在律师函要求的时间内答复，故律师接受委托向被告所在地的中级人民法院递交了民事起诉状，正式起诉 B 公司，要求其停止侵权，并赔偿 A 公司损失。

法庭充分听取了原告律师的意见，根据《著作权法》第 46 条第 5 项 "剽窃他人作品的"和第 7 项 "使用他人作品，应当支付报酬而未支付的"，属于侵犯著作权的行为。同时，《著作权法》第 47 条第 1 项规定："未经著作权人许可，复制、发行、表演、放映、广播、汇编、通过信息网络向公众传播其作品的，属于侵犯著作权的行为。"B 公司侵犯了原告作品的信息传播权及获得报酬的权利。

被告使用原告的摄影作品，未经原告许可、未向原告支付报酬，构成《著作权法》第 47 条第 1 项规定的 "使用他人作品，应当支付报酬而未支付" 的侵权行为，侵犯了原告获得报酬的权利。

法庭最终判决被告侵犯原告的著作权，并判令被告停止侵权，向原告赔偿经济损失。

4.4　保护企业名称

企业名称是一个企业区别于其他企业的文字符号，依次由企业所在地的行政区划、字号、行业或经营特点、组织形式等四部分组成，字号是区别不同企业的主要标志，如 "海南悠悠科技有限公司"，其中，"海南"指企业所在地的行政区，"悠悠"指字号，"科技"指行业或经营特点，"有限公司"指组织形式。

4.4.1 企业名称的登记

企业名称一旦选定，就要尽快根据《企业名称登记管理规定》的要求，到工商管理部门完成登记。其中海南省办理这些业务可在"海南省一体化在线服务平台"或"海易办"App进行。具体登记方法和步骤详见第 7 章。

案例 4-7

马云"阿里巴巴"的由来

马云是家喻户晓的创业达人，他于 1999 年在浙江杭州注册了阿里巴巴网络技术有限公司。阿里巴巴名称来源于《阿里巴巴和四十个大盗》的故事。马云自己回忆说，成立阿里巴巴之前，他一直为取公司名字发愁，因为他想取一个具有国际范儿的名字。有一天，他在旧金山的一家餐馆用餐。他问女服务员："你知道阿里巴巴吗？"女服务员回答说："知道呀。"马云又问她："什么意思呢？"女服务员脱口而出："芝麻开门。"随后，马云又问了十几个不相识的美国人，他们全都知道四十大盗和芝麻开门的故事。

阿里巴巴，世人皆知，具有国际性，更重要的是在英文里阿里巴巴以"A"字开头，马云想办一家全球第一的公司，这个名字当然是再合适不过了。

> **小档案**
>
> 《阿里巴巴与四十大盗》是《天方夜谭》中非常著名的故事，讲述了以打柴为生的贫穷兄弟哥哥戈西母和弟弟阿里巴巴遇到强盗的事。阿里巴巴的勇敢和马尔基娜的机智给我们留下了深刻的印象。蒙古入侵巴格达，国王为胡拉哥汗所杀。小王子阿里逃至荒野，巧遇四十大盗奔出岩洞，偷听得知了"芝麻开门"暗语，入洞中休息。大盗回来见到小王子，爱怜不已，首领巴巴收养阿里为义子，称阿里巴巴。
>
> 阿里巴巴开导四十大盗劫富济贫，并静候推翻蒙古统治的良机。胡拉哥汗高价悬赏阿里巴巴和四十大盗，但大盗神出鬼没且人民又视其为英雄，所有的缉捕都徒劳无功，遂以胡拉哥汗娶亲的聘礼为饵，诱捕大盗，阿里巴巴果真中计被捕，且被认出是小王子，经四十大盗解救并掳走胡拉哥汗的新娘阿玛娜公主，阿里巴巴回忆起青梅竹马海誓山盟的小情人竟是阿玛娜，于是放回公主，在胡拉哥汗婚礼上，大盗鼓动巴格达人民一举推翻胡拉哥汗的统治，拥阿里巴巴王子复位。

（资料来源：《一个好的品牌名可以价值千金，千万不要忽略》，
https://www.163.com/dy/article/DRLM6V310511UT77.html）

4.4.2 侵权与维权

企业名称（商号）往往能够区分商品或服务的来源，同时代表着一定的品质与信誉，故企业名称（商号）有时具有极高的商业价值。根据《反不正当竞争法》第6条，明确禁止经营者实施诸如擅自使用他人有一定影响的企业名称（包括简称、字号等）等混淆行为，否则应承担相应的民事责任。当企业名称被他人使用，引起混淆时，可以向法院提起诉讼，要求停止使用相关名称、消除影响并赔偿经济损失。

◈ 案例 4-8

企业名称被侵权的官司

强生集团有限公司（以下简称"强生集团"）成立于20世纪90年代，经营出租客运、房地产等行业。1994年，强生集团成立强生汽车修理有限公司，并下设多家子公司、分公司，从事汽车维护、机动车维修、汽车配件销售等相关领域的经营活动，并在企业名称中使用强生集团成员企业标准字体"强生"二字。

2002年，陈某向国家商标局申请注册"强生"商标并获得核准，服务种类包括车辆保养和修理、车辆清洗、车辆上光、车辆抛光、车辆服务站等。2004年，陈某将"强生"商标授权给上海强手汽车技术有限公司（以下简称"强手汽车"）使用。强手汽车在其经营网点的灯箱、招牌上突出使用"强生""汽车服务强生连锁企业""强生汽车服务连锁管理中心"等字样，陈某也在其网站上进行了上述宣传。

强生集团认为，陈某及强手汽车擅自使用其企业名称"强生"，遂向法院提起诉讼，要求停止使用相关名称、消除影响并赔偿经济损失。经法院审理认为，企业的名称（商号）往往是因企业长期而良好的经营与管理而愈见闻名，与其提供的商品或服务品质有关，同时也便于消费者辨认出商品或服务的提供者，因而有时具有极高的商业价值。企业在经营自身商号、行使注册商标权的过程中，应当遵循诚实信用原则，不得侵犯他人的在先权利。

据此，法院最后判决：强手汽车及陈某立即停止侵权，删除、拆除网站、店招及广告上发布的含有"强生"字号的内容；强手汽车与陈某应于判决生效之日起30日内在《解放日报》上刊登声明，为强生集团及强生汽修消除影响；强手汽车及陈某应于判决生效之日起10日内共同赔偿强生集团及强生汽修包括合理维权费用在内的经济损失7万元。

（资料来源：中国汽车维修行业协会：《维修企业擅自使用他人企业名称 侵权责任案例简析》，
http://www.camra.org.cn/content/Content/index/id/9035）

4.5 保护商标

商标不同于企业名称。企业名称由各地工商管理部门进行审核，不同地区可以有相同的企业字号，例如，海南可以有海南悠悠科技有限公司，广东可以有广东悠悠科技有限公司。商标则由国家商标局进行审查，在全国范围内具有唯一性。

4.5.1 商标的获取

在国内，除了人用药品、烟草制品、兽药必须使用注册商标外，其他商品可以使用注册商标，也可以使用未注册商标。当然，法律对未注册商标的保护有一定的局限性。商标可以自己注册，也可以委托专业机构注册，还可以收购他人的商标。

1. 商标的分类

商标都是指定用于某一商品或服务。因此，在注册商标时，要选择分类。一个商标在一个类里面算一个申请，类似商品和服务区分见表 4-1。

表 4-1 类似商品和服务区分

序号	商品和服务	序号	商品和服务	序号	商品和服务	序号	商品和服务	序号	商品和服务
01	化学原料	02	颜料油漆	03	日化用品	04	燃料油脂	05	医药卫生
06	五金金属	07	机械设备	08	手工器械	09	科学仪器	10	医疗器械
11	家用电器	12	运输工具	13	军用烟花	14	珠宝钟表	15	乐器
16	文化用品	17	橡胶制品	18	皮革皮具	19	建筑材料	20	家具
21	家用器具	22	绳网袋篷	23	纺织纱线	24	床单布料	25	服装鞋帽
26	花边拉链	27	地毯席垫	28	体育玩具	29	食品罐头	30	调味茶糖
31	水果花木	32	啤酒饮料	33	酒	34	烟草烟具	35	广告贸易
36	金融物管	37	建筑修理	38	通信电信	39	运输旅行	40	材料处理
41	教育娱乐	42	科研服务	43	餐饮酒店	44	医疗园艺	45	社会法律

2. 商标的注册

第一步：打开浏览器，登录国家知识产权局商标局网站（http://sbj.cnipa.gov.cn/），其首页如图 4-19 所示。

图 4-19 国家知识产权局商标局首页

第二步：在首页选择"商标网上查询"，对准备注册的商标进行查询，以免冲突，如图 4-20 所示。

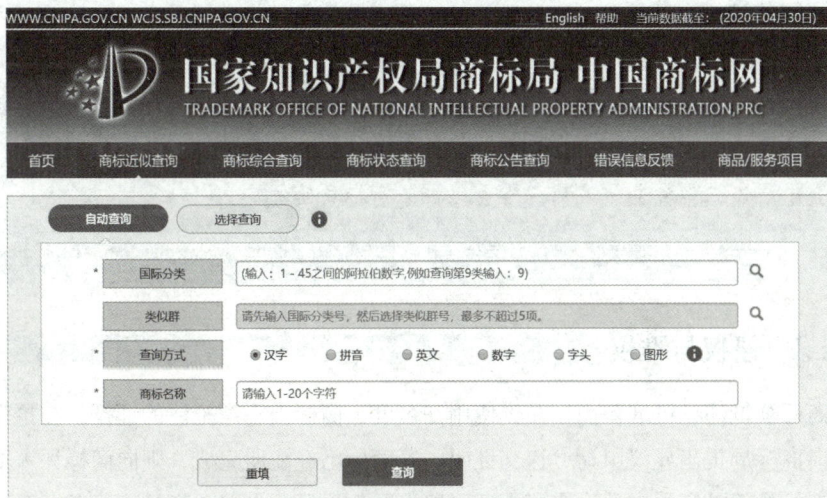

图 4-20 商标网上查询

第三步：确认无冲突后，选择"商标网上申请"，按照系统指引在打开的页面注册账号。登录系统后选择"商标注册申请"，对商标进行注册，如图 4-21 所示。

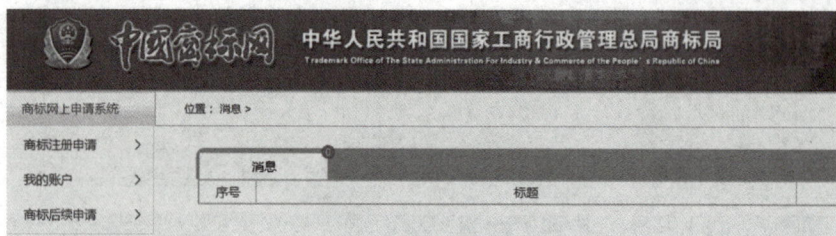

图 4-21　商标注册申请

4.5.2　商标的撤销

根据《商标法》第 49 条规定，注册商标没有正当理由连续 3 年不使用的，任何单位或个人可以向商标局申请撤销该注册商标。有时候见到某品牌商标很火之后，也认为它有巨大的发展潜力，于是就花重金购买该商标，等自己想要使用这个商标的时候，才发现它已经无效，不能继续使用。

案例 4-9

商标被撤销的官司

"湾仔码头"商标于 2000 年 3 月 31 日申请注册，注册类别在第 43 类咖啡馆、自助食堂、餐厅、饭店、餐馆、自助餐馆、快餐馆、酒吧、流动饮食供应、茶馆服务上。使用之后，在 2008—2009 年做过一次商标转让，至 2009 年 8 月 31 日经商标局核准正式转让给成某。通用磨坊公司对该注册商标以连续 3 年不使用为由，申请撤销该注册商标，该撤三案件提交申请后，商标局受理过程中，经查证核准撤销该注册商标，被申请人不服商标局决定，向商标评审委员会申请撤三案件复审，商评委也维持了商标局的决定。

(资料来源：《掘金知产："湾仔码头"撤三案件简析》，https://www.sohu.com/a/127173845_555094)

4.5.3　侵权与维权

如果商标被抢注，可准备商标在先使用知名度、商标被恶意抢注的证据，在抢注商标的公告期内向商标局提出异议申请、递交证明。若商标已经注册完成，则向商标评审委员会提出被抢注商标的无效宣告申请。当事人还可以走司法途径，依据《商标法》及《反不正当竞争法》的规定，就抢注行为向人民法院起诉。如果商标未经授权被使用，则可以向人民法院起诉。

案例 4-10

商标被侵权的官司 1

为了抗击新冠肺炎疫情，2020 年 1 月 27 日在武汉成立了火神山医院。2020 年 2 月 18 日，上海某新材料科技有限公司委托上海某商标代理有限公司为其申请注册"火神山"商标。上海市市场监督管理局根据国家知识产权局关于驳回该涉及疫情相关商标的通告及交办的案件线索，对辖区内违法行为开展立案调查。2020 年 4 月 22 日，根据国家知识产权局批复意见，并结合该案具体情况，上海市市场监督管理局认定，当事人申请该商标的行为，属于《商标法》第 10 条第 8 项和《规范商标申请注册行为若干规定》第 3 条第 6 项所指的有不良影响的行为，同时属于《商标法》第 32 条和《规范商标申请注册行为若干规定》第 3 条第 4 项所指的损害他人在先权利的行为。根据《商标法》第 68 条第 4 款和《规范商标申请注册行为若干规定》第 12 条的规定，办案机关对当事人作出罚款 1 万元的行政处罚，同时对代理机构及其负责人分别作出警告并罚款 8 万元和 0.5 万元的行政处罚。

（资料来源：国家知识产权局：《2020 年度商标行政保护十大典型案例》，
https://www.cnipa.gov.cn/module/download/downfile.jsp?classid=0&filename=7894cb3e09e44066b52676e06584b4b8.pdf）

案例 4-11

商标被侵权的官司 2

iPad 是苹果公司的旗舰产品之一，而早在 2001 年，中国台湾唯冠公司就在多个国家和地区注册了 iPad 商标，唯冠国际旗下唯冠科技公司则随后单独注册了中国大陆地区的 iPad 商标。2009 年，英国 IP 申请发展有限公司以 3.5 万英镑购买了唯冠控股的另一子公司中国台湾唯冠公司 10 个 iPad 商标权益，而后又将这 10 个商标以 10 万英镑的价格转卖给了苹果公司。对此，中国台湾唯冠公司质疑苹果公司耍手段"骗购"iPad 商标。

2012 年，中国台湾唯冠公司要求苹果（上海）贸易有限公司停止销售带有 iPad 商标的产品，拆除店面的相关标识，销毁相关宣传品并在媒体上刊文消除影响，赔偿诉讼费用。2014 年，苹果公司与深圳唯冠公司就 iPad 商标达成和解，苹果公司向深圳唯冠公司支付 6000 万美元。

（资料来源：《2018 年度商标行政保护十大典型案例》，
https://baijiahao.baidu.com/s?id=1634229324819825452&wfr=spider&for=pc）

4.6 保护域名

域名是互联网中独一无二的名字。在互联网时代的今天，一个好的域名就相当于商业地段最好位置的商铺，能被客户快速定位。全球最大的社交网站 Facebook 创立之初，创始人扎克伯格花了 20 万美元买下了 facebook.com，2010 年又花费 850 万美元收购了 FB.com。马云创业之初，从 50 万美元的启动资金中拿出 1 万美元买了 alibaba.com。域名、商标、公司名称等有效整合，可以将企业从线下到线上的品牌形象整体打造，达到巨大的商业价值。

4.6.1　什么是域名

互联网中的每台计算机都有一个唯一的地址，即 IP 地址，就像电话号码一样。但 IP 地址是一长串数字（如 202.100.1.20），不直观，记忆十分不便，于是人们发明了另一套字符型的地址方案，这就是域名（Domain Name），它是由一串用点分隔的名字组成的名称，可以和 IP 地址对应。如要打开百度，可以在浏览器中输入"www.baidu.com"，也可以输入"14.215.177.38"，显然域名要好记得多。

4.6.2　域名的获取

根据《互联网域名管理办法》，域名注册采用"先申请先注册"原则，即谁先注册谁拥有的规则。如果你想要的域名已经被别人注册，则要么换一个域名，要么向拥有这个域名的人购买。不管是注册还是购买，都可以通过相应的平台完成。

1．注册域名

注册域名可以联系域名服务商。在国内，域名注册服务平台有阿里云、腾讯云、易名中国、新网、聚名等。以阿里云为例，申请域名步骤如下。

第一步：打开阿里云注册域名的站点（http://wanwang.aliyun.com/），用支付宝或淘宝账号登录，如图 4-22 所示。

图 4-22　阿里云域名注册页面

第二步：选择注册域名的类型，如图 4-23 所示。

公司	域名	商标

注册域名先查询，请输入域名，如 wanwang   .com ∨

.com	.cn	.top	.ltd	.net	.xin	.vip
.store	.shop	.wang	.club	.xyz	.ren	.网址
.在线	.tech	.online	.site	我爱你	.ink	.link
.商标	.love	.art	.fun	.cloud	.cc	.website
.press	.space	.beer	.luxe	.video	.group	.fit
.yoga	.com.cn	.net.cn	.org.cn	.pro	.餐厅	.biz

图 4-23　选择注册域名类型

第三步：输入想注册的域名，以"hnuu"为例，点击"查域名"，查询结果如图 4-24 所示，hnuu.cn 已经被注册。

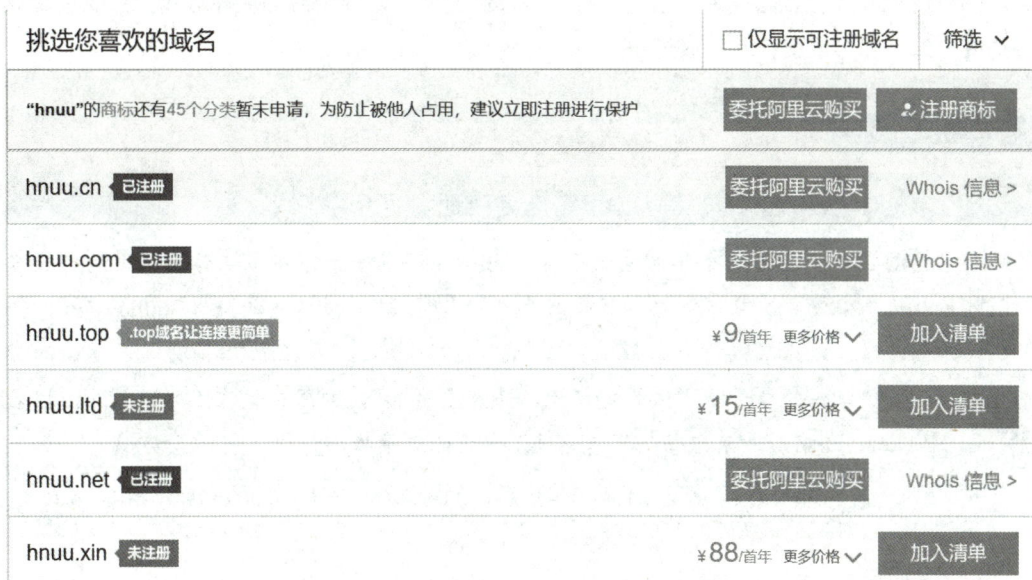

挑选您喜欢的域名　　　　　　　　　☐ 仅显示可注册域名　　筛选 ∨

"hnuu"的商标还有45个分类暂未申请，为防止被他人占用，建议立即注册进行保护　　委托阿里云购买　　👤注册商标

hnuu.cn 已注册　　　　　　　　　　　　　　　　委托阿里云购买　　Whois 信息 >

hnuu.com 已注册　　　　　　　　　　　　　　　委托阿里云购买　　Whois 信息 >

hnuu.top .top域名让连接更简单　　　　　　　　¥9/首年 更多价格 ∨　　加入清单

hnuu.ltd 未注册　　　　　　　　　　　　　　　¥15/首年 更多价格 ∨　　加入清单

hnuu.net 已注册　　　　　　　　　　　　　　　委托阿里云购买　　Whois 信息 >

hnuu.xin 未注册　　　　　　　　　　　　　　　¥88/首年 更多价格 ∨　　加入清单

图 4-24　域名查询结果 1

第四步：换一个域名查询，以"hnniuren"为例，点击"查域名"，查询结果如图 4-25 所示，hnniuren.cn 可以被注册。

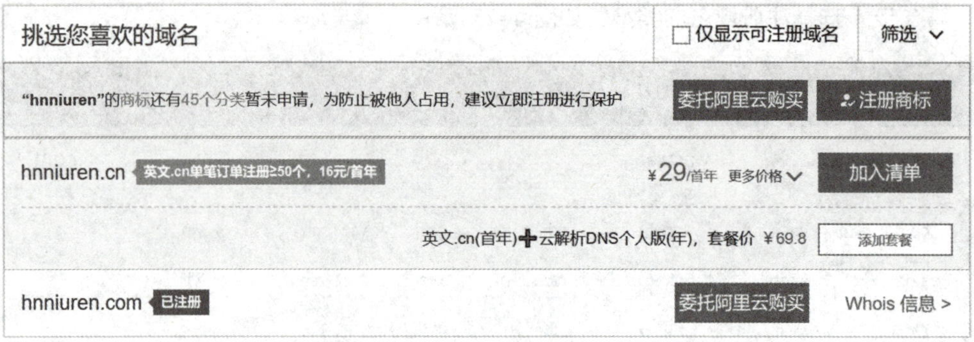

挑选您喜欢的域名		☐ 仅显示可注册域名	筛选 ∨
"hnniuren"的商标还有45个分类暂未申请，为防止被他人占用，建议立即注册进行保护		委托阿里云购买	♟注册商标
hnniuren.cn 英文.cn单笔订单注册≥50个，16元/首年		¥29/首年 更多价格∨	加入清单
	英文.cn(首年)➕云解析DNS个人版(年)，套餐价 ¥69.8		添加套餐
hnniuren.com 已注册		委托阿里云购买	Whois 信息 >

图 4-25　域名查询结果 2

第五步：按照系统指引完成在线支付，即可完成注册。通过域名信息查询（http://whois.aliyun.com）可知其归属。当然，也可以在后台进行解析设置，即与 IP 地址绑定等操作。

2. 购买域名

如果自己中意的域名已经被别人抢注，也可以通过阿里云、金名网等购买，当然费用会远超正常注册价。

一般购买方式有委托购买、竞价交易、一口价交易、议价交易等多种形式。只要买卖双方达成一致，即可成交，并完成过户。

案例 4-12

京东域名变迁

京东是刘强东创办的一个知名电商平台。2004 年还是一个京东多媒体网，当时的域名为 jdlaser.com。2007 年，京东多媒体网改名为"京东商城"，域名随之换为 360buy.com，很长一段时间，网民以为京东是奇虎 360 旗下产品。2013 年，京东耗资 3000 万元收购新的域名 jd.com，当年京东的口号是"域名更简短，登录更简单"，刘强东说"互联网创业，域名先行"。启用新的域名后，京东每年节省超过 1 亿元的流量推广费用。

（资料来源：无笔秀才：《域名投资从入门到精通》，清华大学出版社 2017 年版，第 12 页）

案例 4-13

奇虎 360 域名变迁

奇虎 360 原有域名 haoso.com 和 360.cn，在其数百万元收购 so.com 后，搜索引擎市场份额直逼 10%，一跃成为国内第二大搜索引擎。2015 年，奇虎 360 以 1700 万美元（约合 1 亿元人民币）收购域名 360.com。2015 年 6 月 25 日，奇酷网正式更名为"360 商城"，并启用二级域名 mall.360.com。360 的传统业务（安全、搜索等）、智能硬件、游戏业务、用户论坛等一并整合至 360.com 官网中，实现了品牌整体化。

（资料来源：无笔秀才：《域名投资从入门到精通》，清华大学出版社 2017 年版，第 13 页）

4.6.3　侵权与维权

域名注册或购买后，每年需要交纳费用，一般最长一次性可以交纳 10 年的费用。域名到期后，如果不及时续交费用，域名就会被删除，这时可能被别人抢注，产生不可挽回的损失，甚至有些域名可能被盗。《互联网域名管理办法》系统地保障了中国互联网络域名系统安全、可靠地运行，规范了中国互联网域名系统管理和域名注册服务。

案例 4-14

域名被盗风波 1

22.com 和 90.com 可谓非常珍贵的域名，属于金华一家游戏平台网站。2011 年 5 月 9 日，这家游戏平台网站的老总向当地网警支队报案，原来属于公司的这两个国际顶级域名被盗，有人通过非法手段，将域名转移到了美国的一个域名托管网站，而且两个域名的所有人信息都被更改了。

网警支队经过侦查发现，有人利用域名 whois 查询工具查到了该域名的登记邮箱等关联信息，又通过互联网搜索引擎获取了邮箱所有人的个人资料，后谎称自己是邮箱所有人，与管理该邮箱的网站在线客服取得了联系，编造丢失密码需要找回等理由获取密码，从而获得了邮箱的控制权，然后将两个域名转移到了美国的一个域名托管网站。

根据《中华人民共和国刑法》第 266 条、第 52 条、第 53 条之规定，被告人犯诈骗罪，判处有期徒刑 10 年，并处罚金人民币 10 万元。

（资料来源：宫鑫、王培陞：《域名投资的秘密》，电子工业出版社 2016 版，第 159 页）

案例 4-15

域名被盗风波 2

某国内知名动漫网域名在国外域名商 GoDaddy 处托管，管理用户名和账号与 CSDN 相同。2011 年 CSDN 密码泄露，导致 GoDaddy 处的管理账号也被泄露，但没有引起公司的足够重视和及时处理。黑客又利用 GoDaddy 本身的漏洞进行过户，GoDaddy 没有给用户发送邮件，公司也没有安排人定期查询域名信息，因而对域名被盗一事竟然一无所知。

当发现现域名被盗后，公司联系域名商 GoDaddy 交涉未果，向司法机关报案，以"虚拟财产无法估量价值，而且没有先例，无立案标准"为由不予立案，最后公司到 ICANN（互联网名称与数字地址分配机构）投诉，最终拿回了被盗域名。

（资料来源：宫鑫、王培陞：《域名投资的秘密》，电子工业出版社 2016 版，第 158 页）

4.7　保护商业秘密

专利和版权都是公开的知识产权，还有一种不能被知识产权法律法规保护，但是关系企业生存与发展的资源，这就是商业秘密。商业秘密无须公开，仍然可以被《反不正当竞争法》等法律保护。

4.7.1　什么是商业秘密

商业秘密，是指不为公众知悉、能为权利人带来经济利益，具有实用性并经权利人采取保密措施的技术信息和经营信息。商业秘密是企业的财产权利，它关乎企业的竞争力，对企业的发展至关重要，有的甚至直接影响企业的生存。如可口可乐公司的饮料配方、王老吉凉茶的配方等。

4.7.2　侵权与维权

根据《反不正当竞争法》第 10 条的规定，下列行为属于侵犯他人商业秘密的不正当竞争行为。

（1）以盗窃、利诱、胁迫或其他不正当手段获取的权利人的商业秘密。

（2）披露、使用或允许他人使用以前项手段获取的权利人的商业秘密。

（3）违反约定或违反权利人保守商业秘密的要求，披露、使用或允许他人使用其所掌握的权利人和商业秘密。

第三人明知或应知前款所列违法行为，获取、使用或披露他人的商业秘密，视为侵犯商业秘密。

根据《反不正当竞争法》和原国家工商行政管理局《关于禁止侵犯商业秘密行为的若干规定》的规定，对侵犯商业秘密的不正当行为，工商行政管理机关应当责令停止违法行为，可以根据情节处以 1 万元以上 20 万元以下的罚款，并可对侵权物品作如下处理。

（1）责令并监督侵权人将载有商业秘密的图纸、软件及其他有关资料返还权利人。

（2）监督侵犯人销毁使用权利人商业秘密生产的、流入市场将会造成商业秘密公开的产品。但权利人同意收购、销售等其他处理方式的除外。

◆ 案例 4-16

商业机密被泄

2006 年，张某进入一家专门从事扬声器研发、生产的企业，任总经理一职，主要负责产品的生产和采购。在劳动合同中约定，张某在公司任职期间及离职后，均负有保密义务。2008 年 3 月，张某从公司离职，但他违反合同时约定的保密义务，将载有公司商业秘密的文件资料偷存于个人的数据储存设备中带走。

离职后，张某与他人合作开办了新公司，并开始从事扬声器生产与销售。后来，张某又以自己及亲戚的名义陆续开办了两家公司，同样从事扬声器生产与销售，并且与老东家的产品形成竞争关系。老东家很快就发现了这一情况，怀疑他构成侵权。

经过调查取证，2011 年底，老东家向工商行政管理局举报张某侵犯该公司商业秘密。2012 年 7 月，张某及其公司因侵犯商业秘密被工商行政管理局处罚。但在接受行政处罚后，张某仍继续生产、销售侵犯老东家商业秘密的产品。直至 2015 年 4 月，张某因涉嫌侵犯商业秘密罪被公安局刑事拘留。经评估，张某及其控制的公司通过侵犯相关技术的知识产权，获利达 400 万元。

在法庭上，张某称，他带走的那份文件中有相当部分的资料是他在老东家当总经理期间建立起来的体系资料，而且离职后，他的新公司虽然生产扬声器，但生产的产品一部分借鉴了老东家的经验，一部分是自己开发的，不属于侵犯商业秘密。法院审理后查明，张某带走的那份原公司自主研发、生产的系列扬声器产品的程序文件，包括品号编码、零部件图面及制造系列扬声器的整体技术和加工工艺等技术信息，以及与制造系列扬声器相关的销售客户名单、价格体系等经营信息，都属于商业秘密。

从 2010 年起，张某使用从原公司非法取得的商业秘密，通过个人实际控制的 3 家公司，生产、销售与原公司同类的系列扬声器产品，非法获利达 400 万元。最后法院认为，张某违反保密义务，以非法手段获取公司的商业秘密并使用，其行为已构成侵犯商业秘密罪，遂判处其有期徒刑 3 年，并处罚金 400 万元。

（资料来源：http://nb.sina.com.cn/news/s/2016-04-19/detail-ifxriqqv6251413.shtml?from=nb_ydph）

课后练习

1. 登录国家知识产权局"专利检索及分析系统",查询你感兴趣的专利,并与同学分享。

专利类型	专利名称	创新点

2. 登录国家知识产权局"专利业务办理系统",尝试申请一个外观设计专利。

3.《著作权法》的保护对象有哪些,保护期分别为多久?

4. 假如你要创立一家企业,你打算为它设立一个什么样的名称,并说明理由。

企业名称	
理由	

5. 假如你有一家企业,结合企业的产品或服务,你打算注册一个什么样的商标,说明理由。

商标名称		商标分类	
商标图案			
理由			

6. 打开阿里云或其他域名服务商站点，根据第 4、第 5 题设立的企业名称和商标，选定一个尚未被注册的域名。

申请域名	
理由	

7. 如何保护商业秘密？请举例说明。

从 0 到 1：从创新到创业

第 5 章
组建培养创业团队

一滴水，只有融入大海，才会永不干涸。

一粒沙，只有投入大地，才能凝聚力量。

一只狼，只有加入狼群，才会有猎杀虎豹的可能。

蚂蚁之所以能撼动大象，是因为团队的力量。

一个人，只有依托团队，才能实现更大的价值。

这就是个人凝聚成团体创造的奇迹。

组建培养创业团队

组建创业团队
- 找什么样的合伙人
- 去哪里找合伙人
- 如何评估合伙人
- 如何吸引到合伙人

培养创业团队
- 学会为团队的状态赋能
- 允许员工犯错
- 团队的管理和沟通

让团队自我成长

5.1 组建创业团队

雇佣制是特定历史阶段的产物。18 世纪后期，随着工业的发展，雇佣制逐渐占据了社会的统治地位，推动了生产力的发展和社会的进步。但是，任何制度都会随着时代的发展和变革而消亡。

如今的时代瞬息万变，随着商业化竞争越来越白热化，雇佣制的弊端逐步显现。打工者也想通过自身努力做出一番成就，可是雇佣制的体制无法为他们提供足够大的发展平台和空间。

合伙经营在商业竞争中有非常明显的优势，前景也更为广阔。真格基金创始人徐小平在一次演讲中强调了合伙人的重要性，他说："合伙人的重要性超过了商业模式和行业选择，比你是否处于风口上更加重要。"

苹果公司的创始人乔布斯关于苹果公司成功最重要的经验就是只寻找顶级人才，公司的顶级研发者的绩效是其他同类科技公司普通研发人员的 9 倍。

世界首富亚马逊创始人杰夫·贝索斯在被问到是如何成功地完成从创业者到管理者再到决策者时，他的回答是："可以把转变看作从问'怎么做'到'做什么'再到'谁来做'的过程。"

创业，不是简单的开办企业，而是创立一项能让自己为之奋斗一生的事业。作为创始人，承载更多的是责任与梦想，与你一起并肩的合伙人，不仅仅是资金、技术方面的合作伙伴，还应该是为了共同目标与梦想走在一起，求同存异、同甘共苦的人。

5.1.1 找什么样的合伙人

杰夫·贝索斯曾说："制定人才聘用高标准，现在是，将来也是公司成功最关键的要素。"

一个人赢不了一场战争，只有成千上万的人一起冲锋才无惧变化。找合伙人的第一步就是要思考你想找到什么样的合伙人，仔细考虑自己的能力和资源，还需要哪些来互补，只有制定好了标准才有目标性，不至于大海捞针。寻找合伙人要注意以下几点。

第一，德才兼备，气场相合，志同道合。初创企业更适合野蛮生长，在合作过程中有意见产生分歧很正常，只要大家能够沟通顺畅，企业就有更大的发展空间，符合求同存异的原则。但如果此时的合伙人不能跟你同心协力，每天还要花费精力去提防对方，那么企业是无法取得长久发展的。

第二，要能容人。历史上所有成功打下一片江山的人，都不约而同找了一群比自己优秀的人当合作方或下属，因此要找到愿意容人、能发现别人优点、接纳别人意见的人。凡重用众才之能者必兴，凡善聚众智之光者必明。这方面，刘邦是最好的榜样。刘邦自认运筹帷幄、决胜千里不如子房，管理百姓不如萧何，领兵攻城不如韩信，他能将三人收入麾下，因此才取得天下。

第三，执行力强，要有狼性，敢打敢拼。创业永远是苦的，不管遇到什么困难挫折都能解决问题的人才是最有价值的。

案例 5-1

乔布斯招聘销售

众所周知，乔布斯是个设计天才，但他并不擅长销售，再好的产品也得有人将其营销给顾客才行。这时候，乔布斯想到了百事可乐总裁约翰·斯卡利在与可口可乐竞争中的胜利。1983 年，乔布斯向斯卡利抛去橄榄枝，他很希望能同斯卡利共事。斯卡利思考再三，还是决定待在百事可乐，于是就拒绝了乔布斯，并说，虽然拒绝了，但还是朋友。不过乔布斯并不因此放弃，被拒绝也在意料之中。最后，乔布斯以一句问话成功说服了斯卡利。

他问："你究竟是想一辈子卖糖水，还是希望获得改变世界的机会？"乔布斯一开口，就触碰到了斯卡利的内心。百事可乐可以说是一种永不变化的糖水，但苹果的更迭是与时俱进的，因此苹果更具有挑战性。

就这样，乔布斯挖到了"宝藏"。1983 年 8 月，斯卡利成为苹果公司的首席执行官。大家都知道，在苹果产品的历史上，有一款产品，即第一台 Mac，它被公认为是最棒的产品；还有一部最棒的广告《1984》，这两个是乔布斯与斯卡利共同合作的结果。虽然后来两个人分道扬镳，但不可否认，两个人的合作为苹果后来的发展做出了不可磨灭的贡献。

（资料来源：https://tech.qq.com/a/20111006/000122.htm）

无论是创始人还是合伙人，都应该有强烈的责任感和极高的投入感，同时充满求知欲，并拥有洞察力、沟通力和意志力，这是成为创始人与合伙人应具备的素质，如表 5-1 所示。

表 5-1　创始人与合伙人应具备的素质

素质	说明
动机	以强烈的责任感和极高的投入感去追求更远的目标
求知欲	渴望获得新体验和新知识，以开放的心态保持学习和改变及能虚心接受别人反馈
洞察力	收集并准确理解新信息的能力
沟通力	善于运用情感和逻辑进行沟通，并能说服他人
意志力	在面对挑战或逆境时，依然能坚持努力不放弃目标

5.1.2　去哪里找合伙人

组建合伙人团队是企业中很关键的一步，创始人一般不会采用公开人才招聘、筛选的方式进行，那么到底该去哪里找呢？我们看看那些创业成功的企业都是怎么做的。

1. 阿里巴巴合伙人团队："十八罗汉"

阿里巴巴的十八名合伙人，与马云是同事、朋友、校友、师生、合作伙伴等亲密的关系，具体数据如图 5-1 所示。马云以他的个人魅力和美好的企业愿景吸引、凝聚了身边优秀的人才加盟。在企业初创时期，正是基于团队高度稳定的亲密关系才使阿里巴巴跨越层层难关，创造辉煌。

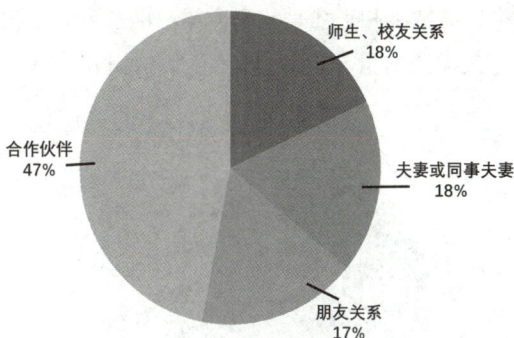

图 5-1　阿里巴巴的合伙人关系

2. 腾讯合伙人团队："五虎将"

腾讯合伙人团队中，有 3 位和马化腾是从中学到大学的校友，1 位是马化腾姐姐的同事。其团队关系如图 5-2 所示。

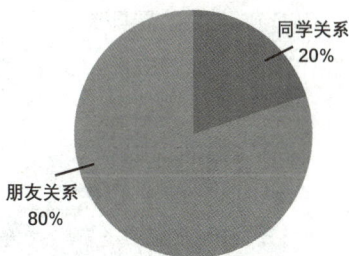

图 5-2　腾讯合伙人团队关系

3. 百度创始合伙人团队："七剑客"

百度创始合伙人团队中，有 3 位和李彦宏是校友，其余 3 位是通过公开招聘渠道加入的。李彦宏因为在美国留学和工作，没有在国内积累下人脉，所以通过公开招聘寻找合伙人是比较可行的方式，不过即便如此，也有 50% 的合伙人是校友。其合伙人团队关系如图 5-3 所示。

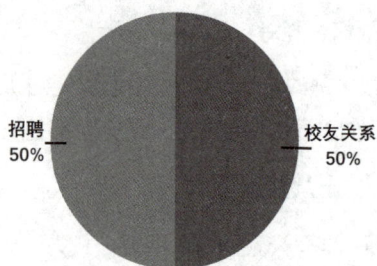

图 5-3　百度合伙人团队关系

4. 新东方合伙人团队："三驾马车"

新东方合伙人团队中，俞敏洪和王强是北京大学西语系英语专业的同学。再后来，徐小平来到北京大学团委担任艺术团的指导老师。3 人随后认识并保持亲密关系。其合伙人团队关系如图 5-4 所示。

图 5-4　新东方合伙人团队关系

5. 携程合伙人团队："四君子"

携程合伙人"四君子"中，CEO 梁建章是复旦大学毕业的，与上海交通大学沈南鹏很早就成为朋友，其余 2 人均为沈南鹏的校友。其合伙人团队关系如图 5-5 所示。

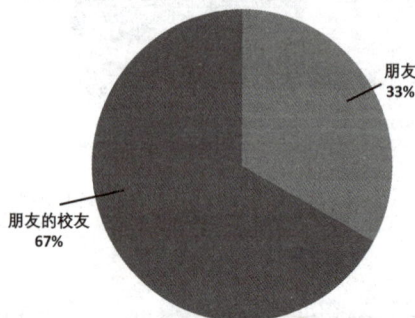

图 5-5　携程合伙人团队关系

基于以上创始合伙人团队的分析不难发现，创始人的同学、朋友、同事、同行等亲密关系的圈子是选择合伙人的重要途径。

后期发展，无论是阿里巴巴的"十八罗汉"还是腾讯的"五虎将"，都未能全部留在原有企业，但他们都在企业的初创时期发挥了巨大作用。

当然，并非所有的合伙人都要从这些亲密的关系圈子中筛选，企业发展的不同时期可以采用不同的人才策略。

从众多企业的人才引进策略变化可以总结出，公司从初创企业发展到成熟企业过程中采用的吸引人才的策略：企业初创期一般引入以强关系为主即基于亲密关系圈子寻找合伙人，企业快速成长期会引入以弱关系为主的社会作业人才，等到企业成熟期则会制定更科学的引进合伙人机制，如图 5-6 所示。

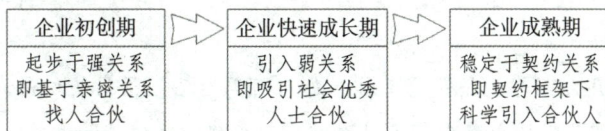

企业初创期		企业快速成长期		企业成熟期
起步于强关系 即基于亲密关系 找人合伙	⇒	引入弱关系 即吸引社会优秀 人士合伙	⇒	稳定于契约关系 即契约框架下 科学引入合伙人

图 5-6 企业发展过程中的人才引进策略变化

5.1.3 如何评估合伙人

该如何评估及判断寻找到的合伙人是否符合你的要求？

这时候我们可以借助《清单革命》中所讲的清单法，如我们要外出旅游，需要提前准备一张检查清单，把所有要带的东西都列出来，类似牙刷、衣服、钱包、身份证等等。之后，按照这个清单一个个检查，确保要携带的东西没有遗漏。列清单听上去是件极其简单的事情，但它的"威力"不容小觑：一张小小的清单能让一家医院原本经常发生的感染事件比例从 11% 下降到零，让医院员工的工作满意度上升 19%，手术室护士的离职率从 23% 下降到 7%，甚至能让飞机的坠机概率进一步降低。

无独有偶，某著名心理学家在给一家公司建立面试系统时，列出了与该公司发展计划相契合的六种特质，其中就包括责任心、社交能力甚至有创新能力等具体的内容。针对每个要素，他对每个候选人的生活提出一系列问题，这些问题非常细化，深入考察了他们之前做过的工作、是否守时、与朋友的相处方式、对体育的参与度等。

面试官在面试过程中根据这些指导，提出问题，倾听回答，然后根据应聘者的表现及每个特质进行一定范围的评分，通过测评总分反映应聘者的综合能力，这种量化之后的评估模式在这个公司沿用了很多年。

因此，在寻找合伙人的过程中，可以尝试把你想找的合伙人标准以清单的方式列出来，通过谈话或相处了解具体情况，可根据标准进行相应的评估，最终选择合适的合伙人。

5.1.4 如何吸引到合伙人

优秀的人才倾向于加入优秀的团队，要吸引到优秀合伙人，首先创始人必须是能得到合伙人支持和拥戴的人。

案例 5-2

阿里巴巴吸引蔡崇信入伙

阿里巴巴永久合伙人只有两个，蔡崇信是其中一个。蔡崇信说第一次见马云，马云的英文网站还相当简陋，就是一个交易买卖的平台。所谓的阿里巴巴，就是一栋房子里，黑压压坐着 20 多个人，地上满是床单，一群着了魔似的年轻人在那里喊叫着、欢笑着，仿佛一个吃大锅饭的大家庭。

谈起为什么放弃百万美元年薪的工作而加入阿里巴巴，蔡崇信说他喜欢阿里这种氛围，他认为这种创业氛围与魅力是华尔街不具有的，最重要的是他被马云的魅力所打动，他认为阿里巴巴这个团队简直就是个梦之队。

马云用"要创办世界上最伟大的互联网公司"这一梦想吸引了蔡崇信，"让天下没有难做的生意"这一使命激励更多合伙人一起奋斗，成就了今天的阿里巴巴。如果只是用钱，很难吸引到最优秀的合伙人，至少一定不是创业阶段需要的合伙人。

（资料来源：https://www.sohu.com/a/212988000_139804）

Facebook 的 CEO 扎克伯格认为，要成功壮大一家创业公司的经营规模，核心在于聘任最优秀的人才。多年以来，Facebook 已经收购了大约 30 家公司，其中大部分收购的目的是得到这些公司最优秀的人才。

扎克伯格为自己设置了一个小测试，每当他亲自聘请高管时，都会对自己进行这一测试，"我的招聘原则是，如果你和应聘者易地而处，却不愿意为其出力的话，那么你也不应雇佣这个人为你工作"。相反，创始人也要换位思考，你愿意为你自己卖力地工作吗？

如果想要成为高效的领导者，带领公司走得更远，创始合伙人就要放弃过度的自我意识，带着谦虚的态度吸引他们真正欣赏的合伙人。

5.2 培养创业团队

1900 年的巴黎博览会，来自美国的泰勒做了这样一个展示：数量较大的机床和几个工人井然有序地加工金属铸件。观众都好奇泰勒到底要展示什么，是新的金属切割机还是加热和冷却金属的方法？都不是，他要展示的是科学管理。

泰勒系统的工作速度简直是个奇迹：当时的标准是每分钟切割 2.7 米的钢铁，泰勒的系统每分钟可以切割 15 米钢铁。他怎么做到的呢？他进行过一系列实验，测定出了切割钢铁的最佳温度、最佳距离、冷却机床的最佳方式及传递带的最佳速度。将这些全部拼凑起来后，工人的工作时间没有一秒是浪费的，科学管理由此产生。

科学管理的思想和做法从发明到今天沿用了很多年。但这种将事情拆分，再拆分成一个又一个模块逐一实现的做法，是我们理解的简单体系的做法。打造创业团队不是简单意义上的分工或将事情拆分就可以完成的，而是一个相当重要的复杂体系，需要集体智慧的结晶。

分散的沙丁鱼个体几乎没有抵御天敌的能力，但当鲨鱼游进沙丁鱼群时，所有沙丁鱼会迅速自然散开，形成一个可供鲨鱼通过的通道。鲨鱼什么也没吃到就穿过了通道，当它回头再来咬的时候，新的通道会再次出现，鲨鱼只能无功而返。

这种集体智慧从何而来？科学家为此做过大量的研究，发现秘密存在于沙丁鱼基因中的三行代码：一是跟紧前面的鱼；二是与旁边的鱼保持相同的距离；三是让后面的鱼跟上。

随后，科学家们将得出的结论，也就是沙丁鱼基因中的三行代码输入电脑，进行大量的模拟测试。模拟测试的结果真是让所有人震惊，只要拥有这三行代码，电脑中虚拟出来的任何物体都能展现出像沙丁鱼一般的超强能力：有鲨鱼游过来时自动散开，鲨鱼穿过之后又再次合拢。

对于初创企业或转型企业，也都可以将其培养成像沙丁鱼这样的团队。

5.2.1 学会为团队的状态赋能

提起海底捞，大家都不陌生，尤其在于它是很多顾客愿意排队 3 个小时去吃的火锅。海底捞究竟是哪些方面超越了其他火锅店？即便 2017 年爆出"老鼠门"事件，它都能力挽狂澜，安然度过危机。它是怎么做到的？

案例 5-3

海底捞的力挽狂澜

2017 年 8 月，海底捞爆出"老鼠门"事件，其在第一时间发出致歉信，随后宣布停业整顿。之后，海底捞策划了"阳光餐饮""明厨亮灶"等一系列活动。

其一，后厨的操作流程标准化，明厨亮灶主要有两种公示方式：一是开放透明式窗口，二是视频监控式窗口。海底捞的新店全部采用开放透明式窗口的方式，上菜间和切肉间与前堂全部打通，老店则全部改造成视频监控式窗口。"我们部分新店设计之初，上菜间和切肉间就是与前堂打通的，这部分是开放透明的。"

其二，全部门店设置参观卡，消费者可申请参观后厨，参观区域包括清洗间、配料间及上菜间等专间，都可以进行参观，甚至有顾客去用餐时有服务员会邀请他们去参观后厨，还会为之前的事件向顾客道歉。

通过一系列真正重视食品安全的行动，海底捞度过了这场危机。

海底捞一直以服务好著称，好到什么程度，网络上流传着很多段子，其中一个是这样的，某位顾客看到外面有人打架，海底捞的服务员马上搬来凳子送上酸梅汤，对这位顾客说："您可以站在椅子上看，我们已经派人去打听了，一旦知道事件的缘由，就会马上过来告知您。"连顾客看人打架服务员都能想到为其提供服务，将服务做得这么细致，想顾客所想，事事做到顾客心坎里，让其他火锅店如何与它竞争？

（资料来源：http://www.3news.cn/video/2017/0930/217914.html）

回看案例 5-3 海底捞的服务，这样的事件处理方式是不可能通过公司的标准化服务流程培训得来的，一切都来自服务员强烈的责任感和主人翁意识。海底捞的服务员不仅有责任感及主人翁意识，还有一定的免单权，而什么情况下可以免单、怎么免，服务员说了算。如果公司的管理事事都有硬性规定，事事都要请示领导层层上报，那么何来服务意识？对顾客来说，服务除了问题的处理方式得当外，还有处理问题的时间和效率。

赋予一个服务员可以替客户免单的权利，最重要的是什么？是当服务员走进自己能做主的区域的时候，会觉得自己就是这个区域的负责人，要做的就是想尽办法照顾好这些顾客、让顾客开心，只要服务员愿意去想办法，办法总比困难多。此外，我们要知道快乐是会传染的，服务员的快乐也会相互传染，而服务员对顾客高质量、快乐的服务有效地提升了客户体验的满意度。

因此，企业创始人要做的事情就是想方设法让自己和员工愉快地工作，而不是整天用打卡、摄像头、钉钉等方式监控你的员工。

1. 好领导要有执行力

作为创业公司的领导者，也是创业团队的领军人物，团队领导者必须具有很强的执行力，以确保领导层的决策上行下达。优秀的执行力是把企业战略、规划转化成为收益、成果的关键。执行力包含完成任务的意愿、完成任务的能力和完成任务的程度。

2. 好领导要有影响他人的能力

在团队里，不仅要求领导者有执行力，而且要求领导者顺利地把创业者的理念和要求传达给下面的基层员工，从而带动整个团队向一个又一个创业目标进行冲刺。作为创业团队的领导者，还应该具备影响他人的能力。

哈罗德·孔茨曾说："领导是一种影响力，或叫作对人们施加影响的艺术过程，从而使人们心甘情愿地为实现群体或组织的目标而努力。"好领导要扮演教练和导师的角色，首先要懂得教授下属。通用电气传奇 CEO 杰克·韦尔奇的名言是："伟大的领导人，是最伟大的教练。"他在管理发展学院亲自教授学员，鼓励每个学员说出自己的想法，哪怕是猛烈的抨击也无须顾忌。在他如此教导下，通用电气建立起了自己最精锐的经理人队伍。

柳传志，联想集团创始人，他的"建班子、定战略、带队伍"被认为是联想大厦的坚实地基，而"建班子"和"带队伍"只有通过教练式的领导才能更好地做到。

5.2.2 允许员工犯错

巫马期和宓子贱是春秋时期孔子的两个学生，二人曾先后担任单父的地方官。巫马期颇有事业心和责任感，在任时兢兢业业、披星戴月、任劳任怨、废寝忘食，亲理各种政务，虽如此努力但政绩平平；而宓子贱执政期间，不但没有像巫马期一样那么繁忙，而且经常有时间抚琴唱歌，而单父却被治理得相当好，超过巫马期执政期间的样子。巫马期看到之后，就问宓子贱原因，宓子贱的回答是："我善于放权，依靠手下所有人用智慧做事；而你虽亲自劳作，但只能用到自己的智慧。虽辛苦付出，但手下人才的智慧被浪费了。"

企业创始人应该学会带团队，不要紧抓权力不放，走入事必躬亲的误区。很多事必躬亲的领导者辛苦的原因很大一部分是担心员工犯错。

微软这样的企业虽然都会犯错，但是其能在犯错之后承认之前的错误，并且跟自己的竞争对手苹果及安卓进行合作。因此，犯错没关系，最重要的是能够每天进步，一直成长。对员工来说，又何尝不是如此呢？

案例 5-4

给学徒第一次理发的机会

卢小果是某超市的创始人，有很多家分店。每天卢小果都要到各个分店走一走、看一看，处理一些超市的事务，但面对犯错误的员工，他首先想到的就是给员工时间，给员工机会，让员工能够自己从错误中走出来。

后来，有人问卢小果为什么能够如此豁达、大度，允许员工犯错，并且不严惩他们，卢小果说："我给你讲一个我自己的故事，听完了也许就不用我回答这个问题了。"

卢小果说他第一次来到苏州，口袋里面只剩下 1 角 5 分钱，为了能生活下去，卢小果决定去学理发，他认为理发可以速成，并且有家理发店的老板是他原来认识的。理发店的老板答应了卢小果学习理发的要求，卢小果却不肯单纯地只做洗发工，他对老板说："我要学理发，而且一个月就要学会出师。"理发店的老板也爽快答应了："行，只要你自己认为学会了，你就是两周就出师，我也绝对同意。"

每天只要卢小果手上没有了活，他就站在别的理发师旁揣摩他们的理发动作，自己试着比画一番。有一天，一位师傅把手里的剪刀递到卢小果的手里说："来，试试。"谁知道坐在椅子上理发的人怎么都不肯，大声说道："理坏了怎么办？"卢小果尴尬不已。

正在这时，一位坐在旁边椅子上等待理发的老人站起来，对卢小果说："来，小伙子，给我理吧，理坏了也没关系。"卢小果有点不相信地看着这位老者，可老者却示意卢小果开始。

卢小果毕竟是第一次理发，理完之后发现老者的头发剪得像刺猬头一样，自己很是自责。谁知道老者看了之后笑着对卢小果说："这样确实有点难看，不过没关系，最近这天气热，我正想剃个光头，凉快！"

给这位老者剃完光头，卢小果对老者深深地鞠了一躬，老者摸着自己的光头，乐呵呵地说："没事，小伙子，每个理发师都有第一次理发的时候，也都有犯错的时候，如果不犯错，又怎么能够成长呢？"

正是老者的话，让卢小果明白，能够允许别人犯错，才能使对方成长。因此，卢小果之后开理发店、经商、办企业，始终怀着一颗宽容的心，而正是他的宽容使他的企业比别人做得更好。

（资料来源：https://www.51flash.com/gushi/zheligushi/22836.html）

我们都应该学会宽容，宽容不仅是给了别人机会，也给自己创造了机会。保全下属的尊严，允许下属犯错，也是一种激励措施。

有一篇介绍西门子公司管理员工的文章，也是允许员工犯错的典型。西门子有个口号——"员工是企业内的企业家"，这句话听上去很空洞，但事实就是这样。在西门子，员工有充分施展才华的机会，工作达到一段时间，如果表现优秀，就会被提拔。优秀的员工在西门子内部可以根据自己的能力和发展志向，设定人生规划，一级一级稳定发展。对那些刚开始不能胜任工作的员工，西门子不会立马给他们贴标签，而是在尽可能的情况下，让他们尝试一个新的工作岗位，允许他们试一试。许多员工通过调整岗位的方式，找到了自己适合的位置，干得跟别人一样出色。

西门子员工的优秀是从允许犯错误开始的。他们允许员工犯错误，只要守住底线，如果那个员工能在几次错误之后变得更加"茁壮"，那么对公司更有价值。

5.2.3　团队的管理和沟通

工作中，沟通的重要性不言而喻。对于创业团队而言，在创业的全过程中，管理最核心的任务仍然是相互沟通。可以这么说，没有沟通就没有企业的成功。

创业团队内部良好的沟通文化可以使所有员工真实地感受到沟通的快乐和成效，加强团队内部的沟通管理，既可以使管理层工作变得轻松，也可以使团队成员工作积极性大幅提升，还可以增强团队的凝聚力和竞争力。针对团队的管理和沟通，樊登在《低风险创业》中提出情境领导的方法。

创业者需要掌握一套完整的管理方法和沟通工具，以应对不同类型员工的管理需求，这套管理方法便是情境领导，也就是按照员工在企业的工作时间或工作状态选用不同的管理方式，如图 5-7 所示。

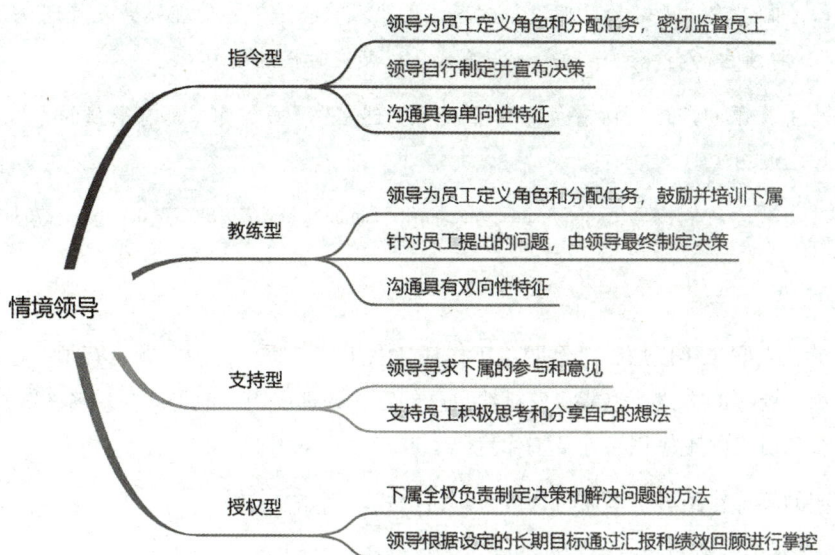

图 5-7　情境领导的四个类型

1. 指令型

刚毕业入职的大学生，一般都带着强烈的工作意愿来到公司，但各方面工作能力肯定不如老员工，缺乏经验。这时候，他需要学习，工作中如果能给到他清晰的指令，例如，细致地告诉他哪些事情可以做，哪些事情不能做，甚至告诉他具体的一件事情该如何分步骤实施，工作过程中需要注意哪些要点，就会让新入职的员工思路清晰、学习目标明确，学习效率也高。但如果长期用指令型方式领导员工，员工就会懈怠，因为所有工作无论处理结果如何，员工都不需要负责任，只需要按照指令执行就可以了。

案例 5-5

海尔近乎严苛的指令型管理

海尔一直以来以管理著称。以前，每个到海尔参观的人都会有这样的印象：海尔的管理感觉令人"不能喘息"。在海尔，指令的执行非常精细化，这里的每块玻璃都会责任分配到人——一位清洁人，一位监督人；海尔的员工走在厂区的道路上必须遵守交通规则靠右行走，不可逆行；任何一位员工在离开自己的座位时，必须将座椅推进桌子下面摆放好，否则将会被处以 100 元的罚款；公司的大巴司机在接送员工上下班时，任何点的停靠时间不得迟到超过 1 分钟，否则，职工为此产生的打车费用要由班车司机全部承担。

张瑞敏自己也承认："这样管理很累，但没办法。"

这一系列指令型措施使海尔在那段时期迅速在市场中崛起，但是时间长了以后，员工的怨言频起。如果海尔一直按照这种方式管理员工，就会面临很大的风险。张瑞敏也认识到了问题所在，适时对海尔内部的管理进行改革，由"人单合一"的管理模式一直到今天的"网络化战略"，将海尔的企业文化彻底进行改换，以顺应时代潮流。

现在再去海尔的厂区，所有员工都变成了"创客"，每个员工都有很强的主人翁精神，海尔的辉煌已经出现。

（资料来源：http://finance.sina.com.cn/chanjing/gsnews/2018-02-11/doc-ifyrkrva7084320.shtml）

2. 教练型

新进员工入职半年以后，已经明确工作任务及工作流程，处理问题也有了一定的经验。此时，不用指令型的方式，也能将安排给自己的工作处理妥当，但仍需要一名教练，教练的作用在于调动员工的工作积极性及工作意愿。

教练型的领导在跟员工沟通时，可采用讨论式。例如：

"小果，对于这次咱们要去合作的客户，你有什么了解和想法？"

"跟这次合作的客户谈业务，咱们要做哪些准备工作？"

"除了目前确定的合作方案，还有没有其他备用方案？"

在这个过程中，讨论的目的是希望员工逐步掌握做这些工作的方法，长期如此的讨论能够达到让员工勤加思考、举一反三、触类旁通的效果，员工可以迅速成长。

但如果对每个员工都采用这样的方式进行领导，那么估计领导连睡觉的时间也没有了。你需要从长期的观察中找到重点培养的对象，用一段时间将其培养成授权型的员工，这些培养的授权型员工可以代替你做其他员工的教练型领导，像指数级增长一样可以实现裂变。

3. 支持型

教练可以调动员工的工作积极性和工作意愿，也可以继续提升工作能力。但接下来如果能给予其更大的支持，尊重他的个人能力，那么他的工作意愿会得到进一步提高。为他今后独当一面做充分的准备。这时候也可以采取提问式的方法来进行。例如，"这件事情让你来处理，你会从哪些方面入手，如何做？"如果对方简单的一句"我想不出办法""我不知道怎么处理"，支持型的领导就应该引导和鼓励他想方设法解决问题，而不是你直接给出答案，那样就又退回到执行型的领导模式上，员工是无法得到进一步提升的。

提问的关键在于一定让对方主动寻找答案，无论这个过程多么的艰难，只要他自己找到解决方案，他的自信心、成就感就会瞬时爆棚，产生掌控力的感觉。这就是成长。

樊登将提问总结成了五大步骤，如表 5-2 所示。

表 5-2　提问的五大步骤

提问项目	具体问题
目标	你的目标是什么？ 你主要解决的问题是什么？ 你打算什么时候解决这些问题？
现状	现在情况如何？ 现在情况发生了哪些变化？ 你做了哪些应对措施？ 你做的这些应对措施分别会有什么样的结果？ 你目前拥有哪些资源？
选择	你已经有了目标，也知道现状，那么你有哪些选择？ 你现在能做些什么事情去解决这个问题？ 在类似这样的情况下，你听过或见过别人怎么做吗？ 还听过或见过哪些做法？
意愿	刚才想到了那么多的解决方法，哪一个是你比较认可或喜欢的？ 接下来，你打算怎么做？ 你觉得下一步的工作安排在什么时间会更合适？ 通过什么方法让我知道你做到了？ 在这个过程中你会遇到了哪些困难？ 如果遇到这些困难可以向谁求助？ 你需要准备哪些东西？
回顾	满分 10 分，你觉得自己完成这件事情的可能性会有几分？ 如果调整哪些方面可以提高这个分值？

提问的目的在于让员工将目标清晰地描述出来，目标明确之后要对现状也有清晰的认知，而不能一直拿着一团乱麻乱拽一气。第三步的选择提问，会促使员工不断开动脑筋，找到尽可能多的解决方案。经过三个步骤的提问后，员工就有了推进事情的初步打算、时间、准备等内容，但仍需要通过第四步的意愿提问巩固及梳理一遍。问题还没结束，因为第四步的回答未必是完美的，可以通过问题的回顾性提问，使员工自己查缺补漏，继续调整方案，直至满意为止。

4. 授权型

员工通过前面三个情境的领导，成长速度惊人，如果按照员工自己找到的解决方案，大部分事情都能得到圆满解决，这时候可以尝试给员工充分的空间，让其能够独当一面，真正成长为可以给其授权的员工。

对于那些已经可以给其充分授权的员工，意味着他们已经成长为企业中的骨干力量，这时候的沟通以鼓励为主，但并不是说可以撒手不管了。这时候需要用到的方法是观察。有授权就一定有观察，即使是用人不疑，也需要知道公司每天发生什么样的变化，因为一不小心可能因为过度信任造成各种不必要的局面。

世间万物，最难管的是人，只要是人，就不可能一成不变，因此即便是再好的沟通方式、工具也应该在恰当的时候选择恰当的方法，因时因人而定。

5.3　让团队自我成长

我们都知道，贫瘠的土壤长不出参天大树。同样，企业也应该打造成长的土壤，才能培养更多的人才。

很多企业不注重打造自己的成长土壤，一旦缺人就到处去挖，挖销售、挖财务，缺什么人才就挖什么人才，把这些挖回来的人才组在一起，觉得这下组建了最强团队阵营，可以开工干活了。可是，企业和企业毕竟存在差异，聚集起来的人才各种"水土不服"现象开始出现，有些高薪聘请过来的人转身离去，使公司千疮百孔。

案例 5-6

阿里巴巴的团队成长

1999 年 9 月，阿里巴巴网站建立。10 月，阿里巴巴获得了 500 万美元的风投资金。马云着手做的第一件事情就是从中国香港和美国引进大量高级管理人才。

马云对外宣称："创业人员只能担任连长及以下的职位，团长级以上全部由 MBA 担任。"当时，阿里巴巴 12 个人组成的高管团队中，除了马云自己，其余全部来自中国香港和美国。接下来的几年，阿里巴巴聘用了很多来自哈佛、斯坦福等名校毕业的 MBA，当然，也有国内名牌大学毕业的 MBA。但是后来这些 MBA 中的 95% 被开除或自动离开团队。

而之前马云曾怀疑过其能力的其他 17 位创始人，在企业发展的过程中大多成长为阿里巴巴的副总或董事。马云不止一次在公共场合承认当时在招聘人才上犯下的错误。

（资料来源：李嘉：《哪里有抱怨哪里就有机会》，团结出版社 2014 年版）

在阿里巴巴，马云把自己比作水泥，他说："让每一个人的才华真正能够发挥作用就像拉车，如果有人往这儿拉，有人往那儿拉，内部就先乱掉了。我在公司的作用就像水泥，把许多优秀的人才聚合起来，使他们的力气往一个地方使。"这应该就是阿里巴巴培养人才的土壤。

2022 年，新东方的直播间可谓惊艳众人，"双减"背景下，新东方陷入低谷，但在创始人俞敏洪的带领下，转型成功，从低谷走了出来，俞敏洪因此当选 2022 中国十大经济新闻人物。俞敏洪从不使用强制手段逼迫员工工作，公司目标的制定原则是让一切良性循环，并且使公司和员工公共成长。

案例 5-7

新东方俞敏洪的管理智慧

2022 年，新东方直播开始不久，东方甄选直播间的粉丝数迅速从几万涨到了一百多万，接着又突破了千万级。在大家都看衰新东方的时候，新东方却打了一个漂亮的翻身仗。于是大家不禁开始问，俞敏洪的团队何以如此强悍，他是如何给员工提供成长的土壤，让所有员工能够劲往一处使的？

俞敏洪认为，一个团队中，大家思想、行为、利益不能达成一致，一起共事只会增加矛盾和冲突，企业就会偏离轨道，走向灭亡。所以，要吸引价值观一致的人一起共事，此时大家一起奔向相同的目标，目标实现的概率就会大大增加。因此，团队中要使用价值观相一致的人。

俞敏洪说："管理中充分给领导授权，你把部分交给一个人负责，你只需要跟他讲清楚，你想要这个部门达到什么状态，你对这个部门的考核机制是什么样的，公司把应该给到的资金和资源配到位以后，剩下的一切只监管过程，不能监管每一件事情，否则他们处处受到掣肘，无法放开手脚干。"

允许员工发表不同的意见，2019 年 1 月 25 日，北京新东方学校年会节目《释放自我》迅速在网络上走红，这首歌改编自《沙漠骆驼》，内容是员工吐槽新东方内部管理问题。内容歌词包括："只想应付考核，不想踏实干活，出现问题只会互相甩锅"，"一个续班十个入口，用户不知该往哪走，哪里交钱才能报名成功"，"找个学校试点，旅游城市优先，度假都不用再自己花钱"，"重复的都抢着做，创新的没有几个，美其名曰'延续性'是怕担责"。此节目表演时，新东方董事长俞敏洪在台下笑得合不拢嘴，并且带头鼓掌。事实上，俞敏洪非常愿意看见员工对内部管理问题的犀利吐槽，因为表达意见说明员工在不断观察及思考管理问题，员工的成长也是新东方的成长。

新东方对员工的要求不是单一工作，而是每天都要不断充电学习，并且不断帮助员工成长的同时也是在培养员工的未来，为员工提供有发挥价值和实现价值的平台，他认为培养人才的同时也是在培养公司的未来。新东方在各个领域均通过强有力的系统培训和培养，

从董事会到国际管理层，到中层管理层到教师管理，都是通过强有力的系统培训，让每个人变成在自己的专业领域中最强的人，进而让新东方可以良性发展。

（资料来源：https://baijiahao.baidu.com/s?id=1739289192695027667）

企业要为团队提供员工成长需要的丰厚土壤，长久地坚持会让企业的人才不断成长，人才发展的同时也是企业发展的过程，而员工作为企业最主要的财富，支撑起企业在市场中保持绝对的竞争力和持续发展的核心动力。

课后练习

1.请根据你之前关于创新的设想，如果现在开始组建团队，谈谈你会如何找创业合伙人及如何吸引其加入你的团队。

2.根据你的设想，谈谈你对事必躬亲的领导的观点。

3.若你是创始团队的领导者，除了书中提到的这些方法之外，你还有什么其他更好的方式带领团队？

4.《西游记》团队中每个成员在团队中起了什么样的作用？如果裁员，《西游记》团队中你觉得裁掉谁最好，为什么？

第 6 章
设计创业项目

　　亨利·福特曾说过："如果我最初问消费者他们想要什么，他们应该会说想要一匹更快的马。"如果仅仅根据消费者的表面需求去开发产品、设计创业项目，就不会有今天的汽车出现。如果没有汽车生产的大发展，就没有人们对家庭轿车的强烈向往。因此，一种商品只有生产出来了，才能调动人们消费的积极性。

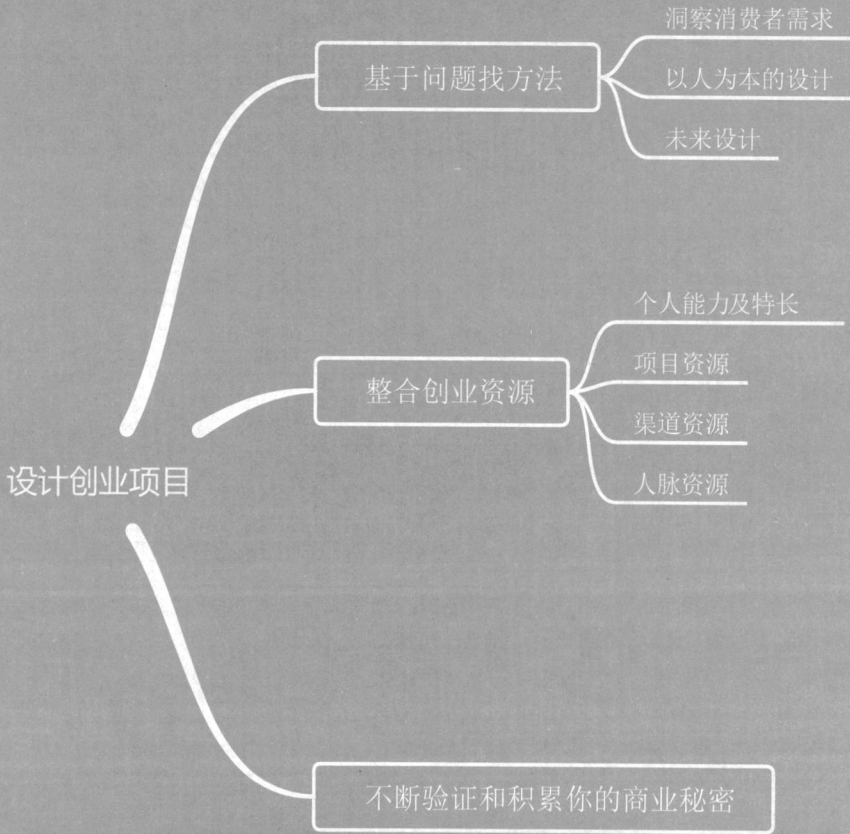

设计创业项目

基于问题找方法
- 洞察消费者需求
- 以人为本的设计
- 未来设计

整合创业资源
- 个人能力及特长
- 项目资源
- 渠道资源
- 人脉资源

不断验证和积累你的商业秘密

6.1 基于问题找方法

"更快的马"在亨利·福特那个年代是公认的问题，面对这个问题，大多数人的解决思路是从马身上做文章，他们寻找伯乐、寻找千里马、培养千里马，可是即使是日行千里的马，也会遇到瓶颈，无法再提速。

相对于以解决问题为导向的工程思维，创新者要非常细致、谨慎地理解和定义问题。以"更快的马"的需求为例，实际上是消费者对行驶缓慢并且极不舒适的马车的不满意，还有对速度的追求。重新梳理和定义问题之后，看问题的视角就会发生变化。于是，亨利·福特避开寻找千里马、在马车轱辘绑上草垫子等方式，而是利用自己对科学的了解，寻找到了一个不同寻常的解决方法，为消费者带来速度与舒适性兼具的产品。

6.1.1 洞察消费者需求

动机是一个人购买或使用一件产品时的心理活动，而需求是能促进这一心理活动的原动力。这是心理学家亚伯拉罕·马斯洛在《动机与人格》一书中对需求的定义。之所以要创新，是因为要通过新的形式满足用户的需求，并且促成消费者购买或使用的动机。洞察消费者需求，就成了创新的起点。

案例 6-1

苹果产品的 Home 按键

Home 按键对于苹果 iPhone 来说，绝对是一个标志性的设计元素。自从第一代 iPhone 诞生以后，iPhone 的 Home 按键伴随其升级到 iPhone 8 才最终被淘汰。2007 年 1 月，在公布第一代 iPhone 时，史蒂夫·乔布斯用一句简短的话介绍了标志性的 Home 按键："无论在哪里它都能带你回家，就是这样。"

在与安卓手机竞争的过程中，很多用户在一个 Home 按键的 iPhone 和三个按键的安卓之中选择了前者，他们的理由是一个 Home 按键的 iPhone 更容易操作。可见，消费者越来越注重产品操作的简便。而乔布斯正是在这一点上洞察了消费者的需求。在 iPhone 研发阶段，乔布斯要求设计人员设计出只能有一个按键的手机。设计人员回去之后绞尽脑汁经过再三讨论，回来告诉乔布斯："最少要有三个按键，否则没有办法实现功能。"可是，乔布斯坚持自己的要求。设计人员不得不回去重新进行讨论和设计，这次他们终于把三个按键减少到两个按键，以为乔布斯会同意，谁知道，乔布斯并不为所动，仍然坚持一个按键的要求。最终，在乔布斯的坚持下，设计人员不断努力，符合消费者需求的产品终于被开发出来。

2010 年 1 月 27 日的苹果公司新品发布会上，当乔布斯出现时，所有人都将目光聚焦在他手上那个看似笔记本电脑，却更像个超大手机的东西，这就是 iPad，它打开了所有人的想象。平板电脑，作为笔记本电脑的缩小版，在之前的十多年时间里，惠普、宏碁、联想甚至微软都曾经推出过类似的产品，它们功能强大，试图取代笔记本电脑，但是投入市场后不温不火，并没有激发消费者的购买欲望。可是，乔布斯却成功了。"比笔记本电脑更具亲和力，比智能手机更强大"，这是乔布斯对 iPad 的定位。iPad 可以玩游戏、画画、听音乐、看电影、写作等。它非常小巧，680 克的重量，长度不超过 25 厘米、厚度 1.25 厘米，像一本大书，方便携带，并且可以随时使用。更重要的是，你只用一只手就可以完成对它的操控，iPad 让人重新定义了笔记本电脑。在 2011 年 2 月对国内市场的统计中，iPad 在国内平板电脑的市场占有率接近 99%。

同样，iPad 也沿用了 Home 按键的设计。

当然，随着技术的发展及消费者追求更大屏幕的要求，今天的 iPhone 和 iPad 早已经不局限于 Home 按键了，但 Home 按键的设计在那个年代为消费者提供了简捷的用户体验。

（资料来源：https://m.huanqiu.com/article/9CaKrnK5fvT）

图 6-1 iPhone 手机的 Home 键设计

案例 6-1 告诉我们，消费者可能对自己需要的产品一无所知，甚至以为自己要的是"更快的马"。因此，创新者需要做的就是洞察消费者的需求。

案例 6-2

曾风靡全球的索尼 Walkman

Walkman 从播放卡带、CD 再到播放 MP3，历经了 40 年的更新。而 Walkman 的卡带机从 1979 年开始推出直到 2010 年宣布停产，中间历经了 20 多年的辉煌。你能想象在 30 多年前，有人会花掉大约两年的工资（指工薪阶层）去购买一台随身听吗？这个产品的设计者是如何发现消费者需求的？

Walkman 第一代产品卡带随身听 TPS-L2 的诞生完全是出于索尼公司创始人的灵光一闪。作为索尼公司创始人之一，井深大一直有着携带磁带机播放器的习惯，但在乘坐飞机时，他发现这些磁带机的体积庞大，非常不利于随身携带。于是索尼便以自家 TCM-600 为蓝本，研发出了第一代 Walkman 系列产品 TPS-L2。

与苹果的 Home 键设计过程非常相似，井深大要求设计便于携带的产品，到底怎样才算是便携式的产品呢？井深大拿着一块锯好的小木块，要求设计人员设计出来的产品只能做到这么大。

索尼开创了随身音乐播放器的先河。1979 年，索尼产品发布会，一群一边骑自行车、玩滑板车，一边用 Walkman 听音乐的年轻人出现在发布会现场。这款 Walkman 随身听，将传统的录音机与立体声播放器结合在了一起，在推出之时并不被媒体和设计界看好。然而，谁都不会想到，这个看似不起眼的设计，在日后风靡了全世界。从第一代 Walkman，到之后的便携 CD 播放器、MD Walkman，Walkman 随身听成功的关键，正是索尼公司对于消费者需求的关注。

图 6-2　以小木块大小为标准的产品设计

（资料来源：https://www.sohu.com/a/295727644_367632）

索尼公司通过对消费者进行细致深入的分析，充分把握他们对于产品功能的需求、外观的体验，并满足他们的心理诉求，进而结合前沿科技不断做出大胆创新，才使索尼公司每推出一款产品，就能迅速俘获消费者的心。

案例 6-3

星巴克卖的不是咖啡

截至 2021 年底，星巴克在全球有 2660 家门店，是全球最大的咖啡零售商。

1971 年，三个文艺青年因为喜欢烘焙店的咖啡豆，就在学习如何烘焙后，开了一家卖咖啡豆的原料商店，这就是星巴克的前身。

这三个文艺青年里并没有霍华德·舒尔茨。1981 年，在咖啡具店工作的霍华德·舒尔茨突然注意到一家西雅图的小零售商店居然订购了大批量的咖啡研磨机，这让他很是惊讶，一家小小的零售商店怎么会有这么大的销售量？

他决定前往西雅图实地看看。远远看着，星巴克的装修朴实无华，却很有个性，他很快就喜欢上了这里。一有时间他就来西雅图找星巴克创始人商讨聘用他来星巴克工作的事情，用了一年的时间他终于说服了星巴克创始人同意聘请他。

霍华德·舒尔茨入伙星巴克后认为，星巴克要想发展就要不断创新，不能只局限于卖咖啡豆，还应该开咖啡馆、卖成品咖啡，同时也不能局限于只在西雅图销售，而是应该继续扩张，进军北美洲甚至全球。霍华德·舒尔茨在管理和经营上有更开阔的眼界，但三位创始人很保守，并没有听取他的意见。

1987 年 8 月，当星巴克的创始人决定卖掉西雅图的店铺、烘焙工厂和星巴克的名称时，霍华德·舒尔茨毫不犹豫地买了下来。并购后的星巴克，既卖咖啡豆，也做咖啡馆。这就是霍华德·舒尔茨最开始的计划和想法。

霍华德·舒尔茨一直想把咖啡和人之间的关系联系起来，他认为咖啡店的意义在于通过咖啡店营造的环境去感染店里的人们，给他们带去良好的体验，从而形成互动。这就是洞察消费者需求的第一步。换句话说就是，咖啡店不仅是给消费者提供喝咖啡的地方，更要给予他们精神上的享受和满足，让他们在这种氛围中感受到乐趣，从而赢得消费者的信赖。

霍华德·舒尔茨甚至换位思考了解员工的需求，他觉得员工不喜欢冷冰冰的关系，而需要得到充分的尊重，员工的情绪决定了对待顾客的态度。20 世纪 90 年代，霍华德·舒尔茨就开始全员持股的做法，让员工成为自己的合伙人。

就这样，星巴克在霍华德·舒尔茨接手 5 年后成功上市，发展到今天已经是在全球 75 个国家开设近 30000 家门店，每年 220 亿美元营收额的全球知名品牌。

有人说，星巴克卖的不是咖啡，而是体验。

（资料来源：https://www.starbucks.com.cn/about/history/）

从案例 6-2 我们可以看出，新产品开发是个系统工程，其核心就是以消费者的需求为导向。从消费者出发，洞察消费者内心真正的需求，是每个企业在创新产品之前需要做的基础工作。只有这样，新技术才能从科研成果的陈列品中走出来，进入消费市场和大众生活，也为企业注入新的活力，带来新的盈利增长点。

在激烈的市场竞争中，有的品牌出现后立马走俏；有的品牌只是擦肩而过，很快便消失在公众视野中。现在几乎所有的创业项目，都会分析消费者的痛点，也就是创业者、企业管理者归纳总结出来的消费者需求。那么，能否反映消费者的实际需求呢？企业要长久，必须准确地洞察消费者的需求，并对消费者的心理、行为变化做出及时的反应。

洞察消费者的需求除了观察消费者的行为外，还要对消费者进行深入的理解，并有意识地将对消费者的理解用来帮助消费者实现他们的需要。洞察消费者也意味着企业要为自己做更好的定位，在合乎道德、获得盈利、控制预算的前提下满足消费者或利益相关者的需求。该如何做出好的洞察呢？可以积极观察消费者，留意他们使用哪些产品或服务协助自己完成一些事情，具体包括以下内容。

（1）顾客怎么发现自己需要你的产品或服务？

（2）通过哪些途径使顾客更加轻松简便地发现你的产品或服务？

（3）顾客使用你的产品或服务的真实意图是什么？

（4）顾客决定购买你的产品或服务的时候，最看重产品的什么特性？

（5）顾客是如何购买到你的产品或服务的？

（6）有没有什么办法使顾客更加轻松快捷或便宜地订购你的产品或服务？

（7）有没有更加便宜和快速的方式运送你的产品或提供你的服务？

（8）在使用你的产品或服务时，顾客碰到了哪些问题？他们的操作方法是否和你预想的一样，如果不一致有哪些意外情况发生？

（9）在使用你的产品时，顾客是否需要帮助，需要哪些帮助？

（10）顾客使用产品或服务的方式会不会影响对你的产品和服务的评价？

（11）顾客是如何保养、修理或丢弃你的产品的？有没有更好的办法（或教会顾客保养产品，减少修理的次数）？

这11个问题可以让企业更好地了解消费者的需求，并且更好地了解企业本身可以提供什么样的产品或服务让顾客满意。

6.1.2　以人为本的设计

工业革命时期的产品，通过外观形式可以直观地识别产品的功能，那么，在产品的设计过程中主要考虑的就是产品自身的功能，以及如何通过直观的形式进行表达。但是，无论是哪个年代，人们对美的追求都从未停止。尤其是随着社会生产力的不断提高，人们对产品的追求除了功能化的需求外，还有美并且易用，这就需要我们的产品不断进行创新，设计要体现以人为本的思想。

今天，几乎所有的产品或服务都会考虑以人为本的思想，如App的简洁化界面、家电产品的易操作设计、生活用品的人性化设计等。

案例 6-4

海底捞近乎变态的以人为本的服务

吃过那么多家火锅，没有感觉哪家的味道可以做到最好吃。海底捞也知道这一点，要在这么多家火锅店的竞争中长盛不衰，只能另辟蹊径，把服务做到最好。可以说他们的服务真的做到了"只有想不到，没有做不到"，一切以顾客需要为前提。

我们来说说海底捞的服务是怎么做的。

吃火锅用得最多的还是筷子，海底捞的筷子增加了长度，让顾客烫不到手。

排队等待时间可以免费做指甲，有人帮你擦皮鞋，有免费水果小吃、各种棋牌供应。

吃火锅眼镜容易有蒸汽，他们准备了擦眼镜的绒布。

为头发长的女生准备了皮筋，以免吃火锅时不小心弄脏头发。

手机放在桌子上容易脏，专门为顾客准备装手机的手机套。

饭桌上一个手势，服务员立马心领神会小跑过来为顾客服务。

有人说，第二次去，有几个服务员就能叫出我的名字；第三次去，他们已经知道我喜欢吃什么。

顾客排队等候期间去马路对面理发店洗头，服务员送她到达之后自己返回路上下雨了，立马去理发店给顾客送伞。

海底捞的卫生间能做到五星级酒店的标准，卫生间的清洁工主动为顾客开水龙头、挤洗手液及递擦手的纸巾，还会利用和客人接触的一两分钟了解他们对海底捞的看法。客人说："你们这里吃饭真麻烦，要等这么久。"清洁工会回应："非常抱歉，辛苦您久等了。"客人说："你们这里生意真是好。"清洁工会说："谢谢您，都是你们支持。"

海底捞服务员有送菜品、打折甚至免单的权利，为顾客的响应节省了时间。

（资料来源：黄铁鹰：《海底捞你学不会》，中信出版社 2011 年版）

这样的案例还有很多，为顾客服务的是员工，如果只是要求员工如此对待顾客，那么光靠员工自觉坚持是很难的。因此，海底捞对待员工的方式也是以人为本，只有这样才能留住那么多员工每天积极向上地在这个大集体里为顾客服务，用自己的双手改变自己的未来。

案例 6-5

星巴克的人本精神服务

星巴克不生产咖啡，它认为自己生产的是社交产品。它是最早运用"第三空间概念"的商家之一。其创始人霍华德·舒尔茨曾经说过："在星巴克这个第三空间里，人们的关系是自由而平等的，没有上下等级意识，没有各种角色束缚，可以把自己真正地完全释放出来。"他觉得星巴克的使命就是激发和倡导人文精神。

星巴克的每处产品细节都是围绕激发和倡导人文精神这个使命精心设计的。星巴克的门店设计，队伍是横着排的，吧台做得比较矮，因此顾客排队的时候不仅可以看到陈列的商品，还可以看到每一杯咖啡是怎么制作出来的。在横着排队的时候，顾客和顾客之间更容易互动，想象一下前后排队的时候，和朋友聊天还是很不方便的；另外，如果你看到前面有人点了一杯看起来不错的咖啡，也许你也忍不住想尝尝。

点单区的设计看似简单，实际上都是围绕社交展开的，这样的设计除了降低了顾客等待过程中的焦虑感外，还在顾客面前呈现了让人垂涎欲滴的甜品、糕点等食物，无形中可以增加顾客的消费。星巴克的桌椅摆放也花了很多小心思，座位之间的距离不算很大，但是当顾客落座以后，会发现视线会有那么一些巧妙的阻隔。

去过星巴克的人会发现，星巴克的木质椅子靠背的高度很尴尬，坐在椅子上的时候只能半靠着。为什么星巴克大力宣扬的人本思想在这里却没有体现出来呢？

试着想想，如果座位设计得特别舒适，消费者带上一台笔记本电脑、一本书，来这里一杯咖啡就可以消磨半天的时光，翻台率从哪里来，没有翻台率哪来的营业额？但如果座位都不舒服，就会影响顾客的体验。于是，星巴克设计了一套座位组合，一部分布置舒服的沙发，一部分布置木质的椅子，一部分布置比较容易移动的单座（无靠背）。

首先，舒服的沙发，适合一些比较悠闲的顾客。他们来这里的目的更多的是消磨时光，沟通、工作都是次要的。而且，店里总有几个人占领沙发，他们让星巴克看上去永远都不冷清。

其次，木质的座位，坐起来没有那样舒服，更适合使用电脑或谈论工作的人士，他们更注重实用性。

最后，多类型座位桌椅组合的设计布局，让星巴克咖啡的空间看上去更有层次，视觉效果更加丰富，提升了空间美感。

有人可能吐槽这样的座位设计，可是不盈利如何长久？

（资料来源：［美］泰勒·克拉克：《星巴克：关于咖啡、商业和文化的传奇》，米拉译，中信出版社 2014 年版）

以人为本的设计思想为产品或服务带来的提升非常显著。例如，电视遥控器的设计变化、电梯按钮的细节变化及周边其他物品的设计都在发生变化，变化的目的只有一个，不仅让产品看起来有美感，而且要用起来觉得好。这就是从功能主义的产品设计到注重体验、以人为本的设计的革命性变化，创新也必然遵循这个变化。

6.1.3　未来设计

你能想象未来的日子可能是这样的？早上 7 点，你的手表开始提醒你该起床了，然后播报你今天一整天的工作安排；当你站在洗漱台前时，镜子会告诉你昨晚睡眠不足，有黑眼圈，今天要早点休息，另外，根据你的工作安排今天建议你穿哪一套衣服；当你吃早餐抬头看着墙上的全家福照片时，它会告诉你照片中每个人的近况；你随手拿起一本书，书本会告诉你哪些你可能特别感兴趣的章节等诸如此类的提醒。

现代科技已经有能力提升我们生活的乐趣，简化我们的生活，提升我们的安全系数。但我们要知道的是如何使这些现代科技为我们所用，而不是为我们所累。

我们正进入一个全新的时代，所有我们使用的工具都会越来越聪明，如表 6-1 所示。例如，今天某些应用于汽车的科技，某天就会出现在厨房、客厅或餐厅等。

表6-1 未来工具使用设想

领域	未来的场景设想
汽车	今天已经在某些特定区域允许无人驾驶汽车的使用。以后有可能无须人人拥有汽车，你只需要在网上预约，无人驾驶的汽车就会在楼下准时等你；如果路上拥堵，它有可能变成飞机飞过拥堵路段；在到达指定地点后，直接下车即可，根据你的指示汽车会自动泊车或等待公司下一次的调度安排。
手表	提醒你的工作行程，感受你的心情并提供建议，监测你身体的各项指标适时提醒你的用餐及运动建议等。
冰箱	清楚地记录冰箱里存放的各类食品，并在冰箱门上显示出来，也会提醒你哪些食品快到有效期及食用建议等。也许你的冰箱还会参考网上科学的食谱在你允许的情况下帮你下单购买食品。
教育机器人	帮助学生学习字母、阅读、词汇、发音、基本的数学及推理，为学生读书，甚至可以教学生音乐、美术、地理和历史，可以跟学生就某个话题进行探讨。
购物	想象一下，未来某天你准备支付一双鞋子费用时，终端提示"你已经拥有与此款类型相近的鞋子"或"拒绝交易，你已经拥有足够多的鞋子了"，可是购物系统却告诉你"你还需要一双新鞋去参加下星期与朋友的约会"。

6.2　整合创业资源

常常听到有学生说，想创业但没有钱，该怎么办？其实，这是狭隘的。创业本身就是一个从 0 到 1 的过程，没有钱，叫创业；需要大笔资金支持的，那不叫创业，而是叫投资。

创业未必需要大量资金，而是更多依靠资源整合能力。创业看的是你具备的资源优势和整合资源的能力。

案例 6-6

用纸箱换萨其马

中央电视台大型励志节目《奋斗》，其中有一期节目，主持人樊登采访一位在上海的山西人，讲述他创业的故事，中间有许多普通人无法想象和难以承受的痛苦，可是他坚持下来了。

这个人用积攒了几年的资金盘下一间门店，装修好准备开面包店。没想到开业第一天就发生了意外，他的一只手被机器绞掉了，面包店只能关门。刚刚承受失去一只手的痛苦，想到上有老下有小都等着他来养活，迫于生活压力，他带着家人坐上了去义乌的火车，去义乌打工。在义乌，好景不长，2005 年，他儿子在河里游泳时淹死了，老婆因为承受不了失去儿子的痛苦出现严重的精神障碍，丧失了劳动能力。生活又给了他一次沉重的打击。

看到这里，有没有一丝绝望？他却并没有从此消沉，而是想要二次创业。他想到自己会做糕点，于是盘点了家里所有的财产，一共2万元钱。2万元钱创业？在2005年，这不是天方夜谭吗？

他来到上海，在上海郊区租了一间小小的平房，用剩下的钱给店里添置了一台传真机。2万元钱很快就见底了，钱花光了怎么办？他把能找到的朋友都找了个遍，却一分钱也没有借到，因为大家都知道他这时候太穷了，还钱的日子遥遥无期。

这时候，上天好像开始眷顾他了，一个老乡跟他说："我没法借给你现金，但我有一张我们单位的汇票，5万元钱。我可以把它先借给你，你拿去抵押，说不定能弄些钱出来。但是这个汇票，你两个星期之内必须还给我，否则我就死定了。"

这位大哥想了想，把汇票接了过去，说："行，两个星期之内，我肯定还给你。"

拿着这张汇票，他找到了一家纸箱厂，跟老板商量："我没有现金，只有一张5万元钱的汇票，你能不能生产5万元钱的纸箱给我？"

老板问："你要这么多纸箱干什么？"

他回答："我要做萨其马，买这些纸箱用来做包装箱。"

没想到这家老板在只有汇票抵押的情况下，居然同意接单，为他生产了5万元钱的纸箱。

接着，他带着这些纸箱来到一家生产糕点的厂家，跟厂长商量："我有5万元钱的包装箱，我把这些箱子抵押在你这里，你先给我生产1万元钱的萨其马我带走。这1万元钱的萨其马肯定用不了1万元钱的箱子，我把剩下的4万多元钱的箱子全部压在你这里，可以吗？"

就这样，他拿到了第一批成本价值1万元钱的萨其马。接下来，他起早贪黑，每天蹬着三轮车去沿街售卖这批萨其马，卖完以后又拿着收回来的钱继续找糕点厂生产萨其马。两个星期的时间里，他用这种抵押、出售、生产的方式拿到了8万元钱。除去换回在糕点厂抵押的5万元钱汇票，他还剩下3万元钱的启动资金，便开始了自己二次创业的第一步。

这时候他还没想好干什么呢。于是，他列下自己能做的事情，发现自己最大的优势就是做糕点，那么怎么做得跟别人不一样呢？也就是我们经常说的寻找顾客的痛点。转来转去还真让他找着了，他发现现在人们生活条件普遍好了，患糖尿病这种"富贵病"的人越来越多，可是糕点市场却没有专门做可以供糖尿病患者吃的糕点。糖尿病患者不能吃糖分高的甜食，他们吃的食品中糖分最好用无蔗糖或木糖醇来替代。这个市场明显有空白，可以作为他创业的方向。于是，他说干就干，回去立马着手做专供做糖尿病患者食用的糕点。

（资料来源：根据中央电视台大型励志节目《奋斗》整理）

在樊登《低风险创业》一书中提及上面创业的这位大哥，说再次见到这位大哥，是几年后在成都召开的全国糖酒交易会上。当时，他的年销售额能做到六七千万元。

这位创业者的创业过程绝不是用大量资金开始的，而是始于自己的坚持、创业资源的整合，以及常人难以做到的坚持。

这是一个典型的整合创业资源的案例。创业是资源整合，在创业中需要如何对创业的资源进行整合？

6.2.1　个人能力及特长

作为创业者，个人能力是创业成功的基础。创业者应该具备学习能力、管理能力、领导能力、决策能力、经营能力、人际沟通能力等。除此之外，创业者还必须具备非常强的意志力，因为创业的过程一定是异常艰辛的，只有具备坚强的意志力，才能在遭遇挫折或面临绝境时做出正确的决策，这是创业成败的关键。

自身具备特长是非常重要的创业资源，因为你擅长什么一般会决定你的创业方向。创业在很大程度上可以理解为创业者在发挥和出售自己的特长能力，你能做的别人做不了。例如，案例 6-6 中的创业者是个糕点师，创业方向就选择做糕点。如果创业者是一个厨师，就可能考虑开一家餐馆；如果创业者是 IT 从业者，就可能考虑成立一家网络公司。一般情况下，创业者很少做自己不熟悉的行业，如果想做，就会想方设法先去学习再考虑创业，不学习意味着失败的概率会成倍增加。

6.2.2　项目资源

项目资源可以理解为你的创意或创新，就是你能做到别人想不到或做不到的事情，即使别人也做了，你也可以做得比他们更好。跟风的项目风险太大，因此如果创业，一定要做出自己的特色或特长。

这就要求创业者有一定的经验和历练，只有这样才能掌握这些项目资源，经验和历练可以让创业者少走弯路，规避一些风险。

6.2.3　渠道资源

渠道资源就是我们所说的产业链，现在叫作"生态圈"。你选择在一个行业创业之前，一定是先对这个行业的生态圈有非常清晰的了解，并且手里已经掌握了渠道客户或相关的人才。这些资源可以促进创业的成功。

6.2.4　人脉资源

人脉资源并非简单的拉关系走后门，而是在朋友圈里有愿意跟你一起创业或给你的业务提供建议的朋友。很多成功的创业者，都是因为有坚强的朋友圈团队做支持。

以上这四个方面是创业非常重要的资源，能够把这些资源进行高效整合，就能为创业成功提供保障。

案例 6-7

最早的团购

拼多多成立于 2015 年 9 月，是一家专注于 C2B 拼团的第三方社交电商平台。用户通过发起和朋友、家人、同学、邻居等的拼团，可以以更低的价格，拼团购买到优质商品。上线一年时间，拼多多的单日成交额突破 1000 万元，付费用户数突破 1 亿个。用不到 10 个月的时间走完了京东、淘宝这些电商三四年走的路。

其实，团购的鼻祖应该是美国的 Groupon。最早它们一分钱不花就可以赚钱，是怎么做到的呢？

这家公司发现低价可以促进人们的购买欲，也就是现在经常看到的团购。他们首先找到一家生产 T 恤衫的厂家，谈好以每件 8 美元的价格一次购买 100 件，厂家还负责发快递给用户。而同类型、同质量的 T 恤衫在市场上正常的售价是每件 12 美元，也就是每件 T 恤衫有 4 美元的差价。接下来，公司的员工去美国各大论坛发帖子、发广告，征集顾客，顾客只需要花 10 美元就可以买到这件 T 恤衫，不到 1 天的时间他们就征集够了 100 个有意向并且付款的顾客。然后，他们把收到的 800 美元货款付给厂家，厂家在很短的时间内生产并快递了这 100 件 T 恤衫，等到交易完成，公司在这次交易的毛利润就有 200 美元。

也就是说，这家公司没有花一分钱，只花了人工成本，短时间内就赚到了 200 美元。

这是典型的创业资源整合。

（资料来源：https://www.cyzone.cn/article/473972.html）

初创企业需要整合资源，成熟企业也需要整合资源。同类资源的整合可以通过资产纽带、品牌纽带两种方式进行联盟或协作。

案例 6-8

携程的资源整合

携程的成长发展史可以说是典型的同质资源并购史。

携程最开始是一个在线票务服务公司，创立于 1999 年。1999 年，携程创始人用 10 页商业计划书获得美国国际数据集团 50 万美元的天使投资。

2002 年 3 月，携程并购了现代运通和北京海岸航空服务有限公司两家公司，前者主营酒店预订业务，后者主营机票代理业务，两家公司的业务及呼叫中心一并被携程纳入麾下，携程网的订房量短短几个月呈指数级增长。

2015 年 5 月 22 日之前，携程与艺龙一直属于竞争对手，进行过多次市场博弈。可是，这天，携程联手铂涛集团和腾讯收购了艺龙大股东持有的艺龙股权，携程持有艺龙 37.6% 的股权，成为艺龙的最大股东；铂涛集团持有艺龙 22.3% 的股权。自此，携程与艺龙结束了市场竞争。自此，携程控制了酒店领域 89% 的市场份额。

携程合并了艺龙之后，去哪儿崛起又与携程进行市场竞争，为避免继续"价格战"，携程于是又找去哪儿商讨合并一事，虽然中途谈判中止过，但最终在百度（此时百度拥有去哪儿 61.05% 的股权）的斡旋下，携程与百度进行股权置换，拥有去哪儿 45% 的股份，于是携程的版图中也有了去哪儿的身影。

现在，携程控股或参股的企业有 20 多家，产业链涉及机票、酒店、旅行，甚至还投资保险、租车、游轮等业务。

（资料来源：孟奕爽：《创业思考力：从创意到产品开发》，湖南教育出版社 2019 年版）

通过资产纽带，携程可以说是资源整合最成功的案例之一。

📑 案例 6-9

阿里巴巴的资源整合

阿里巴巴自创始之日起做的就是线上平台，但是随着市场竞争的加剧，人们购物的要求不仅是方便，还要求时效。在这一点上，京东比较有远见，其很早就花费巨资布局自己的物流，让物流成为其无法被打败的优势。

阿里巴巴意识到物流对自身发展的制约后，也开始在物流方面发力，但它并没有组建自己的物流公司，而是将其他资源进行整合，完成自己的部署。2013 年 5 月 28 日，阿里巴巴联合银泰集团、复星集团、富春集团、顺丰、申通、圆通、中通、韵达组建了一个新物流公司"菜鸟网络"，并启动了"中国智能骨干网"项目，该项目总投资千亿元，目标是在 8～10 年建立一个日均 300 亿元网络零售额的智能物流骨干网络。

对于此次合并，阿里巴巴公开表示："整合阿里物流事业部与菜鸟网络，是阿里集团加大在物流方面的投入、推进大物流战略的重要一步。我们希望通过有效的整合，用数据化的平台助力整个物流行业的发展，共同提速'中国智能骨干网'的建设。"

可是阿里巴巴的物流布局并没有止步，2018 年 4 月 2 日，阿里巴巴宣布将联合蚂蚁金服以 95 亿美元对饿了么完成全资收购。收购完成后，饿了么将保持独立品牌、独立运营。阿里巴巴表示，此次收购完成后，饿了么依托外卖服务形成的庞大立体的本地即时配送网络，将协同阿里新零售"三千米理想生活圈"，成为支撑各种新零售场景的物流基础设施。本地生活配送的主力服务领域也将从现有的超市、医药、外卖扩张至全品类。因为菜鸟网络可以整合饿了么的末端配送资源，使阿里达到即时配送的新高度。

另外，阿里巴巴旗下的盒马鲜生的特点为门店配送，门店即为前置仓，三千米以内半小时送达；包装材料的两次利用，降低了成本，将饿了么接入盒马鲜生配送，成本还将继续降低。

菜鸟网络调动的是天猫和区域性分散的仓储物流资源，饿了么是将区域性门店资源纳入配送体系，盒马鲜生则是主攻生鲜配送领域。这样一来，菜鸟网络、饿了么和盒马鲜生共同形成了阿里的"新零售三板斧"。

（资料来源：https://www.kanzhun.com/news/295849.html）

马云曾说过，新零售的核心是"线上线下的结合"，即"人、货、仓、配"的结合。电商就像空军，它必须有地面配合，因此线上和线下的结合才是未来发展的重点。

6.3　不断验证和积累你的商业秘密

任何一家运营时间超过 10 年的企业，都会有它的秘密，涉及技术、服务或是团队。但无论是哪个方面，这个秘密都是别人学不会、偷不走的。

当然，创业公司寻找秘密是需要一个长时间的过程的，需要慢慢积累，不可能刚起步就能做到像苹果那样的技术水平，或者拥有京东那样的运营能力。

案例 6-10

黄记煌的秘密

黄耕，开创了中国火锅新品类——黄记煌三汁焖锅，年销售额高达 20 多亿元，从一个小饭馆做到餐饮集团。

黄耕是鲁菜厨师出身，他不愿意一辈子做厨师，后来开过火锅店、鲁菜馆。但是他发现，一家好的中餐馆对厨师的依赖性特别大，厨师的心情和态度，会直接影响菜品的口感，也会直接影响顾客的体验。如果碰上厨师某天撂挑子走人的话，重新招聘厨师就需要漫长的适应期，如果这个过程控制不好，餐馆就可能歇业。

于是，黄耕决定开一家不需要厨师的餐厅。定下目标之后，他就开始钻研，功夫不负有心人，他找到了自己的解决方法，那就是生产酱包，也就是现在焖锅中重要的调味品。酱包可以流水线及标准化生产，不需要依赖任何一位特定的厨师就可以完成。焖锅过程中，服务员只需要撕开包装好的酱包，将调料放在顾客搭配好食材的锅里，盖上盖子，几分钟后顾客就可以享用现做的美食。这就是黄耕发明出来的焖锅。

> 经过日复一日、年复一年不断研发及宣传，黄记煌品牌逐步建立起自己的知名度。于是，黄记煌开始了规模化品牌连锁的经营路线。
>
> 酱包是黄记煌的招牌，也是黄记煌成功的秘密所在。因此，黄记煌从未停止过对酱包的研发，从最早的前店后厂生产升级成中心厨房。此外，为了更好地对加盟店进行有效的管理，黄记煌与 90% 以上的门店建立的合作机制为有限合伙门店。
>
> （资料来源：https://zhuanlan.zhihu.com/p/64693439）

可见，秘密都属于脑子灵活并且愿意动脑筋的人，创业者在坚持自己方向的过程中，慢慢积累自己的优势，并想办法把这些优势转化成能与别人竞争的法宝，久而久之，这些就成了自己成功的秘密，而且是谁也夺不走的秘密。

秘密在你创业之前或创业过程中有所积累，这时候有些创业者就会觉得这下可以大展拳脚，早一天扩大经营早一天收益，于是到处找投资扩大规模。但是，没有经过市场验证的秘密可能只是假象，自己闭门思考的秘密未必能成为顾客愿意为此买单的产品。真正的秘密应该是从来不怕别人知道，因为即使你知道了，也学不会，照抄不来。

海底捞的秘密在服务，这也是众所周知的秘密，很多同行三番五次地跑去海底捞，不为吃火锅就为体验式学习，可是即便学完了，回去照着做，也是无法学习成功，造就第二个海底捞。其实，餐饮生意说起来很简单，就五个要素：口味、价钱、地点、服务及环境，海底捞无非在每个方面做得都比对手好一点，顾客不可能只为海底捞变态的服务买单，顾客又不傻。

华为公司可以说是中国企业的世界名片，靠的就是科技。科技永远是他们的第一生产力，其重要性不言而喻。华为创始人任正非把科技视为华为公司与别人竞争的秘密武器，每年公司确保用营业收入的 10% 做研发，研发费用是硬性规定的，任何时候都不可以更改，因为这是他们赖以生存的生命线。2018 年，华为公司的专利授权量达到了 7.43 万件；同年华为营业收入突破 1000 亿美元，成为全球第三家迈入千亿美元收入的电子公司。正是科技给了华为生命。假如有一天华为申请企业注销，这么多专利也能为其带来非常可观的收入。

诺基亚也是以科技作为自己的秘密。诺基亚手机虽然几经易手，在市场上几乎看不到它的身影了，但是 2017 年诺基亚总营收 231.47 亿欧元，折合人民币 1800 亿元左右，比小米的 1100 亿元人民币还要多一些。这个很多人认为都已经倒闭的企业为何还有这么高的营业额？原因很简单：专利技术。诺基亚成立于 1865 年，截至 2018 年，诺基亚累计投入近 4000 亿元人民币进行各种技术研发，包括已经看不见身影的 3G 网络技术，即将被替代的 4G 网络技术，正在运行 5G 通信网络技术。诺基亚拥有的技术专利超过 3 万份，大多与 3G、4G、5G 移动通信技术有关。有机构统计过，苹果、三星、索尼等近 60 家品牌都需要向诺基亚缴纳专利授权费。2018 年，诺基亚宣布了 5G 智能手机的专利收费额度，将来每部 5G 智能手机收取固定约 23 元人民币。现在的诺基亚，虽然市场上看不见其品牌运营，但是凭借着多年建立起来的资源和经验，依然保持着高额的收入。插一句题外话，诺基亚还会造军火，这也是有技术含量的产品。

也有企业把价格作为它的秘密，可能很多人想说，价格战就是两败俱伤的结果。可是当你看到格兰仕如何被行业称为"价格屠夫"的话，你就会另外思考价格战的意义了。格兰仕的价格是科技、运营能力及数量综合取胜的结果。这三者的结合，让格兰仕在制定产品价格的时候，保证自己有盈利，但竞争对手要是同样价格的话，盈利空间几乎被压缩完了。如果想继续打价格战，那么格兰仕的价格可以继续下调，而对手却要赔钱赚吆喝。因此，格兰仕一直把价格作为自己的秘密，谁都知道可是谁都学不会，这就是它的生存根本。

课后练习

1.如果你作为海底捞或星巴克这样的企业老总，如何在员工管理方面体现以人为本的思想？谈谈具体做法。

2.回顾你之前的创新设想，你的产品和服务设计在哪些方面体现以人为本的设计？

3.你设想的未来是什么样的场景？请写下来。

4. 2013年，阿里巴巴宣布与海尔集团达成战略合作协议，请想想它们资源整合的目的是什么，在阿里巴巴的商业版图中物流起到什么样的作用？

5.根据你的设想，试着从企业运营的六个方面分析一下，你打算采用什么样的商业模式设计你的创业项目？

_____

_____

_____

第 7 章
设立新企业

　　企业是一个实行自主经营、独立核算、依法设立的一种营利性经济组织，这种经济组织用不同的形式呈现。创业者在组建好创业团队和设计好创业项目后，下一步，得决定办一家什么形式的企业，也就是说，创业者得选择合适的组织形式。接下来的步骤就是选址和设计企业的名称，企业经营中选址策略的正确与否将左右企业经营 60% 以上的经营命运；同样地，公司起名对一个企业将来的发展来说，也是至关重要的，它不仅关系企业在行业内的影响力，而且关系企业经营的产品投放市场后，消费者对企业的认可度。符合行业特点的、有深层次文化底蕴的、是广大消费者熟知的、有中国特色的、再也找不到第二名称的品牌或企业名称，企业竞争力就明显高于行业内的其他企业，为打造知名品牌奠定了基础。

设立新企业

选择企业的组织形式
- 什么是企业的组织形式
- 企业组织形式的比较
- 企业组织形式的优劣分析
- 如何选择合适的企业组织形式

小微企业选址和起名
- 选址的重要性和必要性
- 影响企业选址的主要因素
- 不同行业选址的影响因素
- 企业的CIS
- 企业起名
- 企业标志设计

注册新企业
- 注册资本
- 验资报告
- 公司注册资本的增减
- 注册地址
- 经营范围
- 企业资质
- 去银行开立基本账户
- 申请领购发票
- 正式开业

创业的相关法律和政策
- 与创业相关的法律
- 与创业相关的扶持、优惠政策
- 普通高校学生自主创业政策
- 海南自贸港创办企业优惠政策

7.1 选择企业的组织形式

企业的组织形式有哪些，每种组织形式各有什么优缺点，不同的创业者应该选择什么样的组织形式？了解不同组织形式的法定要求，包括纳税层面的考量，选择适合的企业组织形式，将有利于企业合规高效运营，合理降低税负，投资人也能因此获得更大的投资回报。

7.1.1 什么是企业的组织形式

企业的组织形式，是指企业存在的形态和类型，是企业财产及其社会化大生产的组织状态，它表明一个企业的财产构成、内部分工协作及与外部社会经济联系的方式。无论企业采用何种组织形式，都应该具有两种基本经济权利，即所有权和经营权，它们是企业从事经济运作和财务运作的基础。企业采用何种组织形式，对企业有重大影响，这些影响包括：

（1）开办和注册企业的成本；

（2）开办企业手续的难易程度；

（3）企业的风险责任；

（4）筹集资金的难易程度；

（5）寻找合伙人的可能性；

（6）企业的决策程序；

（7）企业利润及利润分配。

7.1.2 企业组织形式的比较

随着我国市场经济体制的不断完善，我国企业组织形式也呈现多元化发展的趋势。现有的企业组织形式主要有八种：有限责任公司、股份有限公司、国有独资公司、个人独资企业、合伙企业、个体工商户、外商投资企业、全民所有制企业和集体所有制企业。较为常见的企业组织形式有公司制企业、合伙企业、个人独资企业三个大类别，而公司制企业又细分为有限责任公司与股份有限公司两种类型，主要的企业组织形式对比如表 7-1 所示。

表 7-1 企业组织形式对比

项目	公司制企业		合伙企业	个人独资企业
	有限责任公司	股份有限公司		
法律依据	《中华人民共和国公司法》（自 1994 年 7 月 1 日起施行，最新修订版自 2014 年 3 月 1 日起施行）		《中华人民共和国合伙企业法》（自 1997 年 8 月 1 日起施行，最新修订自 2007 年 6 月 1 日起施行）	《中华人民共和国个人独资企业法》（自 2000 年 1 月 1 日起施行）

续表

项目	公司制企业		合伙企业	个人独资企业
	有限责任公司	股份有限公司		
法律基础	公司章程		合伙协议	无章程或协议
法律地位	企业法人		非法人营利性组织	非法人经营主体
责任形式	股东以其认缴的出资额度对公司承担有限责任	股东以其认购的股份对公司承担有限责任	普通合伙人承担无限连带责任,特殊的普通合伙人因故意或重大过失造成的合伙企业债务按照约定承担赔偿责任,有限合伙人承担有限责任	无限责任
投资者要求	无特别要求,法人、自然人皆可(法律、行政法规禁止从事营利性活动的人除外,此外,境内自然人不能与外商及港、澳、台的居民、企业设立合资公司)	发起人需半数以上在中国境内有住所,法律、行政法规禁止从事营利性活动的人不能作为发起人	自然人、法人和其他组织皆可,但是国有独资公司、国有企业、上市公司及公益性的事业单位、社会团体不得成为普通合伙人,法律、行政法规禁止从事营利性活动的人不能作为合伙人	完全民事行为能力的自然人,法律、行政法规禁止从事营利性活动的人除外
投资者人数	由五十个以下股东出资设立	应当有二人以上二百人以下的发起人,股东人数无限制	二人以上	一人
注册资本	无	无	协议约定	投资者申报
出资	法定:货币及实物、知识产权、土地使用权等可以用货币估计并可以依法转让的非货币财产		约定:货币、实物、知识产权、土地使用权或其他财产权利、劳务(但有限合伙人不得以劳务出资)	投资者决定
出资评估	对作为出资的非货币财产应当评估作价		以实物、知识产权、土地使用权或其他财产权利出资,可由全体合伙人协商确定或评估,也可由全体合伙人委托法定评估机构评估;以劳务出资,由全体合伙人协商确定或评估	投资者决定
成立日期	营业执照签发日期			

续表

项目	公司制企业		合伙企业	个人独资企业
	有限责任公司	股份有限公司		
章程或协议生效条件	公司成立，但对创始股东或发起人而言，自章程签署时生效		合伙人签章	无
财产权性质	法人财产权（公司所有）		合伙人共有	投资者个人所有
财产管理使用	公司机关		全体合伙人或执行合伙人	投资者
出资转让	股东之间可以相互转让其全部或部分股权，股东向股东以外的人转让股权，应当经其他股东过半数同意，经股东同意转让的股权，在同等条件下，其他股东有优先购买权。两个以上股东主张行使优先购买权的，协商确定各自的购买比例；协商不成的，按照转让时各自的出资比例行使优先购买权	股东可以依法转让其股份，但应在证券交易所进行或通过其他合法方式进行。发起人持有的本公司股份，自公司成立之日起一年内不得转让。公司公开发行股份前已发行的股份，自公司股票在证券交易所上市交易之日起一年内不得转让	除合伙协议另有约定外，合伙人向合伙人以外的人转让其在合伙企业中的财产份额时，须经其他合伙人一致同意。合伙人之间转让在合伙企业中的财产份额时，应当通知其他合伙人。普通合伙中合伙人向合伙人以外的人转让其在合伙企业中的财产份额的，在同等条件下，其他合伙人有优先购买权，但合伙协议另有约定的除外。有限合伙人可以按照合伙协议的约定向合伙人以外的人转让其在有限合伙企业中的财产份额，但应当提前三十日通知其他合伙人	投资人对本企业财产所享有的财产权可以转让和继承
经营主体	股东不一定参加经营		普通合伙人共同经营或委托执行合伙人经营	投资者及其委托人
事务决定权	股东权	股东大会、董事会	有约定按约定，未约定或约定不明确，除法定须由全体合伙人一致同意的事务外，实行合伙人一人一票并经全体合伙人过半数通过决定	投资者个人
事务执行	董事会、总经理等公司机关		普通合伙人权利同等，可委托一个或数个普通合伙人执行事务；作为合伙人的法人、其他组织执行合伙事务的，由其委派的代表执行；有限合伙人无权执行事务；不执行事务的合伙人有权监督执行	投资者或其委托人

续表

项目	公司制企业		合伙企业	个人独资企业
	有限责任公司	股份有限公司		
利亏分担	按投资比例，但有约定从约定	按股东认购的股东比例分配	有约定从约定；未约定协商决定；协商不成按实缴出资比例分配、分担；无法确定比例则平均分配、分担；除另有约定，有限合伙企业不得将全部利润分配给部分合伙人	投资者个人
解散程序	清算、注销并公告		清算、注销	注销
解散后义务	无		原普通合伙人对合伙企业存续期间的债务仍承担无限连带责任	原投资人对个人独资企业存续间的债务仍应承担偿还责任

通过表 7-1 的对比可以看出，有限责任公司、股份有限公司与合伙企业及个人独资企业最本质的区别就是公司制企业（包括有限责任公司及股份有限公司）的股东承担有限责任，而合伙企业及个人独资企业的投资者须承担无限责任（有限合伙人除外）。

所谓有限责任，即股东以其认缴的出资额为限对公司承担责任，只要股东向公司实际缴纳了其认缴的全部出资，并且没有抽逃出资，股东就不需要再对公司经营过程中形成的债务承担责任，公司的债权人不能追究股东的责任。

与有限责任制度相对应的是公司的独立人格制度，即公司是企业法人，有独立的法人财产，享有法人财产权，公司以其全部财产对公司的债务承担责任；而相对应的是，股东缴纳出资后，其缴纳的出资不再属于股东，而应当属于公司，股东对其缴纳的出资不再享有占有、使用、收益和处分的权利，但如果股东滥用权利，严重损害公司债权人利益的，仍应当对公司债务承担连带清偿责任。

7.1.3 企业组织形式的优劣分析

不同的企业组织形式各有利弊，在选择的时候，要考虑企业的实际情况及选择某种组织形式可能对企业产生的影响，具体如表 7-2 所示。

表 7-2　各种企业组织形式的优劣对比

组织形式	优势	劣势
个人独资企业	企业设立、转让和解散等行为手续简便，仅向登记机关登记即可，且费用低； 创业者拥有对企业的控制权，企业经营灵活性强，可迅速对市场变化做出反应，只需要交纳个人所得税即可，无须双重纳税，在技术和经费方面易于保密。	创业者承担无限责任； 不易从企业外部获得信用资金，筹资困难； 企业寿命有限，易随着创业者的退出而消亡； 企业的成功更多地依赖创业者个人能力； 创业者投资的流动性低
合伙企业	企业设立较简单和容易，费用低； 企业经营具有高度的灵活性； 企业资金来源比较广，信用度较高； 企业拥有整体团队的能力	合伙人承担无限责任； 财产转让困难； 融资能力有限，企业规模受限； 企业往往因关键合伙人的意见或退出而解散； 在合伙人对企业经营有分歧时，决策困难
有限责任公司	股东对公司只承担有限责任，风险小； 公司具有独立寿命，易于存续； 公司所有权与经营者分离，聘任经理管理，更能适应市场竞争； 以出资人的出资额为限承担公司的经营风险； 促使公司形成有效的治理结构； 多元化产权结构有利于科学决策	公司设立程序比较复杂，费用较高； 税收负担较重，存在双重纳税问题； 不能公开发行股票，筹集资金的规模途径受限； 产权不能充分流动，资产运作受限
一人有限公司	设立比较便捷，一人有限公司运营与管理成本较低	公司创立程序复杂，费用高、税受负担较重，存在双重纳税问题； 政府限制较多，法规要求比较严格； 因公司要定期报告其财务状况，使公司的相关事务不能严格保密
股份有限公司	股东只承担有限责任，风险小； 公司具有独立寿命，易于存续； 公司产权可以股票形式充分流动； 可聘任职业经理人管理	公司创立程序复杂，费用高、税收负担较重，存在双重纳税问题； 政府限制较多，法规要求比较严格； 因公司要定期报告其财务状况，使公司的相关事务不能严格保密

7.1.4　如何选择合适的企业组织形式

创业者在了解各种企业组织形式及其优劣的基础上，在选择企业组织形式时可以考虑以下几个方面的因素。

1. 选择的行业

对于一些特殊行业，我国法律规定只能采取特定的形式。例如，律师事务所不能采用公司制形式，而对于银行、保险等金融行业，则要求必须采用公司制形式。

因此，根据行业确定可以采用的企业组织形式是首先要考虑的因素。对于法律有强制性规定的行业，创业者只能按照法律的要求执行，而对于法律没有强制要求的，创业者可以根据实践中通常的做法及创业者的具体要求进行确定。

2. 创业者的风险承担能力

创业伊始，各种风险会接踵而至，而企业组织形式的选择与创业者日后需要承担的责任息息相关。

结合上述企业组织形式的优劣分析可见：公司制企业的有限责任制度可以有效控制创业者的风险；而采用合伙企业及个人独资企业，创业者承担的风险不仅限于投资额，还包括全部个人财产，风险较大。

3. 税务因素

从税赋筹划的角度考虑，选择合伙制企业一般需要缴纳的税费比公司制企业低。但是，对于一些特殊行业，如高新技术企业和小微企业，在享受税收优惠政策的情况下，公司制企业或许税负更低。

4. 未来融资的需求

如果创业者资金实力雄厚，拟投资的事业所需资金要求也不大，则采用合伙制或公司制均可；但如果发展业务需要的资金规模非常大，则建议设立公司制企业。

5. 企业的经营

个人独资企业和合伙企业的运营与创业者的人身依附性非常强，根据我国企业经营现状，这两种企业的经营期限均不长；公司制企业除出现法定解散事由或约定解散事由外，理论上是可能永远存续的。因此，如果创业者希望企业长久发展，则建议其采取公司制企业形式。

总之，企业组织形式没有最好，只有最合适。创业者应当结合自身情况和实际需求，在进行风险评估的前提下，选择最合适的企业组织形式。

🔷 案例 7-1

创立企业

小王和小李所在城市工业不够发达，老百姓收入也不高，一般生意不好做。他们注意到有人利用当地丰富的椰子材料制作工艺品，然后借助当地旅游资源的优势卖给游客，销路很好。考虑到自己也有这样的手艺，他们打算创办一家小企业，制作类似的手工艺品。

小王和小李决定选择有限责任公司作为企业的法律形态。他们做出这个决定主要是出于以下几个方面的考虑。

第一，从成立的条件来看，有限责任公司与个体工商户的成立条件都比较简单，要求比较低。

第二，从个人角度来看，凭借他们的资金、经验、技能和行业知识，足以开好一家小型有限责任公司。稳妥起见，他们决定以入股的形式办有限责任公司，然后再一步一步地摸索，待将来企业发展到一定规模后，再考虑拉入其他股东。

第三，从风险角度来看，个体工商户是以其个人或家庭财产对企业债务承担无限责任，而有限责任公司只承担注册资金内的债务或清算责任。

第四，从发展角度看，有限责任公司的发展空间更大，不论是洽谈业务还是日后招聘员工都有优势。

7.2　小微企业选址和起名

生产蔗糖的企业主要集中在广西；丰田公司的主要供货厂商将总部设在丰田城内，丰田城临近大小协作厂商数量达 1000 多家；高新技术开发区（企业）都建在教育和科技发达的城市；外国企业纷纷在中国建厂；早期的军工企业及二汽等单位把企业建在偏僻的山区；许多超市都搞连锁。为什么不同的公司有不同的选址？

7.2.1　选址的重要性和必要性

选址的意义非常重大，主要有以下原因。

首先，选址是一项长期性投资。相对于其他因素来说，选址具有长期性和固定性。当外部环境发生变化时，其他经营因素都可以随之进行相应调整，以适应外部环境的变化，而选址一经确定就难以变动，如果选择得好，企业就可以长期受益。

其次，选址事关企业成败。企业位置的选择将显著影响其实际运营的效益、成本及日后企业的规模扩充与发展。相对于制造型企业来说，服务性企业的选址更重要，其位置的好坏在很大程度上直接决定了企业的营业收入，最终关系到企业的存亡。

最后，选址是制定经营目标和经营战略的重要依据。商业企业在制定经营目标和经营战略时，需要考虑很多因素，其中就包括对选址进行研究，从而为企业制定经营目标提供依据，并在此基础上按照顾客构成及需求特点，确定促销战略。

选址的重要性决定了开办企业之前的选址工作就像建房子先要打地基一样，是非常必要的，如图 7-1 所示。

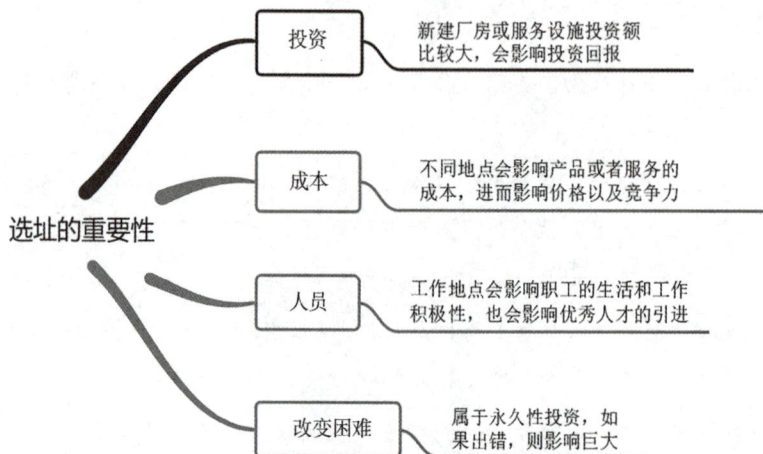

图 7-1　选址的重要性说明选址的必要性

7.2.2　影响企业选址的主要因素

企业选址关系到很多因素，而这些因素常常是互相矛盾的，例如，接近顾客往往不接近原材料产地；运输方便的地点往往地价高企；不同因素的相对重要性很难确定和度量；随时间变化，现在认为是好的选址，过几年可能就不一定了，反之亦然。

具体地说，企业选址时要考虑的因素有以下几个（如图 7-2 所示）。

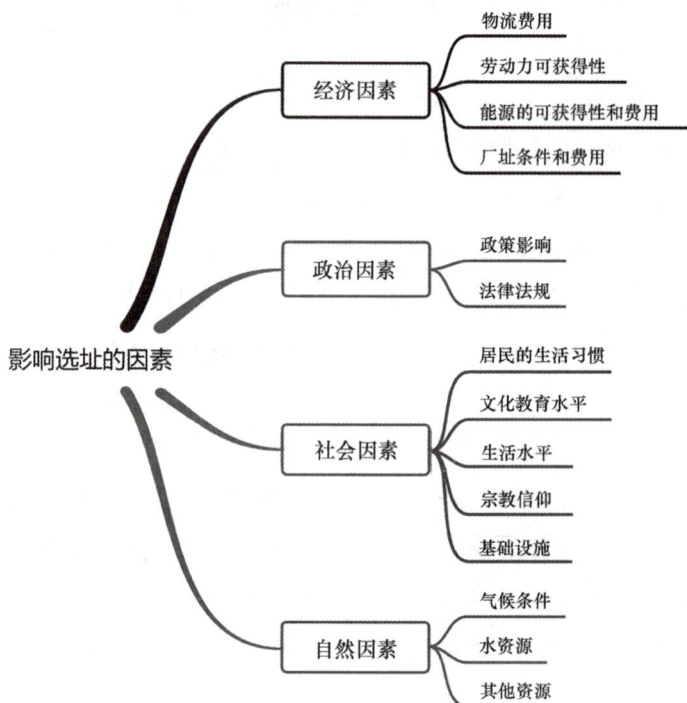

图 7-2　影响选址的因素

1. 经济因素

（1）物流费用。接近原材料产地，如砖瓦厂、水泥厂、玻璃厂、水果厂等；接近消费市场，如家具厂、制冰厂、食品厂、商店、消防队、医院等。

（2）劳动力可获得性。不同地区劳动力的工资水平和受教育程度是不相同的，是否容易获得企业所需的合格劳动力，是选址时要考虑的重要问题。

（3）能源的可获得性和费用。没有燃料和动力，企业就不能运作，出于供应时间和采购成本的考虑，对原材料、燃料消耗量大，依赖性强的企业必须认真考虑这个因素，如火电站、钢铁厂等。

（4）厂址条件和费用。厂址的地势、土地利用情况和地质条件，都会影响建设投资；地价是影响投资的重要因素，城市地价高、城郊和农村地价低。

2. 政治因素

政治因素包括政治局面是否稳定、法制是否健全、税负水平的高低等，如光伏产业、跨国企业的投资等。

3. 社会因素

企业投资选址要考虑的社会因素包括当地居民的生活习惯、文化教育水平、生活水平、宗教信仰。此外，基础设施也对企业的经营成本有很大影响，主要是煤、电、水的供应是否充足，通信设施是否便捷，交通运输是否方便。

4. 自然因素

自然因素主要是指当地的气候条件和水资源状况，气候条件将直接影响职工的健康和工作效率。

企业选址包括两个层次的问题：一是选位问题（选择什么地区），二是定址问题。影响选址和定址的主要因素见表7-3。

表7-3　影响选址和定址的主要因素

选址类别		影响因素
选位	国家	政局的稳定性
		政府政策与鼓励措施
		经济与文化、宗教信仰
		汇率

续表

选址类别		影响因素
选位	地区或城市	地区政策
		目标市场
		原材料供应地
		运输条件
		与协作厂家的相对位置
		劳动力资源
		气候条件
		基础设施条件
定址		场所大小和成本
		可扩展的条件
		地址条件
		周边环境

选址的一般步骤包括：

第一，明确目标；

第二，收集有关数据，分析各种因素，对各因素进行主次排列，拟订初步的候选方案；

第三，对初步候选方案进行详细的分析；

第四，进行上述分析后，将会得出各个方案优劣程序的结论，或找到一个明显优于其他方案的方案。

7.2.3 不同行业选址的影响因素

当然，对于不同的企业来说，影响选址的因素是有差别的，下面具体分析每种小微企业应如何选址。

1. 制造企业选址考虑的因素

制造企业位置的选择是建立、组织和管理企业的第一步，也是制造企业最重要的一项投资决策，对制造企业的生产经营及发展将产生深远而持久的影响。它不仅关系设施建设的投资和建设速度，而且在很大程度上决定了所提供产品的成本，从而影响企业的生产管理活动和经济效益。

制造企业选址需要综合考虑多方面因素，既包括定量的成本因素，又包括定性的区位条件因素，因此需要采取综合评价方法进行评价。

（1）成本因素。成本是制造企业选址要考虑的重要因素，选址成本包括固定成本和变动成本。制造企业固定成本是维持企业提供产品和服务经营能力必须开支的成本，如厂房和机器设备的折旧。由于制造企业选址位置不同，其固定成本也会有地区性的差异。制造企业的变动成本有：与生产成本直接相关的，包括直接人工、直接材料、辅助成本、制造费用中与生产有关的分摊费用，营业费用中的促销费用、销售人员的提成工资等。与固定成本相反，变动成本是指那些成本的总发生额在相关范围内随着业务量的变动而呈线性变动的成本。直接人工、直接材料都是典型的变动成本，在一定期间内它们的发生总额随着业务量的增减而成正比例变动，但单位产品的耗费保持不变。

（2）区位条件因素。制造企业选址考虑的另一要素就是区位条件，区位条件涵盖了所在地的运输便利程度、劳动力资源、地方政策及生活条件等诸多因素。

对于制造企业来说，产品和原料的运输成本在总成本中均占有较大的比重。交通条件的好坏、运输距离的远近、运输环节的多少、运输手段及运输时间的不同，均对交通运输成本构成直接影响。因此，合理选址可以使运输成本最低，服务最好。

劳动力成本是制造企业经营成本中最重要的一部分，选择劳动力丰富并且价格低廉的地区，将有利于降低生产经营成本。因此，劳动力的供应状况是制造企业选址的一个重要条件。

有些地区采取鼓励在当地投资建厂的政策，在当地划出制造工业区及各种经济开发区，低价出租或出售土地、厂房、仓库，并在税收、资本等方面提供优惠政策，同时，专门的制造工业区有利于制造企业之间信息迅速传播，相互刺激发展。

此外，由于制造企业选址的结果会影响职工的生活，为了稳定职工队伍，应该选择职工生活比较方便的地区。如果制造企业周围的生活配套设施，如医院、商业场所、交通、公安、消防等比较齐全，则可以减少制造企业自身的投资。

🔷 案例 7-2

宝马公司的选址策略

当年，宝马（BMW）公司投资13亿欧元在德国东部的莱比锡生产宝马最畅销的3系车型，看来像一个巨大的赌注，而其他欧洲和亚洲汽车生产商都在把生产转移到东欧地区的低成本国家，为什么宝马公司在莱比锡设厂，这一方案有何优势和劣势？从制造业选址的重要因素分析可以得出这一决策的正确性。

（一）交通运输条件方面

莱比锡位于德国东部的莱比锡盆地中央，地处交通要道，人口众多。有稠密的铁路和公路网，而且高速公路网络十分发达。还有莱比锡靠近工厂又靠近宝马的供应商，制造业在选址问题上受到原材料供应的影响最大，而超级市场在选址的时候常常将顾客分布作为考虑的第一问题。制造业对经济效益的影响体现在成本降低，服务业的效益体现在收入增加。

（二）劳动力条件

对于劳动密集型企业，劳动费用占产品成本的大部分，必须考虑劳动力的成本。所以，设厂在劳动力资源丰富的地区，是一个非常明确的选择。比起宝马现有的那些工厂，莱比锡工厂具有更高的劳动力弹性。莱比锡备受失业问题的困扰，当地失业率为22%，接近全国平均水平的2倍，而宝马的新厂最终将雇佣5000名员工，是这座城市未来的希望。该厂给这座城市的未来带来了真正的希望。

此外，管理者和工人之间不存在语言沟通障碍，所有工人都讲德语，省却了棘手且成本高昂的翻译。

（三）政治和文化条件

政治因素包括政治局面是否稳定，法治是否健全，建厂必须考虑政治因素。一些国家为了吸引外资，提供建厂低价从优、实行政府补贴等条件，营造了一个有利的投资环境。

文化因素要考虑居民的生活水平习惯、文化教育水平、宗教信仰等。而莱比锡就具有这样的优势。这个项目得到了政府的补贴与工会的支持，欧盟为支持在莱比锡投资提供3.63亿欧元补贴；工程工会IG Metall的当地代表西格林德·默比茨都对此表示赞同。宝马的投资使民主德国投资促进机构柏林工业投资理事会的史蒂芬·亨宁预言，这项投资将帮助改变民主德国在德国西部和国际上的不良形象。工程工会认可的安排异常宽泛，允许宝马对需求的涨落做出反应。当某些车型的需求大于其他车型时，宝马还能在莱比锡和其他德国工厂之间转移工人。

（四）基础设施条件

莱比锡作为民主德国的第二大城市，基础设施发达、发展前景良好，所以宝马建厂莱比锡是一个不二之选。

（五）产品销售条件和生活条件

一个厂区的建设要考虑多方面原因，如果销售条件便利就可以节省很大的费用，降低成本，生活条件好可以让工人具有更加良好的工作积极性和工作效率。而在莱比锡建厂既靠近现有工厂，又靠近宝马的供应商。并且，莱比锡是个大城市，生活条件很好。

（六）其他条件（产业集群）

产业集群的核心是在一定的空间范围内产业的高度集中，这有利于降低企业的制度成本（包括生产成本、交换成本），提高规模经济效益和范围经济效益，提高产业和企业的市场竞争力。而莱比锡地区有大量汽车厂商加入，产生了产业集群。随着供应商跟保时捷（它在莱比锡也有一家工厂）和戴姆勒 - 克莱斯勒（Daimler-Chrysler）等公司进入民主德国，一个汽车业聚集地在那里成长起来，对宝马来说，这也是吸引它的一个方面。如果建立一个产业集群，就可以形成一个完整的产业链，从而带动本行业的发展。

（资料来源：https://wenku.baidu.com/view/ecbf14c63d1ec5da50e2524de518964bce84d214.html）

2. 服务企业选址考虑的因素

服务企业选址的重点是如何将服务更有效地提供给客户，所以选址的原则要以此为方向，要选择离目标客户近、在目标客户集中的区域及客户容易找到的地方，也就是交通要便利等。当然，因服务内容、成本以及运作模式不同，导向也会发生变化，如依托网络的服务就是一个特例。服务企业的选址追求的是利润最大化，决策的重点在于确定销售量和收入的多少，影响服务业的销售量和收入的主要因素有：所选地区的消费者购买力、人口情况、地区竞争情况、竞争水平、企业的独特性等。服务企业选址与定位要考虑的因素见图7-4。

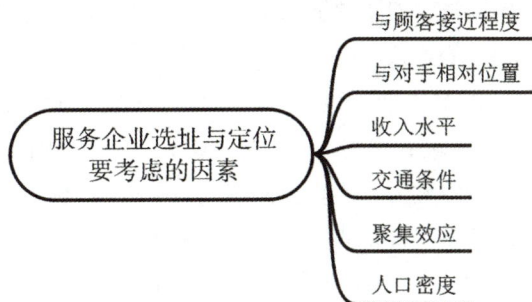

图 7-4　服务企业选址与定位要考虑的因素

制造企业与服务企业选址的不同主要在于：制造企业更多地考虑选位的地区因素；对于服务企业，更多考虑定址，考虑设施周围的人口密度、收入水平、交通条件等，设施必须靠近顾客群，并考虑与竞争对手的相对位置。对于制造企业，选址决策应使整个生产分配链的成本最低，与竞争对手的相对位置并不重要。制造企业与服务企业选址更细致的差别如表7-4所示。

表 7-4　制造企业与服务企业选址影响因素的差异性

制造企业	服务企业
关注成本	关注收入
运输模式与成本	服务对象的统计数据，如年龄、收入、受教育程度
能源的可得性与成本	人口区域规划
劳动力成本及可得性、技能水平	交通的最大便利性与方式
硬件设施成本	接近顾客的程度

3. 农、林、牧、渔企业选址的考虑因素

农、林、牧、渔企业成功的要素主要包括保证品种优良、出售新鲜产品、高效运输产品以及保护并有效地重复利用土地和水源。

因此，影响农、林、牧、渔企业选址的主要因素有交通运输的便利性、占地要求、防疫因素、当地政策、地形地势、环境条件、水质水源、土质、气候等。

4. 零售企业选址考虑的因素

零售企业是服务大众消费者的流通企业，它的经营成果极大地依赖其店址选择的正确与否，因此零售业被称为"选址决定命运的产业"。零售企业选址的关键在于商圈的选择，商圈通常指可能来店购物的顾客分布的地理区域，商圈是以零售企业为中心向四周扩展，构成一定的辐射范围形成的。在传统的商圈划分方法中，一般以店面为中心，半径 500 米、1000 米、5000 米、10000 米，画一组同心圆，半径 500 米以内的称为"核心商圈"，它将吸纳零售企业 55% ～ 70% 的顾客来源，对于普通超市而言，应当是顾客徒步或骑自行车可方便到达的区域；半径 500 米以外 1000 米以内的是次级商圈，位于核心商圈外，顾客较分散，人群购物量明显减少，包括了零售企业 15% ～ 20% 的顾客来源，对于普通超市而言，是顾客利用公共交通能方便到达的区域；半径 1000 米以外 5000 米以内的称为"辐射商圈"，半径 5000 米以外 10000 米以内的称为"影响力商圈"，后两个都属于边缘商圈（如图 7-5 所示）。零售业态多种多样，它们商圈的重点也不同，例如，便利店只研究半径 500 米以内的数据就可以了，而大型的购物中心有时要研究 30000 米范围的各种变量。

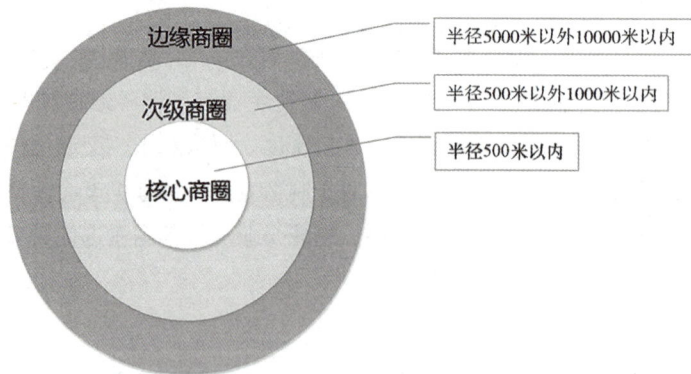

图 7-5　商圈的划分

零售企业确定商圈范围非常重要，一方面可用于指导零售企业的选址；另一方面可以具体了解零售企业的消费者构成及其特点，从而确定目标市场和经营策略。零售企业可以对商圈内人口的消费能力进行调查，计算商圈不同区域人口的数量和密度、年龄分布、文化水平、职业分布、人均可支配收入等许多指标，了解其商圈范围内的核心商圈、次级商圈和边缘商圈内各自居民或特定目标顾客的数量和收入程度、消费特点与偏好。零售企业选址的策

略包括便利策略、聚合策略、人气分析策略，具体如下。

（1）便利策略。零售企业进行选址首先要考虑业态特征，那些单体规模小、满足顾客便利需要，以经营选择性较低的日常生活用品为主的零售业态，如超市、便利店等，原则上应在距离上靠近顾客；而那些单体规模大、商品品种齐全，以经营选择性较强的商品为主的零售业态，如百货店或仓储式购物中心，能够从远处吸引顾客，原则上选在人流多，交通便利的地方，交通便利既可以把较远地方的人带进来，又方便购物的人群走出去。交通便利已成为现代零售业必须考虑的重要因素。例如，家乐福选址的首要因素就是交通便利，其开店选址的条件有三：交通方便、人口集中及两条马路交叉口，家乐福的法文名字Carrefour 正是"十字路口"的意思。

（2）聚合策略。零售企业周围的竞争情况对零售企业经营的成败影响巨大，因此在选址时必须分析附近的竞争对手。在零售企业相对集中的地方，在经营特色、价格、服务等方面努力做出特色，才能成功。对于单一功能零售企业，由于这些店经营业务单一、规模小，对顾客的吸引力弱，自身难以拥有较大的客流。这些零售企业具有依附性、借客源性的特征，因此在选址上宜采取聚合策略，一种方案是在商业区或大商场旁边设店，从而获得较大的客源；另一种方案是在专业市场开店，因为专业市场同业商店多，会产生聚集效应，容易扩大影响，凝聚人气。消费者在专业市场可以货比三家，还起价来比较容易，因此客流量多。这样商家的生意反而比单枪匹马更容易做。例如，麦当劳、肯德基餐厅几乎都是建在大商场旁边，也是基于这个策略。考察同一地段同类零售企业的经营业绩、商品的价格水平等情况可以初步测算可能产生的利润状况，也有助于确定今后自己的商品定位。因此，集中在一起的商店群相互间既存在竞争，又有着合作，要权衡把握好这种关系。

（3）人气分析策略。每个零售企业的经营者都知道，开店选址必须找人气旺的地方。客流多少是选址决策时必须考虑的重要问题，只有拥有足够的人流才能保证企业的利润回报，只有拥有足够的人气才能支撑起购买量。零售企业的选址要分析客流的特点，古语说"一步差三市"，意思就是企业的选址差一步就有可能差三成的买卖，这跟客流活动的线路有关。即使是同样一条街道，由于交通条件不同或基础文化娱乐设施不同或通向的地区不同，不同位置也可能使销售业绩存在很大差异。了解客流的消费目标，对客流量调查结果进行分析，研究客流路过的目的，如经过此地是为了购物、上下班、换车、旅游或散步等，学校附近的店面应考虑寒暑假的时间，机关和公司集中地段的店面就必须掌握他们的上、下班时间，车站附近的店面应摸清发车、到车的规律，这些都会影响开业后的营业时间，进而影响企业的业绩。零售企业在选址过程中还有一些方面需要注意，如商业环境和条件、城市规划、场地条件、法律条件等，这些方面都要有详细的资料。

案例 7-3

星巴克的选址

星巴克从一个无名小卒成长为一位耀眼的明星，并迅速演变为一种标榜流行时尚的符号，只用了不到几年的时间。近 5 年来，星巴克几乎平均每年开 10 家店，每天卖掉的咖啡超过 1 万杯。如此迅捷的步伐，秘诀是什么？

星巴克对开店的选址一直采取发展的眼光及整体规划的考量，对店面的基本要求很简单，从十几平方米到几百平方米都可以开设，以租为主，可以在最短时间内利用最少的资金开设最多的店面。选店流程分为两个阶段。

第一阶段是当地的星巴克公司根据各地区的特色选择店铺。这些选择主要来自三个方面：公司自己的搜寻、中介介绍，另外还有各大房产公司在建商楼的同时，也会考虑主动引进星巴克营造环境。在上海，这三种选择方式的比例大概是 1∶1∶2。

第二阶段是总部的审核。一般来讲，星巴克的中国公司将店面资料送至亚太区总部由它们协助评估。星巴克全球公司会提供一些标准化的数据和表格，作为衡量店面的主要标准，而这些标准化数据往往是从各地选店数据建立的数据库中分析得来的。

星巴克有独立的扩展部负责选点事宜，包括店面的选择、调查、设计和仪器装备等一系列工作。以上海统一星巴克为例，这一部门包括部门经理人数在 10 人以上。

商圈的成熟和稳定是选址的重要条件，而选址的眼光和预测能力更重要。比如，星巴克的新天地店和滨江店，一开始都是冷冷清清并不是成熟的商圈，然而新天地独特的娱乐方式和滨江店面对黄浦江、赏浦西风景的地理优势，使这两家店面后来都风生水起，成为上海公司主要的利润点。

南京店的开立是星巴克选址的又一个典型范例。2003 年初，负责江浙沪地区的上海星巴克了解到当年 9 月要放开长三角地区的经营代理权，于是抢在年初在南京选择旗舰店的店面。

在上海星巴克看来，旗舰店的开设意味着在一个城市的亮相。人们对于不熟悉的事物第一印象往往至关重要。因而，上海星巴克对第一店的选择尤为慎重。

当时，上海星巴克面临两个选择，一个是在南京市的新街口商圈。这里人口密集，有 4～5 家大型商场，新街口商圈的东方商厦是一家经营高档商品的大型商场，这里的消费者层次与星巴克的消费人群类似，而且消费水准稳定。另一个是南京市北极阁地区。这里风景优美，环境安静而不嘈杂。更重要的是，这里是省市政府机关的工作区域，在星巴克看来，政府公务员消费也是不可小觑的一块。另外，南京正在修建的地铁就从那里路过。

星巴克对于两个地区的流动人群做了调查，从他们的穿着、年龄、男女比例确定潜在的客户数量。"星巴克更多是一个偏向女性化的咖啡店，带着些梦幻和温情，"公司一位负责人介绍，"而且女性客人往往会带来她的男友或者伙伴，而男性客人往往是独来独往。"

最终，东方商厦与星巴克一拍即合，以抽成的租金方式，建立了在南京的第一家星巴克。随即，星巴克在南京的北极阁地区开了第二家连锁店。

（资料来源：https://wenku.baidu.com/view/03e30b2d0242a8956aece4a6.html）

总之，企业的选址是一门大学问，它要充分运用各种学科的知识，经过深入分析、研究才能有效实施，是企业经营管理者必须予以高度重视的一项关键性工作，只有选址准确才能有效提升企业的竞争力。

7.2.4 企业的 CIS

企业注册时要经过工商行政管理部门核准登记，登记前，要准备好企业的名称，还可以设计自己的商标、口号、经营理念等一整套完整的文化传播体系，通过形象化的商号、商标、口号及理念，采用统一的形象向消费者和社会传播企业。企业名称和商标就属于企业形象系统的要素之一。企业形象识别系统（Corporate Identity System，CIS）包含企业形象向各个领域渗透的整个宣传策略与措施。CIS 包括三部分，即理念识别（Mind Identity，MI）、行为识别（Behavior Identity，BI）、视觉识别（Visual Identity，VI）。企业的 CIS 如图 7-6 所示。

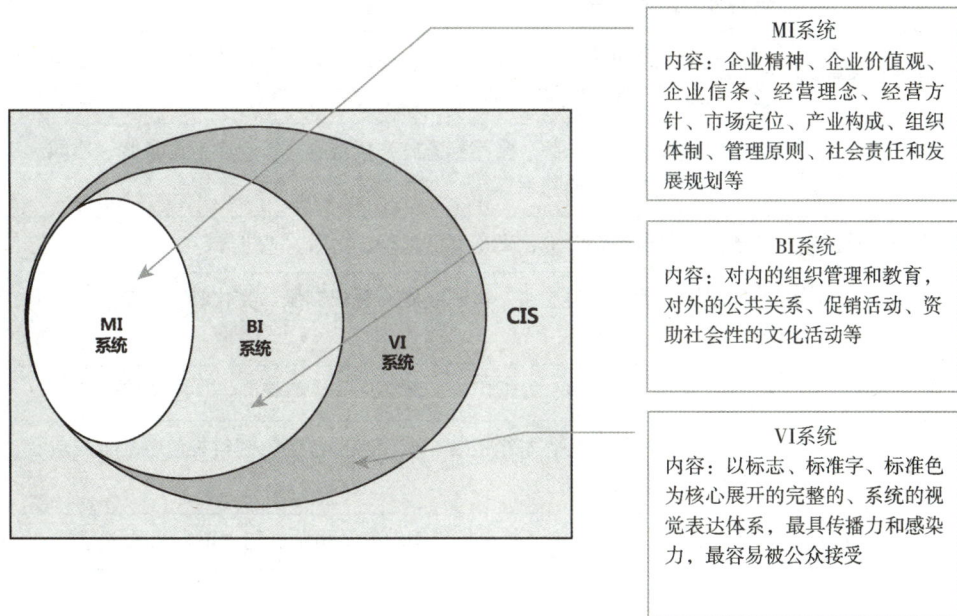

图 7-6 企业的 CIS

最里层的是企业的 MI 系统，是指企业对目前和未来一定时期的经营目标、经营思想、经营方式和营销状态进行总体规划和鉴定，企业的理念对内影响企业的决策、活动、制度管理等，对外影响企业的公众形象、广告宣传等，其主要内容包括企业精神、企业价值观、企业信条、经营理念、经营方针、市场定位、产业构成、组织体制、管理原则、社会责任和发展规划等。中间层是企业 BI 系统，直接反映企业理念的个性和特殊性，是企业实现经营理念与创造企业文化的准则，是对企业动作、方式所做的统一规划，形成的动态识别系统，包括对内的组织管理和教育，对外的公共关系、促销活动、资助社会性的文化活动等，通过一系列实践活动，将企业理念的精神实质推广到企业内部的每个角落，汇聚员工的巨大精神力量。最外层的是企业的 VI 系统，是以标志、标准字、标准色为核心展开的完整的、系统的视觉表达体系，将上述企业理念、企业文化、服务内容和企业规范等抽象概念转换为具体符号，塑造出独特的企业形象。而企业形象则是企业自身的一项重要无形资产，因为它代表着企业的信誉、品质、人员素质等内容。在 CIS 中，VI 系统最具传播力和感染力，最容易被公众接受，具有最重要的意义，包括基本要素（企业名称、企业标志或商标、标准字、标准色、企业造型、象征图案、宣传口号等）和应用要素（办公用品、企业外部建筑环境、企业内部建筑环境、交通工具、服装服饰、广告媒体、产品包装、公务礼品等），见表 7-5。

表 7-5　企业 VI 系统的应用载体

应用领域	具体形式
办公用品	信封、信纸、名片、徽章、工作证、请柬、文件夹、介绍信、账票、备忘录、资料袋、公文表格等
企业外部建筑环境	建筑造型、公司旗帜、企业门面、企业招牌、公共标志牌、路标指示牌、广告塔、霓虹灯广告、庭院美化等
企业内部建筑环境	企业内部各部门标志牌、常用标志牌、楼层标志牌、企业形象牌、旗帜、广告牌、POP 广告、货架标牌等
交通工具	轿车、面包车、大巴士、货车、工具车、轮船、飞机等
服装服饰	经理制服、管理人员制服、员工制服、礼仪制服、文化衫、领带、工作帽、纽扣、肩章、胸卡等
广告媒体	电视广告、杂志广告、报纸广告、网络广告、路牌广告、招贴广告等
产品包装	纸盒包装、纸袋包装、木箱包装、玻璃容器包装、塑料袋包装、金属包装、陶瓷包装、包装纸等
公务礼品	T 恤衫、领带、领带夹、打火机、钥匙牌、雨伞、纪念章、礼品袋等

在 CIS 的三大主要构成要素中，MI 系统是核心，是整个 CIS 的最高决策层，给整个系统奠定了理论基础，提供了行为准则，并通过 BI、VI 表达出来。所有的行为活动与视觉设计都是围绕着 MI 这个中心展开的，成功的 BI、VI 就是将企业富有个性的独特精神准确地表达出来。

CIS 比较复杂与专业，刚创办企业时有的不是必需的，可以等企业发展起来后，根据实际需要逐步建立和完善。

1. 企业 MI 设计

（1）企业现状调查。企业现状调查在实际操作中是一件非常烦琐的事情，通常会需要调查社会大众、同行业、企业内部人员、合作伙伴对企业形象的认知和理念，当然还要有对市场现状、公司现状的分析和总结。

（2）构建总概念。经过现状调查后，通过对企业实际运行情况的认识和分析，重新评估企业理念，构筑新的经营战略，并作为未来的管理工作方向，整理大纲。

（3）区分分概念。分概念是对总概念的填充和丰富。在设置分概念的时候，需要延伸总概念的思路，但要与市场上同类企业和品牌进行区分。CIS 的核心就是差别化，在从事这部分工作时，需要对行业市场进行深入细致的调查和分析，从而设置具有独特性、创新性的分概念内容。通常有两种方法设置创新型和创意性的分概念：其一，观念法，主要是对企业特色、竞争力、危机的分析；其二，技巧法，是对企业存在的意义、客户群体、盈利模式的区分。

（4）细化完善：细化完善即填充分概念内容，完善整体的 MI 系统。

（5）应用：围绕企业的 MI 系统，进行全新的 VI 系统设计和 BI 系统策划。

MI 设计工作必须注意三个方面：第一，从消费者的观念出发，理念识别系统要充分考虑消费者的接受性，进行有效的企业形象定位，在消费者的认知心态中找寻空隙和位置，在消费者的心目中建立起区别于竞争对手的、独特的企业形象；第二，MI 的设计中，必须先自我定位——设定本质，才能展现统一的企业整体形象；第三，要有创新思维，同类企业的数量庞大，如同大街上的行人，难免会有"撞衫"的现象，创新思维在这一点上变得尤为重要，要通过多角度、多侧面、多层次、多结构思考寻找方案，从多种方案、多种途径探索、选择，才能设计出既生动鲜活又独具色彩的识别形象，从而打动消费者。

MI 系统和 VI 系统反映的宗旨与内涵应该是一致的，不仅企业需要在识别系统中体现企业精神与文化理念，很多机构的形象识别设计都有 MI 系统和 VI 系统相统一的要求。图 7-7 的生命之歌艺术团团徽与招贴体现了深刻的文化意象与精神内涵。该艺术团是由特殊的群体——癌症患者构成的，其热爱生命的意志力和以生命放歌的热情令人动容。为充分体现这种特殊的感人精神，其团徽的设计构思取材于"凤凰涅槃重生"的古老传说，很好地传达出该艺术团"生命不息、歌唱不止"的精神理念。

图 7-7　生命之歌艺术团团徽与招贴（设计者：郑刚强）

2. 企业 BI 设计

企业 BI 是企业实现经营理念和创造企业文化的具体行为准则。企业的行为识别系统基本上由两大部分构成：一是企业内部识别系统，包括企业内部环境的营造、员工管理行为、员工行为规范化、企业内外的人力资源活动等；二是企业外部识别系统，包括客户业务关系、服务方式、公共关系、促销活动、文化性活动、领导形象等。

（1）企业内部识别系统。企业内部识别系统就是体现企业文化理念和精神、能够对员工形成影响和互动的员工组织行为，包括对全体员工的组织管理、文化活动熏陶，以及创造良好的工作环境。企业内部识别系统可以使员工通过具体的工作过程对企业理念形成感性的深厚认知，对企业的价值观形成共识，增强与企业的共存关系和共进意识，从根本上改善企业员工的精神状态和工作心态，以保证个人的工作成效、组织的运营效能、客户关系不断深化。

①工作环境。企业的工作环境构成因素很多，主要包括两部分内容：一是物理环境，包括光线度、办公室布局、自然环境、营销装饰等；二是人文环境，主要内容有领导作用、精神风貌、合作氛围、竞争环境等。创造一个良好的企业内部环境不仅能保证员工身心健康，而且是树立良好企业形象的重要方面，企业除了要尽心营造一个干净、整洁、独特、积极向上、团结互助的内部环境外，更要通过企业内部的装饰布局体现企业的文化导向和精神取向，这是企业展示给公众和员工最直接、最外在的形象感觉。

②企业内外的人力资源管理活动。企业文化最关键的组成部分是人本文化，主要源于"企业的管理就是人的管理"这一基本的管理学论断。企业的人本文化体现了企业对"人"的基本假设和定位。一个企业的人本文化主要体现在以下几个方面：上下级的关系，包括工作关系和交往关系；员工与员工之间的关系，"团结、信任、协作"与"竞争、封闭、抵制"是其两种极端的表现；对待新员工的态度，"严而不教"和"放任自流、自生自灭"是两种极端做法；对待有困难员工的态度，"个人之事个人解决"和"事无巨细、全盘包管"是两种极端做法；企业的招聘活动要体现人力资源的营销功能，通过现场招聘和面试过程规范

达到吸引外部人才的效果。

③员工行为规范化。行为规范是企业员工共同遵守的行为准则。行为规范化，既表示员工行为从不规范向规范的过程，又表示员工行为最终要达到规范的结果。它包括的内容有：职业道德、仪容仪表、见面礼节、电话礼貌、迎送礼仪、说话态度、说话礼节和体态语言等。

④员工管理行为。员工管理行为是企业人力资源管理行为的细化，包括企业内部管理中经常发生的、体现企业人本文化的管理行为，如考核沟通、员工关怀、辞退面谈、违规处理等管理行为。

⑤企业内部文化性活动。企业向员工宣导和传播价值观的另一个主要方法是通过企业内部喜闻乐见的文化性活动开展，包括企业运动会、共青团组织的青年活动、党支部组织的党员活动以及其他文体活动等。

（2）企业外部识别系统。企业外部识别系统是通过客户业务交往、服务方式、公共关系、促销活动、文化性活动、领导形象等向企业外部公众不断地输入强烈的企业形象信息，从而提高企业的知名度、信誉度，配合以 VI 系统和广告宣传整体、系统、全面地塑造企业优异形象。

①企业客户业务交往行为规范。企业客户业务交往行为规范指企业的业务拓展人员在同客户交往的过程中从塑造企业形象角度出发应当遵守的行为规范。企业员工在客户交往过程中的行为规范不仅代表了其个人的形象品位，更代表了企业的形象，主要从客户拜访、客户来访接待、客户业务商谈几个方面进行规范。

②服务活动。服务是直接与社会公众打交道，优良的服务最能博得消费者的好感。就内容而言，服务活动包括三个阶段的内容：售前、售中和售后服务。服务活动对塑造企业形象的效果如何，取决于服务活动的目的性、独特性和技巧性。服务必须以诚信为本，言必信、行必果，给客户带来实实在在的价值增值。

③企业公共关系行为规范。企业公共关系行为规范是企业行为系统的主要内容。任何企业都不是一个孤立的客观存在，而是一个由各种社会关系包围着的社会存在。通过公关活动可以提高企业的信誉度、知名度，通过公关活动可以消除公众的误解，消除不良影响，取得公众的理解和支持。公关活动的主要内容有专题活动，公益性、文化性活动，展示活动，新闻发布会，上级部门、同级单位的关系处理等。

④领导形象规范。企业领导是企业的核心，是员工效仿的典范，也是新闻媒体、舆论界的焦点人物。企业领导常常出席各种场合、会见政府官员，在这些社会活动中，企业领导的行为表现总是不断地向公众传递这样或者那样的信息——儒雅的、霸道的、睿智的、杰出的、勇敢的、清醒的等，不管他们愿不愿意，他们的行为表现都潜移默化地影响着他们在公众和员工心目中的形象，这些形象会对企业产生深远的影响。在内部场合，企业领导对待员工的一个小小的行为都会引发员工的强烈反响，从而影响其日常工作。企业领导

在出席社会性、公益性的场合时，其形象体现的是以企业领导为代表的整个企业的风范和形象，这种风范和形象是企业形象的重要部分，体现的是企业对社会的态度，是对公益事业的参与，是对社会的义务回报，是企业文化的外在体现。企业与社区、政府是相连的，企业领导行为的外在表现对社区、政府有着深刻影响。从企业的利益出发，塑造良好的行为形象，不产生负面影响是每个企业领导的不变追求。企业领导的形象通过新闻媒介的传播，使企业形象更具权威性和说服力。

（3）BI 系统的效用分析。建立企业行为识别系统，需要长期的规划、毅力的坚守与全体员工的共同努力。它不是短期的举措就能立竿见影的，因此必须立足长远，计划当前。企业 BI 系统规划的内容可分为五个方面。

①条件分析。条件分析是建立企业行为识别系统的前提，主要涉及企业行为管理历史以及实施条件的问题。任何一个有一定规模的企业，都有企业守则之类的行为规范，并曾持续或间断地实施过这种方案。原有行为习惯是一个重要的问题，在企业状况好的情况下，企业可能想不到建立新的 BI 系统。但在企业遇到困难时，改变行为习惯本身就是很困难的，士气的低落会给 BI 系统的推行带来更大的困难。实施行为识别规范管理，必须不断地宣传、培训等，"强迫成习惯、习惯成自然"是推行新 BI 系统应当牢记的信念。

②目标设定。目标需要一个定量化的标准，而一般运行标准又很难确定。空泛的目标比较简单，诸如建立一整套完善的行为识别制度，有效地提高企业的知名度、美誉度、销售额、效益等。但制度好定，效果难测。提高知名度、美誉度如何衡量？提高了销售额、效率和效益，又如何区分是视觉识别还是行为识别的功劳？所以，目标设立必须跟一种考评标准与方法相结合。

③培训计划。培训是 BI 规划的重要部分。行为识别的规范管理，在很大程度上依赖于有效的培训。它将规范中的一些具体执行细节落到实处，反复演示，反复练习，从学习的规矩到自发的行为。

④检查督导。只有培训没有执行与实施，或只有执行而没有完整的考核督导制度也是不行的。检查、考核、督导的进行，可以发现问题，改善规划，加强薄弱环节，这是一种合理的反馈调节机制。

⑤奖惩制度。奖惩制度对管理的成效具有很大的作用。在 BI 规范的执行过程中，有必要制定一套合理合情的奖惩制度，以调动广大员工的积极性，使 BI 规范更富有成效。

3. 企业 VI 设计

实施企业 VI 战略是企业信息传播的系统工程。企业的视觉识别系统将企业理念、企业价值观，通过静态的、具体化的、视觉化的传播系统，有组织、有计划和正确、准确、快捷地传达出去，并贯穿在企业的经营行为中，使企业的精神、思想、经营方针、经营策略等主体性的内容，得以通过视觉表达的方式外形化。使社会公众能一目了然地掌握企业的信息，产生认同感，进而达到企业识别的目的。企业识别系统设计应以建立企业的理念识别为基础，换句话说，必须反映企业的经营思想、经营方针、价值观念和文化特征，并广泛应用在企业的经营活动和社会活动中，进行统一的传播，与企业的行为相辅相成。因此，企业识别系统设计的首要问题是企业必须从识别和发展的角度、社会和竞争的角度，对自己进行定位，并以此为依据，认真整理、分析、审视和确认自己的经营理念、经营方针、企业使命、企业哲学、企业文化、运行机制、企业特点及未来的发展方向，使之演绎为视觉的符号或符号系统。其次，企业识别系统设计是将具有抽象特征的视觉符号或符号系统，设计成视觉传达的基本要素，统一地、有控制地应用在企业行为的方方面面，达到建立企业形象的目的。在设计开发过程中，从形象概念到设计概念，再从设计概念到视觉符号，是两个关键阶段。只要把握好了这两个阶段，企业识别系统的基础就具备了。就 VI 设计开发的程序而言，可依以下步骤进行。

（1）制作设计开发委托书，委托设计公司，明确 VI 设计的开发目标、主旨、要点等。

（2）说明设计开发要领，依调查结果订立新方案。

（3）探讨企业标志要素概念与草图，即探讨拟定标志设计概念，再从构想出来的多个设计方案中，挑选几个代表性的标志图案。

（4）企业图案展现。

（5）选择设计及测试设计方案，包括对外界主要关系者、公司内部职员进行设计方案的意见调查，进而选定造型优美、反映良好的作品。

（6）企业标志设计要素精致化。对选定的标志设计方案，进行精致化作业，包括造型上的润色、应用上的审视，以利于开发设计。

（7）展现基本要素和系统的提案。其他基本要素的开发可与标志要素精致化同时进行，将标志、要素同其他基本设计要素之间的关系、用法、规定提出企划案。

（8）编辑基本设计要素和系统手册。

（9）企业标准应用系统项目的提案。进行展开应用设计，包括名片、文具类、招牌、事务用名等，在此阶段建立应用设计系统。

（10）一般应用项目的设计开发。在上述阶段开发设计的项目外，按照开发应用计划，进行一般的应用设计项目设计开发。

（11）进行测试、打样。

（12）开始新设计的应用。

（13）编辑设计应用手册。

VI 设计从视觉上表现了企业的经营理念和精神文化，从而形成独特的企业形象，其本

身又具有形象的价值。图 7-8 中的知名企业品牌，体现出企业的 CIS 对企业形象传达产生的
重要作用。

图 7-8　企业的 CIS 运用的成功范例

7.2.5　企业起名

企业名称是一家公司进入公众视野的开始，好的名字不仅可以给顾客留下深刻的印
象，还可以更好地宣传企业。但是，不少企业在用心起完名字之后，却因为不了解企业注
册名称规定导致注册不了。因此，有必要了解国家关于企业注册名称的规定。

1. 公司注册名称申请登记的原则

（1）企业名称不得含有下列内容的文字：有损于国家、社会公共利益的；可能对公众
造成欺骗或误解的；外国国家（地区）名称、国际组织名称；政党名称、党政军机关名称、
群众组织名称、社会团体名称及部队番号；外国文字、汉语拼音字母、阿拉伯数字；其他
法律、行政法规规定禁止的。

（2）企业名称应当使用符合国家规范的汉字。

（3）企业法人名称中不得含有其他法人的名称，国家市场监督管理总局另有规定的
除外。

（4）企业名称中不得含有另一个企业名称，企业分支机构名称应当冠以其从属企业的
名称。

（5）企业营业执照上只准标明一个企业名称。

（6）企业名称有下列情形之一的不予核准：与同一工商行政管理机关核准或登记注册
的同行业企业名称字号相同，有投资关系的除外；与其他企业变更名称未满 1 年的原名称
相同；与注销登记或被吊销营业执照未满 3 年的企业名称相同；其他违反法律、行政法
规的。

（7）企业名称需译成外文使用的，由企业依据文字翻译原则自行翻译使用，不需报工商行政管理机关核准登记。

需要注意的是，除国务院决定设立的企业外，企业不得冠以"中国""中华""全国""国家""国际"等字样。在企业名称中间使用"中国""中华""全国""国家""国际"等字样的，该字样应是行业的限定语。使用外国（地区）出资企业字号的外商独资企业，可以在名称中间使用"（中国）"字样。

2. 公司注册名称的具体要求

一般来说，企业名称应当由行政区划、字号、行业、组织形式依次组成，法律法规另有规定的除外。例如，"北京安泰21世纪信息技术有限公司"，"北京"为行政区划，"安泰21世纪"为字号，"信息技术"为行业，"有限公司"为组织形式。

（1）行政区划。企业名称中的行政区划是本企业所在地县级以上行政区划的名称或地名。具备下列条件的企业法人，可以将名称中的行政区划放在字号之后，组织形式之前：使用控股企业名称中的字号；该控股企业的名称不含行政区划；使用外国（地区）出资企业字号的外商独资企业，可以在名称中间使用"（中国）"字样。

（2）字号。企业名称中的字号应当由两个以上汉字组成，行政区划不得用作字号，但县以上行政区划地名具有其他含义的除外。企业名称可以使用自然人投资人的姓名做字号。

（3）行业。企业名称中的行业表述应当是反映企业经济活动性质所属国民经济行业或企业经营特点的用语。企业名称中行业用语表述的内容应当与企业经营范围一致。企业经济活动性质分别属于国民经济行业不同大类的，应当选择主要经济活动性质所属国民经济行业类别用语表述企业名称中的行业。企业名称中不使用国民经济行业类别用语表述企业所从事行业的，应当符合以下条件：企业经济活动性质分别属于国民经济行业5个以上大类，企业注册资本（或注册资金）1亿元人民币以上或企业集团的母公司，与同一工商行政管理机关核准或登记注册的企业名称中字号不相同。企业为反映其经营特点，可以在名称中的字号之后使用国家（地区）名称或县级以上行政区划的地名。上述地名不视为企业名称中的行政区划，如"北京×××四川火锅有限公司""北京×××韩国烧烤有限公司"，"四川火锅""韩国烧烤"字词均视为企业的经营特点。企业名称不应当或暗示有超越其经营范围的业务。

（4）组织形式。依据《中华人民共和国公司法》《中华人民共和国中外合资经营企业法》《中华人民共和国中外合作经营企业法》《中华人民共和国外资企业法》申请登记的企业名称，其组织形式为有限公司（有限责任公司）或股份有限公司；依据其他法律、法规申请登记的企业名称，组织形式不得申请为"有限公司（有限责任公司）"或"股份有限公司"，非公司制企业可以申请用"厂""店""部""中心"等作为企业名称的组织形式，例如，"北京××食品厂""北京××商店""北京××技术开发中心"。

当我们决定公司的注册名称时，从原则入手遵循格式要求一步一步完成公司注册名称的各个部分，我们便可以迅速准确完成公司的名称注册。

3. 好的企业名称的一般特征

（1）名实相副。企业名称不但要与企业规模、经营范围等相一致，而且必须与企业目标、企业宗旨、企业精神、企业道德、企业风气相协调。

（2）特殊与个性统一。名称要有自己的个性特点，才不至于被市场淹没。莎士比亚说："玫瑰如果叫别的名字就不会那么芳香。"可见名称会改变人们对产品个性特点的看法。品牌命名必须根据产品差异化特点，告诉潜在消费者一个品牌定位，如海飞丝"去屑"洗发水、美的"抗菌"饮水机、樱雪"滋润"沐浴露。根据产品的特点命名，产品的特点不应该是所有产品的共性，如"纯生"啤酒有青岛"纯生"啤酒、珠江"纯生"啤酒、百威"纯生"啤酒，"纯生"成了一个通用的名称。如果产品共性无法让品牌显现出来，有时它们就会成为一种负累。根据产品个性特点名称可以从功效性（如舒肤佳香皂）、情感性（如美的电器、富豪汽车）两个方面考虑。

（3）简易。企业名称一般不宜太长，否则人们不易记忆和传播。企业名称要求简洁、易读、易记，而且符合人们的阅读习惯。

（4）民族性。中国企业置身民族文化的土壤，并从中获得发展的强大动力，因此设计企业名称也要充分体现民族特点。

7.2.6 企业标志设计

企业有了好的名称后，再加上好的标志将会如虎添翼。

企业的标志，是企业的文字名称、图案或文字与图案相结合的一种平面设计。商标是指企业为了把自己的产品与其他生产经营者的商品区别开来在商品外表或包装上使用的一种标记。

一个企业只有一种企业标志，但针对不同的产品可以有一种商标或多种商标。企业标志将具体的事物、事件、场景和抽象的精神、理念通过特殊的图形固定，使人们在看到标志的同时自然地产生联想，从而对企业产生认同感。标志与企业的经营紧密相关，是企业日常经营活动、广告宣传、文化建设、对外交流必不可少的元素，随着企业的成长，其价值也不断提升。曾有人断言，即使一把火把可口可乐所有资产烧光，可口可乐凭着其商标也能东山再起。因此，具有长远眼光的企业十分重视企业的标志设计，也非常了解标志的作用，在企业建立初期，好的标志设计无疑是日后无形资产积累的重要载体，如果没有能客观反映企业精神、产业特点、造型科学优美的标志，等企业发展起来再做变化调整，就会对企业造成不必要的损失。例如，中国银行进行标志变更以后，仅全国拆除、更换的户外媒体就造成了2000多万元的损失。

1. 企业标志设计的一般步骤

（1）明确设计目的，提出设计预案。

（2）拟定设计要求，落实设计任务。

（3）进行方案的评价，确定中选的标志。

（4）企业标志定稿，进行辅助设计。

（5）给设计好的标志进行商标注册。

2. 企业商标注册的原因

为什么要对商标进行注册呢？因为企业使用的商标不经过注册会有以下风险。

（1）商标使用人对该商标不享有商标专用权，一旦他人将该商标抢先注册，该商标的最先使用人就不能再使用该商标。

（2）未注册商标有可能与使用在相同或类似商品上的已注册商标相同或近似，从而发生侵权行为。据统计，使用未注册商标有 70% 侵权的可能性，侵权就要受处罚，就要赔偿经济损失，就会影响企业的生产经营活动。

（3）未注册商标，不能形成工业产权，因此也不能成为使用人的无形资产。

因此，在设计好企业标志后，要及时依照法律规定的条件和程序向国家商标主管机关提出注册申请，商标登记注册后就获得了该商标的专用权并受到法律的保护。

7.3 注册新企业

一家新企业要经相关部门核准登记，取得营业执照和有关部门颁发的经营许可证，方可开展经营活动，简单理解就是给你的企业办"户口"，从法律上确认企业身份。企业的注册流程包括一系列工作，公司注册是开始创业的第一步。一般来说，企业注册的流程包括：企业核名→提交材料→领取执照→刻章。但是，公司想要正式开始经营，还需要办理以下事项：银行开户→税务报到→申请税控和发票→社保开户。

以海南省企业注册为例，自 2023 年 7 月 26 日起，开办企业在"海易办"App 或"海南省一体化在线服务平台"上可完成办理。打开"海易办"App，在"热门服务"选项栏选择"企业开办"或搜索"海南 e 登记"，即可办理相关业务。市场监管部门 1 个工作日内予以核准并向企业颁发电子营业执照，其他事项 24 小时内并行办理完成，企业 2 ～ 3 天即可具备经营条件。注册企业之前需要了解以下内容。

7.3.1　注册资本

注册资本是全体股东出于公司经营需要，提供或承诺提供给公司的资金总数。需要注意的是，大部分的公司叫"××有限公司"或"××有限责任公司"，这里的有限责任公司注册资本的股东对公司的债务只承担有限的责任，而承担的最高额度就是公司的注册资本。

1. 注册资本并不需要一次缴清

我国目前实行注册资本认缴制，认缴制的意思就是注册资本不用在一开始就全部缴纳完成，而是只要在承诺的时限内（一般为 10～20 年）缴完即可，这极大地降低了公司注册时的资金压力。

2. 公司注册资本可参考所在行业资质要求

例如，互联网公司申请 ICP 经营许可证时，要求公司注册资本在 100 万元以上；一些电子商务平台对大多数类目的入驻商家标准也是 100 万元以上。其他需要资质/资格的，可参照本行业一般的做法。

3. 注册资本越大，承担的风险和责任就越大

注册资本并不是越大越好，注册资本越大，承担的风险和责任就越大。例如，一家注册资本为 100 万元的公司，后来公司经营不善，欠了 1000 万元的外债，股东最多只需用他 100 万元的出资额来承担责任。但如果这家公司的注册资本是 1000 万元，那么就要承担全部 1000 万元的责任。所以，大部分互联网创业者走的是股权融资的道路，最重要的是股权比例，而不是注册资本。根据自己的实际情况，设定一个合理的注册资本，才是最理智的选择。

7.3.2　验资报告

认缴制实施后，大部分情况下不需要验资报告，只有少数情况会用到，例如：参加招投标项目，招标方要求出具验资报告；与规模较大的企业合作，对方为了确认你的公司实力，也会要求出具验资报告。如果需要用到验资报告，可以在注册资本实缴完成后，找会计师事务所出具。

7.3.3　公司注册资本的增减

根据《公司法》的有关规定，我国按照资本确定、资本维持、资本不变三原则，要求公司必须保持注册资本的相对稳定，同时对公司增加或减少注册资本规定了具体的条件和程序。

7.3.4 注册地址

注册地址就是在公司营业执照上登记的"住址",不同的城市对注册地址的要求也不一样,具体应以当地要求为准。创业初期如果资金紧张,可以选择入驻创业孵化器(集中办公区),使用它们的注册地址。此外,公司注册地址是可以变更的,但跨城区的税务变更会比较麻烦,所以在选择注册地址时,一定要先确定好城区。

7.3.5 经营范围

经营范围是企业可以从事的生产经营与服务项目。它反映的是企业业务活动的内容和生产经营方向,是企业业务活动范围的法律界限。

初次注册公司,不知道如何确定经营范围时,可以直接参考行业内同类公司的经营范围。以互联网科技公司为例,其经营范围包括:网络通信科技产品领域内的技术开发、技术咨询、技术转让、技术服务,计算机网络工程,计算机软件开发及维护,计算机辅助设备的安装及维修,电子产品的安装和销售,计算机及相关产品(除计算机信息系统安全专用产品)、办公用品的销售,企业管理咨询(除经纪)等。

7.3.6 企业资质

资质即有做某事的资格,在公司注册过程中就是指某些经营项目需要取得相应部门的许可后方能办理营业执照或开始经营。

也就是说,一些特殊行业的公司注册是需要取得相应部门的许可之后才能设立的,例如ICP经营许可证即《电信与信息服务业务经营许可证》就需要当地通信管理部门核发,这种许可分为前置许可和后置许可。现在,前置许可的要求越来越少,对需要设立这些行业的公司的人来说,更加便捷。

比如,互联网经营企业涉及表7-6所示产品/行业的,需要另行申请特定资质,申请者可根据实际业务及行业,办理相关资质。

表7-6 互联网行业所需资质

行业	所需资质
经营性网站	《中华人民共和国电信与信息服务业务经营许可证》
在线图书/视频/音乐	《中华人民共和国互联网出版许可证》或《网络文化经营许可证》
游戏	《网络文化经营许可证》、游戏版号
增值电信业务	《中华人民共和国增值电信业务经营许可证》

7.3.7　去银行开立基本账户

凭营业执照去银行开立基本账户，开立基本账户需要填携带营业执照正本原件、身份证、公章、财务章、法人章等，开立基本账户时还需要购买一个密码器，从 2005 年下半年起，大多数银行都有这个规定，今后企业开支票、划款时都需要使用密码器生成密码。

7.3.8　申请领购发票

如果你的公司是销售商品的，则应该到国税局申领发票；如果你的公司是服务性质的，则应该到地税局申领发票。

7.3.9　正式开业

完成了以上步骤就可以开始营业了，注意每个月要按时向税务机关申报纳税。即使没有开展业务，不需要纳税，也要进行零申报，否则会被罚款。

以上是企业注册的整个过程，非公司制企业与公司制企业的注册要求稍有不同，有些地方政府为了方便办理企业注册，所有手续均可在便民服务中心办理；有些地方如浙江省企业登记注册手续，还可以通过网上申请与办理，极大地方便了创业者。个别创业者觉得企业注册手续太烦琐，也可以委托专门的企业咨询机构进行办理。

◆ **案例 7-4**

办理工商注册登记

小王和小李决定到当地的工商局咨询注册登记有限责任公司及申领营业执照的手续。接待人员告诉他们：申办人只需要携带《新设企业五证合一登记申请表》及相关资料前往行政审批大厅"多证合一"窗口，就能办理注册登记的全部手续。接待人员给了他们一份材料清单和一份"公司章程"范本，并特别嘱咐说"公司章程"非常重要，要用心填写。他们按照清单上的材料要求逐一核实，所有股东身份证复印件、股东会决议、财务负责人身份证复印件、房屋租赁合同等材料都好准备，只是"公司章程"的填写要请教专业人士。

7.4　创业的相关法律和政策

国家法律法规是规范公民和企业经济行为的准则，具有权威性、强制性、公平性。在开办和经营企业的过程中，创业者要自觉树立"学法、知法、懂法、守法、用法"的观念，了解与创业相关的法律和政策，通过这些知识的学习，创业者可以保证自己的企业合法、有序地经营和发展，降低企业的经营风险。

7.4.1 与创业相关的法律

创业者以市场经营主体进入市场时，应了解政府对于进入特殊行业或者进行特种经营时所设定的有关条件，了解从事哪些行业或服务另有规定，需要到政府有关部门或行业主管机构领取哪些特种经营资质证或许可证等证照，以便提前准备。

例如，创办生产型企业需要学习《中华人民共和国工业产品生产许可证管理条例》；又如，创办网络经营服务企业需要学习《互联网上网服务营业场所管理条例》并贯彻《互联网上网服务营业场所管理办法》，取得专项许可证；等等。

创业者重点要了解的法律法规如表 7-7 所示。

表 7-7　与新办企业直接相关的基本法律

法律	相关基本内容
《中华人民共和国企业法》	公司法、个人独资企业法、合伙企业法、个体工商户管理条例、中外合资合作企业法、乡镇企业法
《中华人民共和国民法典》	个体工商户、农村承包经营户、个人合伙、企业法人、联营、代理、财产所有权、财产权、债权、知识产权、民事责任、一般合同的订立、效力履行、变更和转让、权利义务终止、违约责任等；具体合同有买卖、借款、租赁、运输、技术、建设工程、委托等
《中华人民共和国劳动法》	促进就业、劳动合同和集体合同、工作时间和休息休假、工资、职业安全卫生、女职工和未成年工特殊保护、职业培训、社会保险和福利、劳动争议、监督检查等
《中华人民共和国劳动合同法》	劳动合同的订立、劳动合同的履行和变更、劳动合同的解除和终止、特别规定（集体合同、劳务派遣、非全日制用工）、监督检查、法律责任等
《劳动合同法》	劳动合同的订立、劳动合同的履行和变更、劳动合同的解除和终止、特别规定（集体合同、劳动派遣、非全日制用工）、监督检查、法律责任等

创业者创办企业，尤其是一些科技型的企业，要特别重视知识产权保护方面的法律法规。知识产权，是指人们对给自己的智力活动创造的成果和经营管理活动中的标记、信誉依法享有的权利。知识产权是一种无形财产权，与房屋汽车等有形财产一样，受到国家法律的保护，具有价值和使用价值，涉及知识产权的法律主要有专利法、商标法、著作权法、发明奖励条例等。著作权、专利权和商标权同属知识产权，但在取得方式和保护内容方面各有侧重，如表 7-8 所示。

表 7-8　三种知识产权的保护内容

知识产权项目	著作权	专利权	商标权
保护内容	作品的表达	产品或技术方案	图形、文字及其组合

创业者在创建新企业初期，对个人和企业的知识产权要懂得寻求法律保护，用法律手段切实保护好自己的合法权益，当然也不能侵犯别人的知识产权，否则就会受到法律制裁。在市场经济规则越来越完善的环境中，作为创业者要知道，法律不仅对企业有约束的一面，也给予你的企业法律保护。只有遵纪守法、诚信经营的企业才能立足和持续发展，这样的企业将赢得客户的信任、供应商的合作、政府的支持甚至竞争对手的尊重，从创业开始，创业者就要树立守法经营的观念，为自己营造一个良好的生存发展空间。

7.4.2　与创业相关的扶持、优惠政策

随着《中华人民共和国中小企业促进法》的进一步贯彻落实，国家在法律政策中提出的对中小企业提供资金支持、创业扶持、技术创新、市场开拓、社会服务等方面的规定都一一落到实处。可以说，一个关注、培育、扶持中小企业发展和鼓励创业的社会环境与政策环境正在初步形成，突出体现在多种形式的扶持政策方面。对于创业者来说，优惠政策好比创业的助推器，能降低创业成本，提高创业的成功率。

1. 对创业选项和促进企业发展建设具有重要意义的政府长远发展规划与导向政策

（1）《国务院关于印发实施〈国家中长期科学和技术发展规划纲要（2006—2020年）〉若干配套政策的通知》（国发〔2006〕6号）。其中，科技投入、税收激励、金融支持、人才队伍、科技创新基地与平台支持等内容对创业者的创业方向选择、定位有重大意义。

（2）《中共中央国务院关于推进社会主义新农村建设的若干意见》（中发〔2006〕1号）。创业者可以围绕促进乡镇企业发展，发展农业产业化经营，建设连锁化"农家店"等内容寻找创业的切入点。

（3）《中共中央国务院关于实施科技规划纲要增强自主创新能力的决定》（中发〔2006〕4号）。创业者可以关注国家以提升国家竞争力为核心要实现的八个重要目标。

（4）《国务院办公厅转发全国老龄委办公室和发展改革委等部门关于加快发展养老服务业意见通知》（国办发〔2006〕6号）。创业者可以关注文件中提到的要积极支持以公建民营、民办公助、政府补贴、购买服务等多种方式举办养老服务业，鼓励社会资金以独资、合资、合作、联营、参股等方式兴办养老服务业。

（5）《国务院关于进一步加强就业再就业工作的通知》（国发〔2005〕36号）。其中，对鼓励自谋职业、自主创业、企业吸纳就业等内容有鼓励政策。

（6）《中共中央关于制定国民经济和社会发展第十三个五年规划的建议》（2015年10月29日中国共产党第十八届中央委员会第五次会议通过）。创业者可以了解政策导向。

（7）《国务院关于促进流通业发展的若干意见》（国发〔2005〕19号）。创业者涉足流通行业，需要关注该政策。

（8）《国务院关于鼓励支持和引导个体私营等非公有制经济发展的若干意见》（国发〔2005〕3号）。创业者可以关注文件中提到的放宽非公有制经济市场准入、加大对非公有制经济的财税金融支持力度、完善对非公有制经济的社会服务一系列政策。

（9）《国务院办公厅关于加快电子商务发展的若干意见》（国办发〔2005〕2号）。企业开展电子商务，需要了解该政策及与之相配套的其他部委政策文件。

2. 支持和鼓励新办企业、高技术企业及第三产业的优惠政策

（1）国务院批准的高新技术产业开发区内的企业，经有关部门认定为高新技术企业的，可减按15%的税率征收所得税；国务院批准的高新技术开发区内新办的高新技术企业，自投产年度起免征所得税两年。

（2）对新办的独立核算的从事咨询业、信息业、技术服务业的企业或经营单位，自开业之日起，第一年免征所得税，第二年减半征收所得税。

（3）对新办的从事交通运输业、邮电通信业的企业，自开业之日起，第一年免征所得税，第二年减半征收所得税。

（4）对新办的独立核算的从事公用事业、商业、物资业、对外贸易业、旅游业、仓储业、居民服务业、饮食业、教育文化事业、卫生事业的企业或经营单位，自开业之日起，报经主管税务机关批准，可减征或免征所得税1年。

（5）企事业单位进行技术转让及在技术转让过程中发生的与技术转让有关的技术咨询、技术服务、技术培训所得，年净收入在30万元以下的，暂免征收所得税。

（6）对农村及城镇为农业生产产前、产中、产后服务的企业，对其提供的技术服务或实物所取得的收入，暂免征收所得税。

（7）对科研单位和大专院校服务于各行业的技术成果转让、技术培训、技术咨询、技术服务、技术承包所得的技术性服务收入暂免征收所得税。

近年来，我国在企业所得税、增值税、营业税方面，对小型微利企业有一系列税收优惠政策。2022年起，年应纳税所得额低于3万元（含3万元）的小型微利企业，其所得减按50%计入应纳税所得额，按20%的税率缴纳所得税。经过多次调整，2022年2月25日，企业所得税减半征收的年应纳税所得额上调至20万元。在增值税和营业税方面，2022年8月，增值税小规模纳税人和营业税纳税人中月销售额或营业额不超过2万元的企业或非企业性单位，暂免征收增值税和营业税。2022年10月1日起，起征点提高至3万元，优惠力度进一步加大。

7.4.3　普通高校学生自主创业政策

高校毕业生是国家宝贵的人才资源。做好高校毕业生就业创业工作，对于保持就业形

势稳定，促进经济社会健康发展具有重要意义。近年来，为支持大学生创业，国家和各级政府出台了许多优惠政策，涉及融资、开业、税收、创业培训、创业指导等诸多方面。

2022年教育部高校学生司发布了普通高校学生自主创业政策，主要政策有以下内容。

1. 税收优惠政策

（1）持人社部门核发《就业创业证》的高校毕业生在毕业年度内创办个体工商户的，可按规定在3年内以每户每年12000元为限额（最高可上浮20%，具体由各省、自治区、直辖市人民政府根据本地区实际情况确定）依次扣减其当年实际应缴纳的增值税、城市维护建设税、教育费附加、地方教育附加和个人所得税。

（2）对高校毕业生创办小微企业的，可按规定享受小微企业普惠性税费政策；创办个体工商户的，对其年应纳税所得额不超过100万元的部分，在现行优惠政策基础上减半征收个人所得税。

2. 担保贷款和贴息政策

（1）创业担保贷款和贴息支持：可在创业地申请创业担保贷款，最高贷款额度为20万元，对符合条件的个人合伙创业的，可根据合伙创业人数适当提高贷款额度，最高不超过总额的10%。对10万元及以下贷款、获得设区的市级以上荣誉的高校毕业生创业者免除反担保要求；对高校毕业生设立的符合条件的小微企业，最高贷款额度提高至300万元，财政按规定给予贴息。

（2）创业担保贷款申请程序：申请创业担保贷款贴息支持的个人和小微企业应向当地人力资源社会保障部门申请资格审核，通过资格审核的个人和小微企业，向当地创业担保贷款担保基金运营管理机构和经办银行提交担保和贷款申请，符合相关担保和贷款条件的，与经办银行签订创业担保贷款合同。

3. 资金扶持政策

（1）免收有关行政事业性收费：毕业2年以内的普通高校毕业生从事个体经营的，3年内免收管理类、登记类和证照类等有关行政事业性收费。

（2）求职创业补贴：对在毕业学年有就业创业意愿并积极求职创业的低保家庭、贫困残疾人家庭、原建档立卡贫困家庭和特困人员中的高校毕业生，残疾及获得国家助学贷款的高校毕业生，给予一次性求职创业补贴。

（3）一次性创业补贴：对首次创办小微企业或从事个体经营，且所创办企业或个体工商户自工商登记注册之日起正常运营1年以上的离校2年内高校毕业生，试点给予一次性创业补贴。

（4）享受培训补贴：对大学生在毕业年度内参加创业培训的，按规定给予培训补贴。

4. 工商登记政策

简化注册登记手续。创办企业，只需填写"一张表格"，向"一个窗口"提交"一套材料"，登记部门直接核发加载统一社会信用代码的营业执照，"多证合一"。

5. 户籍政策

高校毕业生可在创业地办理落户手续 (直辖市按有关规定执行)。

6. 创业服务政策

（1）免费创业服务：可免费获得公共就业和人才服务机构提供的创业指导服务。

（2）技术创新服务：各地区、各高校和科研院所的实验室以及科研仪器、设施等科技创新资源可以面向大学生开放共享，提供低价、优质的专业服务。

（3）创业场地服务：鼓励各类孵化器面向大学生创新创业团队开放一定比例的免费孵化空间。政府投资开发的孵化器等创业载体应安排 30% 左右的场地，免费提供给高校毕业生。有条件的地方可对高校毕业生到孵化器创业给予租金补贴。

（4）创业保障政策：加大对创业失败大学生的扶持力度，按规定提供就业服务、就业援助和社会救助。毕业后创业的大学生可按规定缴纳"五险一金"。

7. 学籍管理政策

（1）折算学分：各高校要设置合理的创新创业学分，建立创新创业学分积累与转换制度，探索将学生开展自主创业等情况折算成学分。

（2）弹性学制：学校可以根据情况建立并实行灵活的学习制度，可放宽学生修业年限，保留学籍休学创新创业。

以海南省为例，海南省支持促进高校毕业生就业创业的相关政策如表 7-9 所示。

表 7-9　2022 年促进高校毕业生就业创业相关政策措施表

政策措施	政策依据	补贴对象	补贴标准
招用高校毕业生奖励补贴	1.《海南省就业补助资金管理办法》(琼财社规〔2021〕14号)。2.《海南省人力资源和社会保障厅等七部门关于印发吸引留住高校毕业生建设海南自由贸易港的若干政策措施的通知》(琼人社发〔2020〕119 号)。	招用离校 2 年内未就业高校毕业生的小微企业或社会组织。	单位与补贴对象签订 1 年以上劳动合同，并缴纳社会保险费，履行合同满 6 个月后，按每招用 1 人给予一次性奖励 2000 元。

政策措施	政策依据	补贴对象	补贴标准
创业补贴	1.《海南省就业补助资金管理办法》(琼财社规〔2021〕14号)。 2.《海南省人力资源和社会保障厅等七部门关于印发吸引留住高校毕业生建设海南自由贸易港的若干政策措施的通知》(琼人社发〔2020〕119号)。	首次创办商事主体并担任法定代表人或主要负责人,且所创商事主体自登记注册之日起,正常运营1年以上的离校5年内高校毕业、就业困难人员和返乡入乡农民工、退役军人。	给予每个企业法定代表人或个体经营10000元的一次性补贴。
创业担保贷款	《海南省创业担保贷款管理办法(试行)》(琼人社规〔2020〕5号)。	高校及中职院校毕业生(含大学生村官和留学回国学生)。	1.个人。符合条件的创业个人可申请最高不超过30万元的创业担保贷款;符合条件的个人创业担保贷款借款人合伙创业或组织起来共同创业的,可根据创业人数适当提高贷款额度,最高不超过符合条件个人贷款总额度的10%。 2.小微企业。符合条件的小微企业,贷款额度由经办银行根据小微企业实际招用符合条件的人数确定,最高不超过300万元。
求职创业补贴	《海南省就业补助资金管理办法》(琼财社规〔2021〕14号)。	低收入家庭中的我省高等院校、中等职业学校毕业生,高等院校、中等职业学校中的残疾毕业生,获得国家助学贷款的我省高校毕业生和退役大学生士兵(含中等职业学校毕业生)。	在毕业学年内有就业创业意愿并积极求职创业的,按每人1500元给予一次性求职创业补贴。
就业见习补贴	《海南省就业补助资金管理办法》(琼财社规〔2021〕14号)和《海南省人力资源和社会保障厅关于印发<海南省就业见习管理暂行办法>的通知》(琼人社规〔2019〕1号)	高校和中等职业学校所属毕业学年学生、我省16～24岁未就业青年	吸纳离校3年内未就业的全国普通高校毕业生、我省普通高校和中等职业学校所属毕业学年学生、我省16～24岁未就业青年,进入经认定的见习基地,并在具体工作岗位上进行3至12个月的全日制就业见习的,按当地最低工资标准的80%给予就业见习补贴;对见习期满留用率达到50%以上的用人单位,按当地最低工资标准的100%给予补发。

7.4.4 海南自贸港创办企业优惠政策

1. 创业资金支持

海南自贸港建立了创业投资引导基金，为创业者提供资金支持，包括创业贷款、创业补贴、股权投资等。

2. 场地租赁支持

海南自贸港为创业者提供场地租赁支持，包括免租或减租等优惠政策，降低创业成本。

3. 税收优惠政策

海南自贸港出台了一系列税收优惠政策，包括企业所得税优惠、个人所得税优惠、增值税优惠等，降低企业和个人的税收负担。具体如下。

（1）对注册在海南自由贸易港并实质性运营的鼓励类产业企业，减按15%征收企业所得税。国内一般都按25%来征收企业所得税，即使是在上海、深圳这样的政策高地，也只有特定区域、特定行业才有机会享受到15%的所得税，机会少之又少；而在海南，除了负面清单行业以外，全省、全行业均可享受。

（2）对在海南自由贸易港设立的旅游业、现代服务业、高新技术产业企业，其2025年前新增境外直接投资取得的所得，免征企业所得税。

（3）对在海南自由贸易港工作的高端人才和紧缺人才，其个人所得税实际税负超过15%的部分，予以免征。

4. 人才引进支持

海南自贸港为创业者引进人才提供支持，包括人才落户、住房补贴、子女教育等优惠政策，吸引更多的人才加入创业团队。

5. 创业培训支持

海南自贸港为创业者提供创业培训支持，包括创业课程、创业导师、创业活动等，提高创业者的创业技能和经验。

总之，海南自贸港的创业支持政策非常有利于吸引和支持创业者，包括创业资金支持、场地租赁支持、税收优惠政策、人才引进支持和创业培训支持等多种方式。创业者可以充分利用这些政策和资源，发挥自身的优势和创新能力，实现自己的创业梦想。

课后练习

假如你要设定一家新企业，请根据实际回答下列问题。

1. 你心仪的企业组织形式是哪种，在相应的□内打上"√"。

□个人独资企业　　　　□合伙企业　　　　□有限责任公司

□其他（请说明）

2. 选择这种企业组织形式的原因是什么？

3. 试拟一份股份合作协议（请填写你的企业关于股份合作的要点）。

条款	合作人1	合作人2	合作人3	合作人4
企业计划注册资金				
出资方式				
出资数额				
股份份额及利润分配				
利润数额与亏损承担				
分工、权限和责任				
违约责任				
转股、退股及增资				
协议变更和终止				
其他条款				

4. 在充分调研之后，你的企业将设在什么地方？

5. 选择这个地点的原因是什么?

6. 请用头脑风暴法, 设计你的企业 VI 系统, 并从中选出最满意的一个。

7. 在充分了解企业注册名称的原则和规定后, 使用头脑风暴法给你的企业起名, 并从中选出最满意的一个。

8. 请设计你的企业标志。

9. 请根据你有意向注册企业所在城区的要求, 找到其注册企业的最新申报流程和相关要求。

10. 请根据你要开办的企业实际情况, 了解相关的法律和优惠政策。

11．小王和小李是刚毕业的大学生，他们决定创业，可以享受国家哪些政策抉择呢？

第 8 章
新企业生存

　　企业在创建以后，每天都面临着严峻的生存挑战。企业的成长是艰难的，如果过分追求成长速度无异于拔苗助长。新企业的生存需要对日常运营的每个环节进行控制，无论规模大小、行业差别都是如此。企业的衰亡都是企业运营的某个环节出现了问题，或者是销售管理，或者是财务管理，或者是人才管理，等等。新企业创立初期就死亡的案例非常多，创始人一定要通过精心运营、控制成本，让企业度过初创期。企业管理既是科学也是艺术。

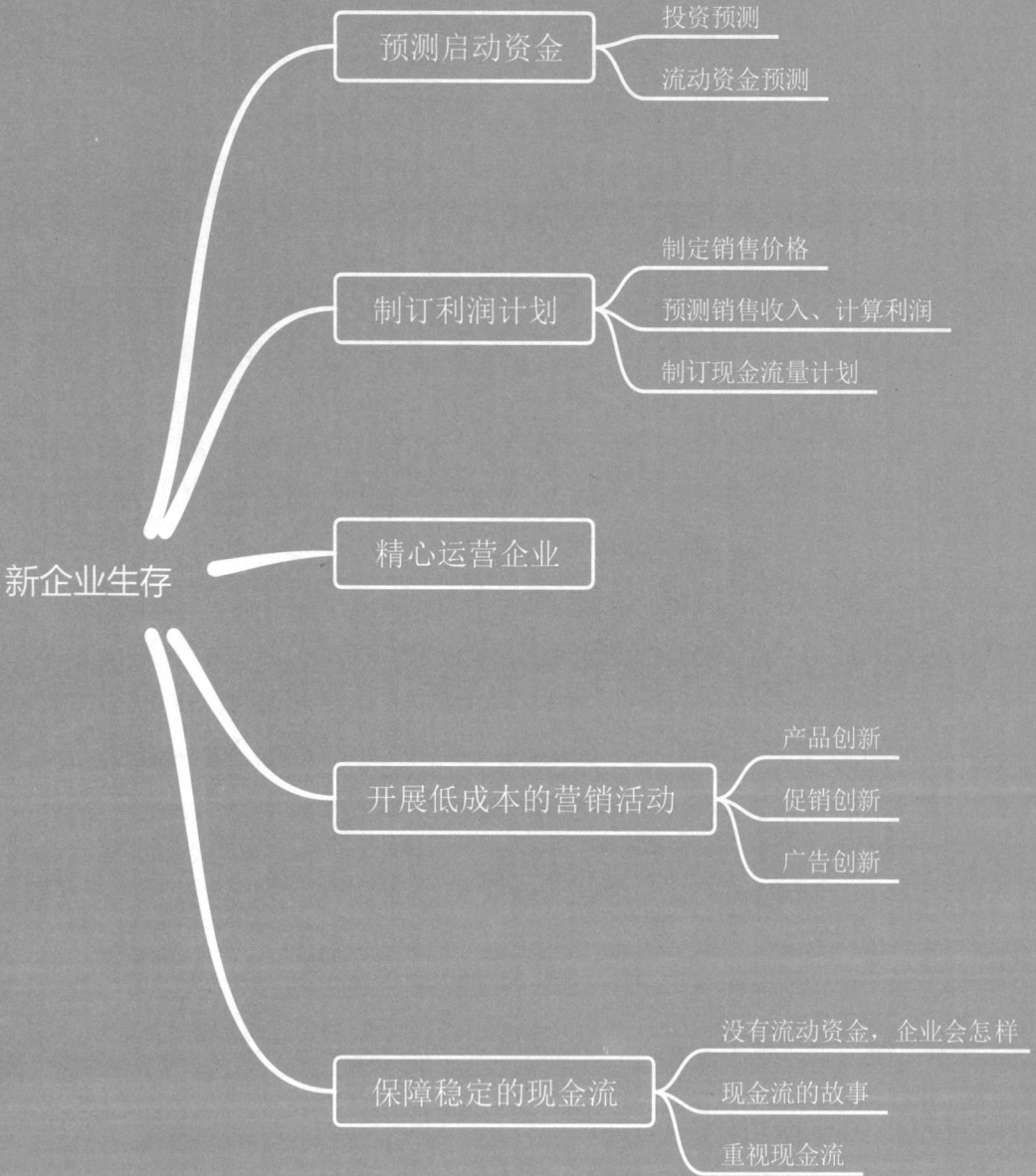

新企业生存
├─ 预测启动资金
│   ├─ 投资预测
│   └─ 流动资金预测
├─ 制订利润计划
│   ├─ 制定销售价格
│   ├─ 预测销售收入、计算利润
│   └─ 制订现金流量计划
├─ 精心运营企业
├─ 开展低成本的营销活动
│   ├─ 产品创新
│   ├─ 促销创新
│   └─ 广告创新
└─ 保障稳定的现金流
     ├─ 没有流动资金，企业会怎样
     ├─ 现金流的故事
     └─ 重视现金流

8.1 预测启动资金

从租赁营业场所、办理营业执照开始，企业的各种支出将"花钱似流水"一般，作为创业者必须学习如何确定企业成立之后需要购买的物资及其他企业开支，并能一项一项预测这些费用。

启动资金就是开办企业并使其正常运转必须购买的物资和必要的其他开支。我们可以按用途把启动资金分为两大类：固定资产投资和流动资金，如图 8-1 所示。

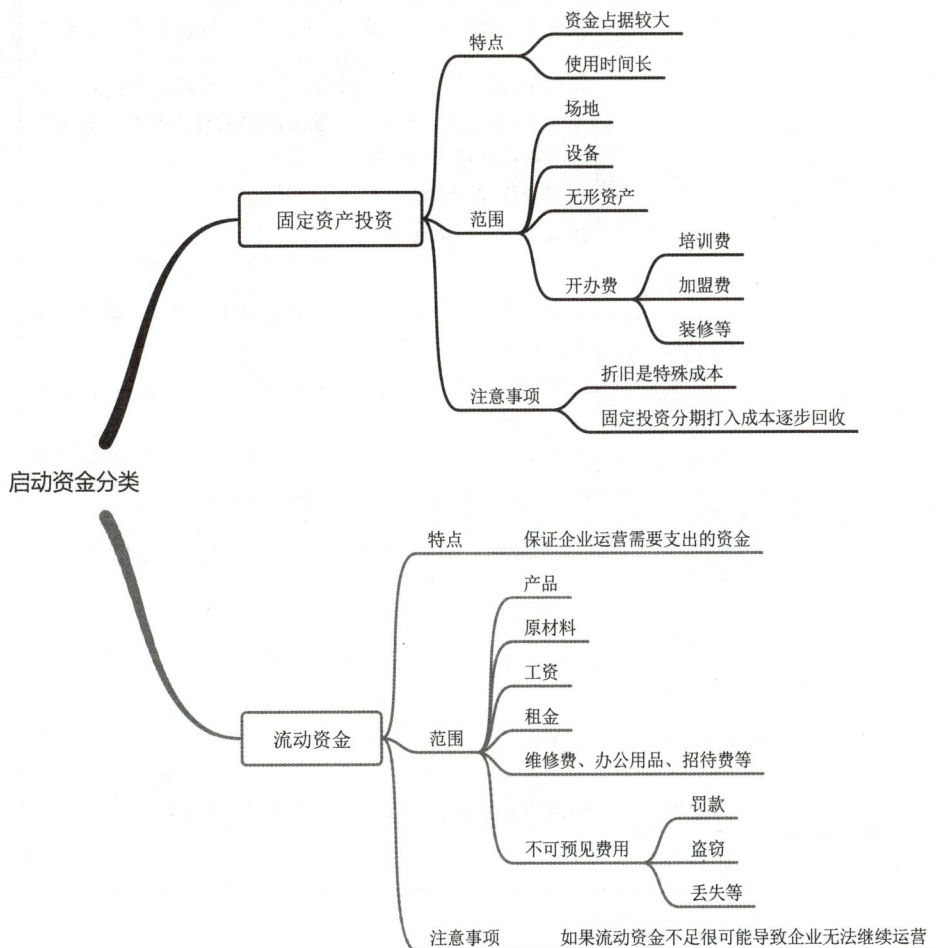

图 8-1　启动资金分类

8.1.1 投资预测

开办企业一定需要资金，而且投资的这笔钱的回收时间要根据企业的运营情况决定。在开办企业之前，一定要根据企业的具体经营预算一下需要多少启动资金。

这笔投资包含固定资产、无形资产、开办费及其他投入四类，如表 8-1 所示。

表 8-1　投资预测项目

投资类型	具体项目	说明
固定资产	企业用地或现成的建筑	寻找适合的场地或建筑； 如果企业对场地或建筑有特殊要求，最好选择建造新的建筑，资金需求量较大； 如果能找到理想中的现成建筑，买房既方便又快捷，但购房、装修、改造也需要花钱； 如果可以租到合适的建筑，资金需求量就会相对少很多
	设备	开办企业需要的机器、机械、工具、车辆、办公家具等，企业在进行资金预测时，哪怕需要的设备很少，也需要逐一列出清单进行预算； 对于价格昂贵的设备，一些初创企业可以采用租赁的方式减少企业启动资金
无形资产	特许经营权	企业拥有或控制的没有实物形态但能带来经济收益的可辨认非货币性资产； 法律规定范围内，企业对无形资产享有占有、使用、收益的处置权； 企业在购买无形资产前要考虑其合法性，确认无形资产的法定有效期以及评估和计价的法律依据
	专利权	
	商标权	
	土地使用权	
	大型软件等	
开办费	培训费	企业在筹备期间可能发生的各种费用
	差旅费	
	印刷费	
	注册登记费等	
其他投入	装修费	场地的装修费；原经营者的装修费、杂费及其他相关费用
	转让费	

8.1.2　流动资金预测

初创企业在开业之后一般需要经营一段时间后才能有营业收入。制造业企业需要将产品制造生产出来才能销售；服务业企业在提供服务之前需要购买服务所需的产品、原材料或办公用品等；贸易企业在销售产品之前需要先采购好相应的货品；农、林、牧、渔这些企业也需要前期很长时间的投资才能获得收益。任何企业想获得收益，前期都需要花费精力、时间、资金进行推广。这些流动资金包含人员工资、租金、宣传促销费用、保险费用、原材料或商品费用、其他费用，如图 8-2 所示。

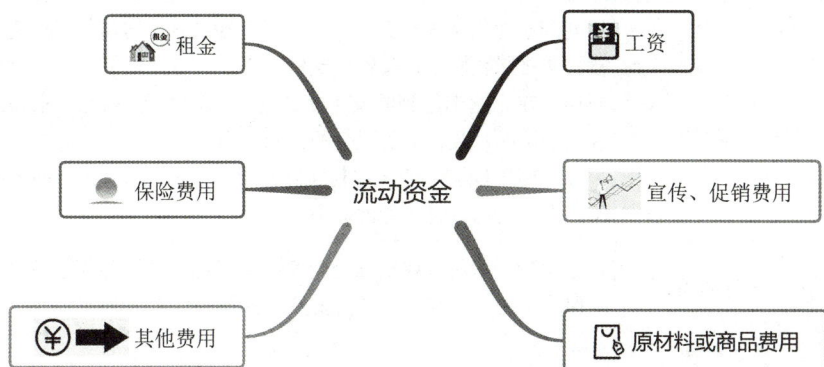

图 8-2　流动资金

在企业实际运营过程中，不同企业需要的流动资金是不同的，有些企业需要流动资金支付 1 年的费用，有些企业则只需要流动资金支付 1 个季度的费用。在企业获得销售收入之前，对于企业的资金能够维持多久，创业者要做到心中有数。在预测的这些费用中，有些费用是按照年度支付的，如保险费；有些费用则是按照月支付的，如工资，创业者必须仔细测算，具体测算项目可参考表 8-2。

表 8-2　流动资金测算项目

资金类型	具体项目	说明
原材料或商品费用	购买原材料或商品的费用	制造业企业需要购买生产所需的原材料； 服务业企业也需要购买原材料； 贸易企业需要购买商品进行销售； 库存越多，所需流动资金越多，仓储费用就会越高，无论是制造业企业、服务业企业还是贸易企业都要预估合适的库存数量； 有些企业允许赊账，资金回收存在不确定性或回收时间较长，企业要保证正常运营就要有更多的流动资金保证最低库存
	储存原材料或商品的费用	购买的大量原材料或商品需要合适的场所进行储存； 预测的库存量越大，储存费用也会相应增加
宣传、促销费	宣传	企业开业开展业务宣传活动支付的费用，例如，通过媒体传播的广告性支出，印有企业标志的礼品、纪念品等
	促销费	指企业在计划期内反映有关促销费用的预算
工资	工资	在企业未达到收支平衡或盈利之前，需要支付员工的工资

资金类型	具体项目	说明
租金	租金	初创企业为了减少投资金额，一般会通过租赁房屋的形式进行企业经营，从房屋装修之日起就要支付租金； 同样，在企业未达到收支平衡或盈利之前，每月租金 × 预测能达到收支平衡的月数，就是租金的预测费用； 另外，要根据实际情况进行实际测算，有些房屋租金预付半年甚至 1 年，因此在计算时要考虑进去
保险费	保险费	企业运转开始后，要根据企业实际情况选择必要的保险并且支付相应的保险费用，有些保险是需要按年支付的
其他费用	物业管理费、水电费、办公用品费用、交通费等	企业从事经营活动中，物业管理费、水电费、办公用品费等都是必不可少的支付费用，要将这些考虑到企业流动资金的预算中

8.2　制订利润计划

前期，我们已经对企业的经营有了全方位的规划，做了市场分析，预测了企业的销量，并且预估了企业需要的启动资金。对企业来说，没有盈利就无法生存。

8.2.1　制定销售价格

任何企业的产品都会涉及制定产品或服务的价格，制定价格的前提要先计算成本。

人们要进行生产经营活动或达到一定的目的，就必须耗费一定的资源，其耗费资源的货币表现及其对象化称为"成本"。简单地说，成本就是企业生产的产品或提供服务产生的各种费用。任何企业都是有成本的，作为创业者，一定要详细了解企业的经营成本。只有了解企业的经营成本，才能更好地运营企业。如果在运营过程中发现成本大于销售，就要做好相应对策，以免企业陷入持续亏损的境地。

计算产品或服务的销售价格，比较常用的有成本加成定价法及竞争参考定价法两种。

1. 成本加成定价法

成本加成定价法，是指按产品单位成本加上一定比例的利润制定产品价格，也就是在产品成本基础上增加一部分盈利的方法。大多数企业都是按成本利润率确定所加利润的大小的，即

价格 = 单位成本 + 单位成本 × 成本利润率 = 单位成本（1+ 成本利润率）

确定成本利润率非常关键，一般要考虑市场环境及行业的特点等多种因素，不能凭空制定。成本加成定价法更适合制造业企业和服务业企业。

计算产品或服务的成本，需要了解企业生产产品或提供服务的成本构成有哪些，还要预测设备等的折旧或摊销。

企业的成本一般由变动成本和固定成本共同决定，如图8-3所示。

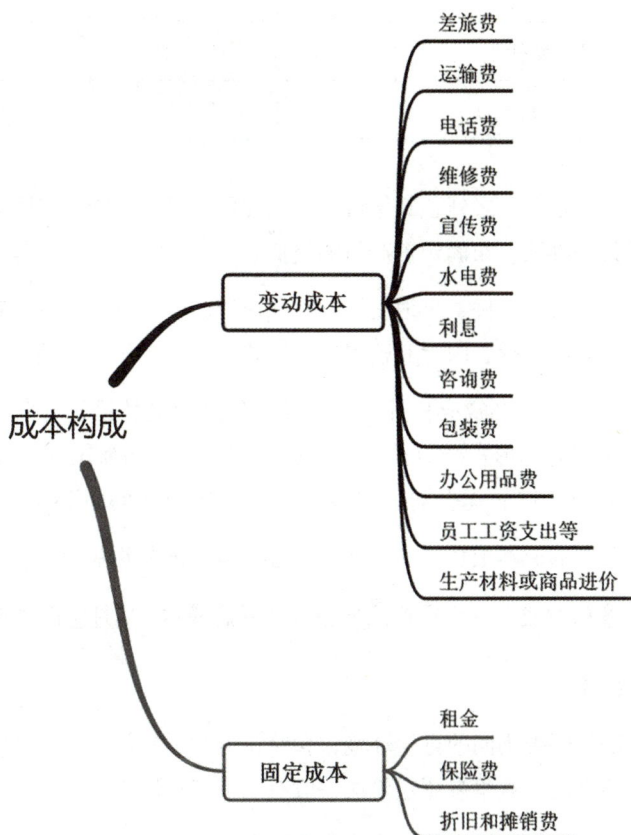

图8-3 产品或服务的成本构成

（1）变动成本。变动成本，是指在一定的时间范围内会随着生产的变化或销量的变化发生变化的成本，如生产所用的材料费会因为购买量的不同而价格不同。

（2）固定成本。一般情况下，固定成本在一定的时间范围内是固定的，如房屋的租金、企业的保险费用、设备的折旧及摊销费等。折旧一般指固定资产折旧，是固定资产在使用过程中逐渐损耗而转移到商品或费用中去的那部分价值，也是企业在生产经营过程中由于使用固定资产而在其使用年限内分摊的固定资产耗费，如机器、生产设备、运输车辆等。

我国法律规定不同类型的固定资产折旧的最低年限如表8-3所示。

表 8-3 固定资产折旧年限

固定资产	资产折旧的最低年限 / 年
房屋	20
生产设备、生产机器	10
家具	5
汽车、摩托车	4
电子设备	3

摊销费，指对除固定资产之外，其他可以长期使用的经营性资产按照其使用年限每年分摊购置成本的会计处理办法，与固定资产折旧类似。

常见的摊销资产有大型软件、土地使用权等无形资产和企业开办费，它们可以在较长时间为企业业务和收入做出贡献，因此其购置成本也要分摊到各年才合理。

根据法律规定，企业开办费应自开始生产经营月份的次月起分期摊销，摊销期不少于5 年。土地使用权应作为无形资产单独计算摊销。无形资产的摊销期，凡合同有年限规定的，按合同规定的年限摊销；无合同规定的，按不少于 10 年的期限摊销。

将各项产品或服务的成本汇总，即可计算出总成本，再在此基础上计算出单位成本，即

产品或服务单位成本 = 生产产品或服务的月总成本 / 当月生产的产品数量

2. 竞争参照定价法

竞争参照定价法是根据不同的竞争环境，参照竞争对手的价格，并以此为基准价确定本企业产品价格的定价方法。竞争参照定价法一般有以下三种形式。

（1）以低于竞争对手的价格定价。无论竞争对手的价格定位多少，本企业产品或服务的价格都始终比对方低。这就更需要想方设法在保证质量的前提下降低成本。采用低价的策略，意在迅速提高本企业产品或服务的市场占有率，扩大销量。

（2）以高于竞争对手的价格定价。这种定价形式是在竞争对手的基准价基础上，提高本企业产品的价格水平，以高价谋取高利润。但是如果价格高于对手，就要求企业的产品或服务做到与价格相匹配，顾客花大价钱需要买到相应的品质。

（3）与竞争对手的价格一致。企业采用与竞争对手一致的价格，企业一定要有某方面的特色才可以，因为，相同的价格，顾客选择新创企业的产品或服务是需要理由的。

8.2.2 预测销售收入、计算利润

1. 预测销售收入

在确定企业的经营方向之前，一般都已经做过市场调查，以及销售量的预测。学习了产品价格的定价之后，要根据预测销售量预测这些量的销售会带来多少收入，这就是销售收入的预测。预测方法可以按照下面步骤进行：

（1）列出企业经营的产品或服务项目；

（2）预测开业半年后每个月的产品或服务销量；

（3）制定企业产品或服务的销售价格；

（4）计算每个月的销售收入。

在进行销量预测之前，一定要做好详细的市场调查。另外，预测销量不能过于激进，因为理想和现实是有很大差距的，刚开业的半年时间，一般处于市场磨合期，销售收入是难以有大幅提升的。

2. 计算利润

作为创业者，预测销售收入之后，一定要计算企业是不是有利润，如果没有利润，那么企业如何长久经营？赔本赚吆喝的买卖估计没几个人愿意做。

企业利润的计算除了成本外，还涉及税金，而税金的计算比较复杂，对于小规模纳税企业，税金包括企业增值税和附加税费。

从 2019 年 1 月 1 日起，国家推出了一批新的针对小微企业的普惠性减税措施。

一是大幅放宽可享受企业所得税优惠的小型微利企业标准，同时加大所得税优惠力度，对小型微利企业年应纳税所得额不超过 100 万元的部分，减按 25% 计入应纳税所得额，按 20% 的税率缴纳企业所得税；对年应纳税所得额超过 100 万元但不超过 300 万元的部分，减按 50% 计入应纳税所得额，按 20% 的税率缴纳企业所得税。

二是对主要包括小微企业、个体工商户和其他个人的小规模纳税人，将增值税起征点由月销售额 3 万元提高到 10 万元。

三是允许各省（区、市）政府对增值税小规模纳税人，在 50% 幅度内减征资源税、城市维护建设税、印花税、城镇土地使用税、耕地占用税等地方税种及教育费附加、地方教育附加。

四是扩展投资初创科技型企业享受优惠政策的范围，使投向这类企业的创投企业和天使投资个人有更多税收优惠。

此外，不论行业还是地区，小规模纳税人增值税都统一按 3% 征收率计税。小规模纳税人应纳税额的计算，如表 8-4 所示。

表 8-4 小规模纳税人应纳税额的计算

税项	分项	说明
应交增值税	月销售收入 ≤ 10 万元	免征增值税
	月销售收入 > 10 万元	应交增值税 = 月销售收入 /1.03×3%
附加税	教育费附加	应交教育费附加 = 月应交增值税 ×3%
	城市维护建设税	应交城市维护建设税 = 月应交增值税 ×7%
	应交地方教育附加	应交地方教育附加 = 月应交增值税 ×2%
企业所得税	年利润 ≤ 100 万元	应交企业所得税 = 年利润 ×25%×20%
	100 万元 < 年利润 ≤ 300 万元	应交企业所得税 =100 万元 ×25%×20% +（年利润 -100 万元）×50%×20%

案例 8-1

　　小格打算开办艺术品零售店，企业为小规模纳税人，根据预测自 5 月开业以后的销售收入如表 8-5 所示的含税销售收入；5—12 月，企业成本预测如表 8-6 所示，应交增值税如表 8-5 所示，应交附加税及企业所得税如表 8-7 所示。

表 8-5 增值税计算表

项目	5 月	6 月	7 月	8 月	9 月	10 月	11 月	12 月	合计
含税销售收入	45230.0	48500.0	61234.0	105620.0	124560.0	185621.0	253650.0	275620.0	1100035.0
应交增值税	0	0	0	3076.3	3628.0	5406.4	7387.9	8027.8	27526.4
销售净收入	45230.0	48500.0	61234.0	102543.7	120932.0	180214.6	246262.1	267592.2	1072508.6

　　由表 8-5 可知，小规模纳税人月销售额不超过 10 万元，免征增值税。因此，5 月、6 月、7 月增值税免缴；自 8 月起之后的 5 个月月销售额均超过 10 万元，因此，每个月应交增值税 = 月销售收入 /1.03×3%。

表 8-6 企业成本明细表

项目		5 月	6 月	7 月	8 月	9 月	10 月	11 月	12 月	合计
成本分项	进货	12000	15000	18000	24000	35000	47000	50000	52000	253000
	工资支出	31000	31000	31000	31000	31000	31000	35000	35000	256000
	租金	12000	12000	12000	12000	12000	12000	12000	12000	96000
	促销费	1000	1000	1000	1000	1000	1000	1000	1000	8000
	保险费	2300	2300	2300	2300	2300	2300	2300	2300	18400

续表

项目		5月	6月	7月	8月	9月	10月	11月	12月	合计
成本分项	维修费	300	300	300	300	300	300	300	300	2400
	水电费	420	500	600	800	900	1000	1000	1000	6220
	电话费	200	200	200	200	200	200	200	200	1600
	宽带费	59	59	59	59	59	59	59	59	472
	办公用品	300	300	300	300	300	300	300	300	2400
	开办费	4500	—	—	—	—	—	—	—	4500
	折旧和摊销费	2300	2300	2300	2300	2300	2300	2300	2300	18400
	其他费用	230	230	230	230	230	230	230	230	1840
总成本		66609	65189	68289	74489	85589	97689	104689	106689	669232
销售收入		45230	48500	61234	105620	124560	185621	253650	275620	1100035

表 8-7 企业利润表

项目	5月	6月	7月	8月	9月	10月	11月	12月	合计
销售收入	45230.0	48500.0	61234.0	105620.0	124560.0	185621.0	253650.0	275620.0	1100035.0
应交增值税	0	0	0	3076.3	3628.0	5406.4	7387.9	8027.8	27526.4
附加税费	0	0	0	307.6	362.8	540.6	738.8	802.8	2752.6
利润	−21379.0	−16689.0	−7055.0	27747.1	34980.2	81984.9	140834.3	160100.5	400524.0
企业所得税	—	—	—	—	—	—	—	—	20026.2
净利润	—	—	—	—	—	—	—	—	380497.8

由表 8-7 可知，若月销售收入未达到 10 万元，免交附加税。因此，5 月、6 月、7 月附加税免交；自 8 月起之后的 5 个月月销售额均超过 10 万元。

月附加税 = 月应交城建税 + 月应交地方教育附加 + 月应交教育费附加

= 月应交增值税 × （7%+2%+3%）

= 月应交增值税 × 10%

此外，企业所得税按年缴纳，因企业年利润未超过 100 万元，因此减按 25% 计入应纳税所得额，按 20% 的税率缴纳企业所得税，即

年应交企业所得税 = 年利润 × 25% × 20% = 400524.0 × 5% = 20026.2（元）

8.2.3　制订现金流量计划

如果把企业比作汽车，现金流就是这辆汽车的燃料，没有燃料的汽车是无法启动的。如果企业负责人或其管理财务的人缺乏管理现金流量的能力，企业经营过程中就可能因为缺少现金而"中途抛锚"。创业者有必要学习制订现金流量计划并管理现金流，使企业不至于陷入资金短缺的境地。

导致企业缺少现金流的原因有很多，例如，启动资金准备不足；生产数量或进货数量过于激进，超过企业承受能力；赊账销售过多，有些赊账几个月也不能收回；没有为设备的维修或其他突发情况提前准备现金。

案例 8-2

小格的企业根据自己预测的成本及销售收入制定了现金流量表，如表8-8所示。

表8-8　现金流量表

	项目	4月	5月	6月	7月	8月	9月	10月	11月	12月	合计
	月初现金	0	16400.0	-4979.0	-23968.0	-33323.0	-7875.9	24804.3	104489.3	243023.6	—
现金流入	销售收入	—	45230.0	48500.0	61234.0	105620.0	124560.0	185621.0	253650.0	275620.0	1100035.0
	赊账销售	—	—	—	—	—	—	—	—	—	—
	还贷	—	—	—	—	—	—	—	—	—	—
	亲友众筹	90000.0	—	—	—	—	—	—	—	—	90000.0
	合计	90000.0	61630.0	43521.0	37266.0	72297.0	116684.1	210425.3	358139.3	518643.6	1508606.3
成本分项	现金进货	—	12000.0	15000.0	18000.0	24000.0	35000.0	47000.0	50000.0	52000.0	253000.0
	赊账采购	—	—	—	—	—	—	—	—	—	—
	工资支出	—	31000.0	31000.0	31000.0	31000.0	31000.0	31000.0	35000.0	35000.0	256000.0
	租金	—	12000.0	12000.0	12000.0	12000.0	12000.0	12000.0	12000.0	12000.0	96000.0
	促销费	—	1000.0	1000.0	1000.0	1000.0	1000.0	1000.0	1000.0	1000.0	8000.0
	保险费	—	2300.0	2300.0	2300.0	2300.0	2300.0	2300.0	2300.0	2300.0	18400.0
	维修费	—	300.0	300.0	300.0	300.0	300.0	300.0	300.0	300.0	2400.0

项目		4月	5月	6月	7月	8月	9月	10月	11月	12月	合计
成本分项	水电费	—	420.0	500.0	600.0	800.0	900.0	1000.0	1000.0	1000.0	6220.0
	电话费	—	200.0	200.0	200.0	200.0	200.0	200.0	200.0	200.0	1600.0
	宽带费	—	59.0	59.0	59.0	59.0	59.0	59.0	59.0	59.0	472.0
	办公用品	—	300.0	300.0	300.0	300.0	300.0	300.0	300.0	300.0	2400.0
	开办费	—	4500.0	—	—	—	—	—	—	—	4500.0
	其他费用	—	230.0	230.0	230.0	230.0	230.0	230.0	230.0	230.0	1840.0
	固定资产投资	43000.0	—	—	—	—	—	—	—	—	43000.0
	装修费	30600.0	—	—	—	—	—	—	—	—	30600.0
	增值税	—	0	0	0	3076.3	3628.0	5406.4	7387.9	8027.8	27526.4
	附加税	—	0	0	0	307.6	362.8	540.6	738.8	802.8	2752.6
	企业所得税	—	—	—	—	—	—	—	—	—	20026.2
	折旧和摊销费	—	2300.0	2300.0	2300.0	2300.0	2300.0	2300.0	2300.0	2300.0	18400.0
	现金流出合计	73600.0	66609.0	65189.0	68289.0	77872.9	89579.8	103636.0	112815.7	115519.6	773111.0
销售收入		0	45230.0	48500.0	61234.0	105620.0	124560.0	185621.0	253650.0	275620.0	1100035.0
月底现金		16400.0	-4829.0	-23968.0	-33323.0	-7875.9	24804.3	104489.3	243023.6	400824.0	—

　　细看表 8-8，可以看出企业经营第一个月（5 月）就出现了资金缺口，第二个月到第四个月资金缺口逐月增大，因为第一个月（4 月）要一次性支付装修、租金及家具等费用。也就是说企业初始众筹资金 90000 元根本不够，还要再筹集些资金才可以。另外，所有产品销售都是现金支付，没有赊账销售，可是企业在实际运营过程中，很难保证每件商品都不是赊账销售。此外，商品的损坏等并未计算在内。因此，在制定现金流量表时，越详细越好。

8.3 精心运营企业

　　在创办企业之前你要问自己这么几个问题：你是否有决心和能力带领你的企业向前发展，你的创业构思能否承受市场的检验，你的企业能否盈利，你的创业团队是否准备好了一起努力，你的启动资金是否准备充足？

　　如果创办企业前的自问能让你满意，那么在正式营业为顾客服务之前，你还有很多工作要做。做什么，怎么做，谁来做，什么时候做，做到什么程度，一定要有一个非常详细的计划（见图 8-4）。

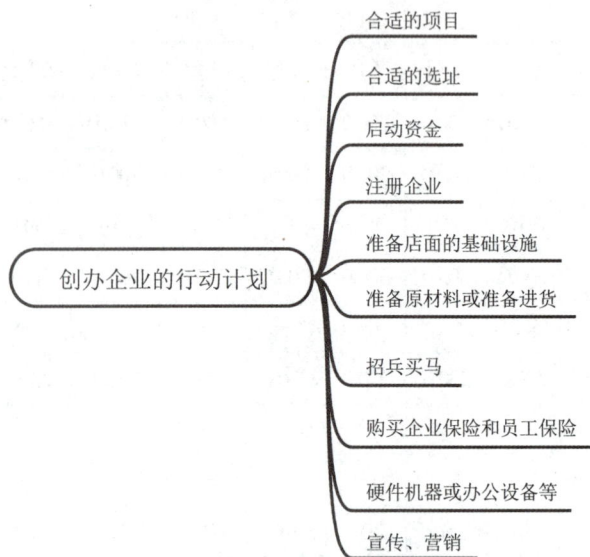

图 8-4　创办企业的行动计划

案例 8-3

创业失败案例——我是这样失败的

初弄商潮

我之前在一家大型外企上班。因为已经做到了中层管理的位置，所以有很多管理的体会，加上公司大量的专业培训，我自认为找到了管理的真谛，只是由于环境的束缚，我没有太大的施展空间。

1999 年春天，我接手了一家公司——中人力合公司。公司规模不大，经营电脑配件，是一个典型的中关村模式。兄弟几个从柜台开始，抓到什么就卖什么。一段时间下来，虽积累了一笔资金，但是丧失了很多做大的机会。有了一定的积累，野心也跟着来了，他们不再满足现状，而是需要更大份额的蛋糕。为实现目标，他们需要一个更加专业的人帮助他们，我就是在这时候加盟了进来。

通过对以往市场的分析，我们认为，以前丧失的最大机会是没有成为一个大品牌的代理商；计算机以后的应用趋势将是网络化，因此网络产品的需求将有一个很大的空间。为此，我们决定将业务重点转移到网络产品上来，并立志成为一个大品牌网络产品的经销商。我们还对以后可能遇到的风险做了分析。恰好当时联想网络产品和 D-Link 网络产品进行合并，这两个品牌是中低端产品中最大的品牌，这个合并打乱了原来这两个品牌的销售渠道体系，市场形成混乱局面。这为我们提供了切入的好机会。因此，我们决定代理联想 D-Link 网络产品。

为了应对新形势，我对公司进行整改。按照准事业部的形式建立了四个独立核算的部门，它们之间可以用长期赚取高额利润的关联业务配合短期赚小钱的业务。在产品分销的部门后面还设置了网络培训部门，以及系统集成部和当时很热的互联网业务部。为了减小风险，我确定了长短线搭配的业务方向。在确定组织架构以后，我开始招兵买马。实际上，当时并不是很好的时机，这个行业已经充满了竞争。竞争对手拥有多年的经验，而我们才刚起步，并且在开始前没有找到一个打破这种局势的办法，但我还是顶着压力起步了。开始的时候还是小心翼翼，只招聘了 8 个人。在人员不多的时候，公司的管理还是有序的。

艰难拓展

由于是代理商，决定了我们公司的业务以销售为主。刚开始，销售任务根本没法完成。对成本控制经验的不足，使我们的产品总是比别人的贵，而竞争对手在市场决策的质量和速度方面表现非常出色。由于销量不足，厂家对我们的支持也明显不足，而缺乏厂家的支持，销量就更上不去，这形成一个恶性循环。为了完成销售任务，摆脱这种局面，我决定进行价格跟进，有时候甚至低于成本价进行销售。赊账在我们这一行是非常普遍的，一般下家拿货都不会先付款，直到卖出去后才付款，这要求商家严格控制赊账的额度和期限，不然会有很大的风险。可是当时，在一切以销售为中心的思想指导下，我连赊账这种事情都疏于管理了。3 个月以后，销量是上去了，利润率却远低于行业平均水平。

直到这里，不去深究投资决策问题的话，做法似乎没有什么错误。我被公司表面的繁荣和快速增长的销量迷惑了，虽然心中知道公司潜在的风险和软肋。公司盈利能力和资金控制能力的不足是最需要进行改善的，但改变这些需要承担很大的风险，在主观上我已经不愿正视了，我似乎在尽力忘掉这些问题，眼睁睁地看着失败的到来。其实，我可以有更合适的举措，如可以加入能够提供更高利润率的产品，也可以修订付款流程加快资金流动，但我没有这样做，因为我对股东承诺过每月要有高达两倍半的销售成长率。为了得到更好的销售成长率，我选择招收更多的新员工，以加大促销力度，提高销量，并通过各种短期手段刺激销量增长。我不断地通过制定低于成本的售价，放松赊账控制这些方法促使销售量进一步增长。以增加员工数量为例，最多的时候我一次招聘进来了 20 多名员工，也没有为他们进行必要分工和培训。有些新员工一直到了公司倒闭的时候，我还不知道他们的名字。由于新员工的比例太大，对公司的文化、制度和监管等各个方面都形成了很大的挑战。此外，由于新员工的数量很大，直接进行管理变得很困难，我提拔一部分老员工作为中层管理者，以便对日益庞大的员工队伍进行管理。这些中层管理者虽然有很多实际销售经验，但几乎没有任何管理经验，中层管理能力的薄弱使人员管理这个重要方面逐渐失去了控制。同时，新老员工存在着明显的隔阂，加上没有很强的中层管理支持，企业中逐渐形成一个个小团体。我作为企业的最高层，当时最恐惧的事情就是不了解员工的想法。在刚开始的时候，我们能经常地坐在一起聊一聊，交换一下看法。可是大量新员工的迅速加入，使这样简单的活动成为一种奢望。渐渐地，我开始对组织疏于管理，这时的公司已显露败迹。在今后的一段时间里，公司的根本问题不但没有得到改善，反而更加难以解决。本来公司还准备了系统集成、技术培训这些能够赚取很高利润的业务方向，但由于它们的成长速度明显不如做产品分销，在产品分销压力越来越大的情况下，我对具有高利润的业务不再关注，这些业务也渐渐萎缩了，这使整个公司的发展缺少足够的利润支持，我也渐渐放弃了对公司整体的思考和把握。1 年后，公司因为销量的高速增长，获得了产品厂商颁发的全国最佳成长大奖，但那一刻也成为一个转折点，公司经营由此加速失控。此后，仅仅 3 个月的时间，公司就因为付不起货款而倒闭。公司由于追求过分的销售成长率失败了。

失败的反思

最后的 3 个月中，我非常困惑自己到底为什么会将情况弄得这么糟。当时，我觉得是选择错了投资方向、竞争对手太强及整个商业模式的问题，我在公司倒闭后 1 年的时间里都无法走出失败的阴影。当一切冷静下来时，我发生了很大的改变，我开始寻找自身的问题，而此前我总是将问题归咎于外。现在看来，失败的原因有很多，管理者人性的弱点成为这些原因的根源。我追求局部的成长，而丧失了对整体的控制，这是过于虚荣造成的。企业需要适当限制发展的速度，因为高速的增长在带来繁荣的同时，也带来了大量的管理问题。如果对这些问题的来临没有做好准备，那么高速的增长只能是巨大的风险。要仔细分析商业机会，有些看起来很好的机会，如果管理者营运不当，就会成为企业未来的一场噩梦。

（资料来源：http://blog.sina.com.cn/s/blog_d07408650101py0j.html）

企业为了做好产品及服务，所有组织均须具备营销管理、财务管理及运营管理的能力。营销的第一层境界是"发现需求，满足需求"，营销的第二层境界"不是发现需求，而是创造需求"。财务管理记录企业运营的绩效情况、财务支付、资金筹措，确保企业长久地经营。而企业的运营管理则是将原材料、人力资源、技术等转化为产品或服务提供给顾客的一系列活动。

运营管理是企业实现目标的过程化管理。有了目标，企业各级管理人员需要花费主要的时间和精力做运营管理的工作，而运营管理是否有效决定着企业的目标能否实现。

著名企业家张正平总结出高效运营的四大要素，分别是管理架构、管理行为、运营信息系统及管理技术，为管理系统的提升指出了改善方向。高效运营的四大要素内容和要求如表8-9 所示。

表 8-9　高效运营的四大要素

要素	内容	要求
管理架构	组织架构、规章制度、部门职责、岗位职责、胜任力模型、业务流程	职责明确清晰，制度可行有效，组织架构的设置要适合企业 3～5 年的发展需要
管理行为	意识管理、行为管理	意识正确，行为有效

续表

运营信息系统	信息传递流程、业务及管理信息系统	流程明确、合理、高效，保证信息来源准备
管理技术	沟通管理、时间管理、薪酬管理等	管理技术要适用于当前企业，有相应的管理工具支撑管理技术的落实，能够在实际工作中有效应用

8.4 开展低成本的营销活动

初创企业一般都不会很有钱，而且通过砸钱做营销获取销量是得不偿失的。因此，对于初创企业，最重要的是如何用创新的方法进入并占领市场，而且不用花费大量的资金成本，这就是低成本的营销创新。

8.4.1 产品创新

产品创新未必是推出新产品或颠覆旧产品，而是可以通过改变产品的包装、使用频率或产品的使用标准达到销量提高的目的。

案例 8-4

改变产品的使用标准

美国有一家生产牙膏的公司，产品优良，包装精美，深受广大消费者喜爱。最初几年，公司的营业额蒸蒸日上，经营10年后，发展出现停滞，连续3年，营业额逐年下降。

董事会对公司3年来的业绩十分不满，便召开经理级高层会议，商讨对策。

会议中，一位年轻经理站起来，对总裁说："我手中有张纸条，纸条上有一条建议。若您要采用我的建议，就必须奖励我10万美元。"

总裁答应了，接过那张纸条，打开一看，满面笑容，立即签了一张10万美元的支票给那位年轻的经理。

那张纸条上只写了一句话："将现有牙膏管的开口扩大1毫米。"

几天后，所有牙膏采用了扩大1毫米的牙膏管。牙膏厂的员工和成千上万的消费者并没有注意到这一改变，因为新型牙膏管与旧牙膏管容量一样，造型也并没有多少改变。可这年与前3年相比，公司的营业额猛增了30%。

（资料来源：https://www.doc88.com/p-9774748566642.html）

在通常情况下，一提到增产增效，人们思考的便是工艺的更新、原料的节省、管理水平的增强、产品质量的提高及营销渠道的拓宽等。而案例 8-4 中的这位经理则超越惯常思维，思考的是让消费者在不知不觉中增加消费，无须花一分钱营销费用，只是让每个消费者每次挤出的牙膏直径扩大了 1 毫米，1 毫米实在是微不足道的，谁也不会在意，而它却给牙膏企业带来了巨额利润。所以说，智慧创造财富。

案例 8-5

改变包装形式

早期的可口可乐都是散装销售，并非装瓶售卖，因为不便携带、存储等种种原因，在美国销量并不是很好。怎样才能提高销量，走出美国，走向世界呢？一个年轻人想到一个办法——把可乐装进瓶子。

中央工厂负责生产可乐浓缩液，然后再将这些浓缩液运到各地的可口可乐工厂，通过在水里加入一定比例的糖、汽及浓缩液进行勾兑，之后装瓶，这就是现在大家常见的可口可乐的包装。如果没有改变包装，也许就不会有今天见到的可乐了。

（资料来源：http://m.thepaper.cn/newsDetail_forward_1249427）

8.4.2　促销创新

逢年过节都会看到各个商家绞尽脑汁地进行促销活动，但是传统节日毕竟有限，怎么办？没有节日，那就创造节日！例如，电影节、读书节、啤酒节、"双 11"购物节、"6·18"购物节等。

20 年前，波导手机很有名气，销量也不错，号称"手机中的战斗机"。波导手机在国内有自己的销售渠道，但它并不满足于国内市场，还想打入国际市场，又苦于没有销售渠道。

无独有偶，在国际市场上做得风生水起的西门子手机，此时想在国内开展销售业务，却苦于没有国内销售渠道。

于是本来是竞争者的双方经过谈判进行协同营销，双方互换手机渠道。波导给西门子提供国内渠道，西门子则把国际渠道提供给波导。原本是敌人的双方瞬间变为朋友，真是此一时彼一时。

8.4.3　广告创新

广告创新，是指通过独特的技术手法或巧妙的广告创作脚本，突出体现产品特性和品牌内涵，并以此增加产品销量。优秀的广告创新可以冲击消费者的感官，引起消费者强烈的情绪性反应，达到减小购买阻力、促进消费行为的目的。广告无论如何创新，都需要达到促成消费者直接购买，扩大产品销售，提高企业知名度、美誉度和影响力的目的。

案例 8-6

啤酒广告——改变拇指的方向

一家啤酒公司发布消息，面向各大策划公司征集宣传海报，开价 50 万美元。不到半个月，啤酒公司就收集了上千幅广告作品，最让宣传负责人满意的一幅作品是这样的：一只啤酒瓶的上半身，瓶内啤酒汹涌，在瓶颈处，紧握着一只手，拇指朝上，作势要打开啤酒瓶的瓶盖。广告语是："忍不住的诱惑！"

老总仅仅看了两秒钟就否决了这幅海报，理由是用拇指开啤酒的做法十分危险，如果有消费者模仿这种方法导致拇指受伤的话，就会带来消费者的投诉甚至起诉。

这时候，一个艺术系的学生拿着自己的作品走进了啤酒公司老总的办公室，老总同样花了两秒钟的时间来看广告的海报，这次的回答是："年轻人，太棒了，这才是我想要的！"

第二天，啤酒公司的海报见诸各大媒体广告版面：啤酒瓶的上半身依然紧握着一只手，瓶内啤酒汹涌，几乎要冲破瓶盖冒出来，此时，紧握瓶颈的那只手用拇指紧紧地按住瓶盖，尽管如此，啤酒还是从瓶口处溢出。广告语是："××啤酒，精彩按捺不住！"

从"忍不住的诱惑！"到"精彩按捺不住！"，拇指向上位移 1 厘米，转换了一个姿势，却带来了质的超越！

这位艺术系的学生如愿以偿地得到了 50 万美元的酬劳。

（资料来源：https://www.sohu.com/a/166739242_364642）

广告要做到让消费者知道企业的产品、喜爱企业的产品、记住企业的产品，直至最后购买企业的产品。

8.5 保障稳定的现金流

有什么别有病，没什么别没钱。对企业来说，这简直就是真理，任何时候都是现金为王。

8.5.1 没有流动资金，企业会怎样

战场上两军对垒，将士浴血奋战，枪弹无情，不少战士中弹倒下，他们是怎么死的？绝大多数战士是因为失血过多导致休克，最终牺牲！如果战士中弹后能够及时输血并实施救治，那么这些战士是可以活着看到胜利的。对于人体而言，即使你各个器官都健康正常，失血过多也必定会导致死亡，这一点毫无疑问。

从某种意义上说，企业的现金流比收入和利润更重要，也更真实，企业经营现金流量为负说明处于现金短缺的状态。

案例 8-7

赊账引起现金流断裂

有个朋友筹了一笔资金，开了一家小食品加工厂，因为食品品质好，销量逐月增长，收益自然不错。

可是食品厂开了不到三年，就关门大吉了。

再次见到他，一提起食品厂的生意，他就懊恼不止。

原来，食品厂开业一年以后销量逐月递增，也有了一些回头客，但大部分零售商是赊账或代售，卖出去才付款。刚开始销量小的时候他还能东挪西借，维持最基本的生产；再就是及时收款，食品厂也一直能维持运转。随着食品厂销量的持续增长，赊账也随之大幅增加，甚至有些零售商都找不见人，货款自然收不回来。

加上他不放心把收款的任务交给会计去打理，自己一个人忙得团团转，没有时间一个个催收赊账。

后来，原料供应商不愿意赊账卖原材料给他，厂里没有原材料开工生产，工人工资支付不了，赊账没有及时回收，陷入一个死循环。

最后，食品加工厂只能关门歇业。

如果把企业比喻成一个人，"现金流"就是人体里的血液，如果没有血液的流动，那么再强壮的身体也会垮掉。对企业来说，如果没有流动资金，等待企业的就只有死路一条。

8.5.2 现金流的故事

案例 8-8

1000 元钱的故事

炎热的小镇又迎来慵懒的一天。太阳高挂，街道无人，镇上每个人都债台高筑，靠信用度日。这时，从外地来了一位旅客，走进一家旅馆，拿出 1000 元的现金放在柜台上，说想先上楼看看房间，挑一间合适的住宿，就在此人上楼的时候——

店主拿起 1000 元的钞票，跑到隔壁屠户那里支付了他欠的肉钱。

屠夫有了 1000 元，穿过马路付清了欠猪农的钱。

猪农拿了 1000 元，赶忙跑出去付了他欠的饲料款。

那个卖饲料的老兄，拿到 1000 元赶忙去付清他上游批发商的欠款。

这名批发商冲到旅馆付了他所欠的房钱。

旅馆店主拿到 1000 元后依然原样放回柜台上。此时，那位旅客下了楼，拿起 1000 元，声称没一间让他满意的房间，他把钱放回钱夹，出了旅馆的门，离开了……

这一天，没有人生产了任何物品，也没有人寻得什么物品，可全镇的债务都清了，大家都很开心。

（资料来源：http://dy.163.com/v2/article/detail/DJMNQKA90519WVHA.html）

案例 8-8 中没有这 1000 元的流通时，每个人都债台高筑，在有了这 1000 元的流通后，每个人都不欠钱了。也就是说，看上去每个人都赚了 1000 元，还清了债务。

故事有趣，也引人思考，道理是非常深刻的。它道出了财富的来源——资金流通。有人可能想，1000 元只不过是在这些人的手中拿着跑了一圈，最后还是回到了原地，中间并没有产生任何实质的物质财富，如大米、小麦、石油……怎么就产生了财富？不过是假象，全是虚的嘛。可事情就是这么神奇。生命的意义在于运动，财富的意义在于流通。水不流动就是一潭死水，资金不流动就是废纸。

实际上，来旅馆住宿的那个旅客，他带的那 1000 元就是财富来源的本金，这 1000 元是有劳动价值的，是旅客辛苦劳动赚来的。也就是说，社会中每个人的劳动付出、劳动价值，体现在社会上就是金钱。

案例 8-9

最后关头的拯救

很久很久以前……

其实也没有那么久。有一家小公司，做跨境贸易。生意额逐步增加，利润也还可以。在做到 1000 多万美元销售额的时候，公司遇到一个小小的"危机"：下游客户有一笔 100 多万美元的贷款没有到账，导致该公司资金链断裂了。

然后，当月没领到工资的员工闹事了。

然后，上游供应商纷纷来讨账。

然后，公司开出的支票跳票了，对方报了警。

然后，公司开户银行把这家小公司放进了不诚信客户名单，取消了其今后的贷款资格。

如果不是创始人在最后时刻，找到了一家金融机构借到了 100 万美元流动资金，这家小公司就会关门倒闭。

如果不是最后关头的 100 万美元投资款，这个牌子今天将不会广为人知。

8.5.3 重视现金流

企业的经营离不开现金，即流动资金。流动资金为什么重要？因为它只有在市场上流转才能产生营业收入和利润，因此本质上说流动资金就是企业利润的创造者。

一些初创企业，本来资金准备就不足，为了能快速在市场上立足并生存，不惜展开低价竞争，低价策略奏效了，货物发出去了，账款被拖欠，可是员工工资及其他运营固定费用必须支付。几个资金不流动的合同做下来以后，这些企业就会面临因缺钱而关门倒闭的后果。它们不是输给了对手，而是输给了流动资金。

现金是企业赖以生存的"血液"，现金只有流动起来，才会产生利益，进一步推动企业的发展。如果一个企业无法解决现金流的问题，企业生存就会危在旦夕。

当然，企业资金不但要流动，而且要在流动中获取利益，不能实现盈利的企业活动就是在慢慢"失血"。千做万做，亏本不做！当然，有些企业的商业运营模式刚开始就是在烧钱，如滴滴打车，一开始的司机补贴、乘客补贴就是为了占有更多的市场份额，不断地烧钱。但一定要清楚什么时候可以实现盈利，不然就会造成持续的"失血"现象，后果不堪设想！

一个企业经营得好坏不能仅仅看损益表（利润表），还要看现金流表。企业少赚一点没关系，但如果资金都被流通环节占用的话，在财务安全期内不能让资金流动起来，企业就危在旦夕了！

现金流是企业账户里现金存量变化的表示。例如，谈成一笔生意，销售额为 100 万元，所有成本合计 80 万元，看起来利润有 20 万元。可是这笔 20 万元利润的前提是客户最后一笔款支付后才能体现出来的。也许是 1 年后，也许是 2 年后，当然也存在坏账风险。因此，现金流是十分重要的！

总之，支撑一个公司长久发展的不是利润，而是现金流。

◆ 案例 8-10

新冠肺炎疫情下，西贝哭穷，海底捞却没有

2020 年第一个月，当所有中国人准备欢度春节，零售商包括餐饮等行业都准备大干一场时，新冠肺炎疫情给了所有零售人当头一棒。像餐饮、商场等人群聚集，人与人需要面对面接触的行业，均遭受前所未有的冲击。

在这场突如其来的疫情影响下，国内市场规模超 4 万亿的餐饮业被迫按下暂停键，所有门店停业、所有员工待命、挥泪甩卖食材，知名餐饮企业西贝创始人贾国龙在采访中表示，西贝或撑不过 3 个月。同样面临着人工及租金成本的海底捞，虽然在此次疫情中受到巨大冲击，关停门店，却没有听到海底捞说撑不过 3 个月的声音。

为什么这两家餐饮龙头面临相同的困境，处境竟会有如此大的区别？

西贝为什么撑不住

在疫情这只"看不见的手"操纵下，几乎所有中国人都或多或少地放弃了外出用餐，餐饮业自然首当其冲。

按照春节惯例，年前西贝向所有供应商结清了货款，向所有员工和管理层发放了年终奖，账面剩余现金自然不多。按设想，春节期间的营业高峰期将实现现金流快速回流，但设想与现实中间隔了一只拦路虎，那就是疫情。

据估计，西贝的成本结构里，原材料及人工成本各占 30% 左右，房租占 10%，税收成本占 6%～8%，剩余的才是利润，这还要扣除银行贷款的利息。贾国龙说："我们 1 个月工资发 1.56 亿元，2 个月就 3 亿多元，3 个月就四五亿元了。我们确实没有储备这么多现金流。按照往年春节的业绩估算，春节前后一个月西贝的营收应该有七八亿元，现在七八亿元的收入突然变成零，虽然没有收入但是支出得照付。在没遇到危机的时候，我们还是挺牛的，因为餐饮业每天都有收入，我们不缺钱，现金流足够。危机来了，才发现现金流根本扛不住，一算账，真是连 3 个月都扛不过去。"

海底捞没哭穷

反观同是餐饮行业的海底捞，在国内有 550 家门店，员工有数万之众，停工期间的每日支付比西贝还要多，但张勇没有公开哭穷。

原因之一，海底捞发行上市之后，获得融资金额约 66.3 亿元，极大程度改善了公司的资金状况。

原因之二，可以说海底捞有先见之明，有前瞻意识。海底捞虽做火锅，相对传统餐饮，火锅外卖看起来更复杂，但海底捞一直不遗余力地发展外卖业务，而且很早就推出各色自嗨锅，有肉有素，供应市场。多重业务共同发展的模式，让海底捞抗风险能力大大增强。即使门店歇业，公司还是有半成品的火锅可售，外卖业务也提供了一定的收入。一句话，有现金回笼，就还能撑下去。

相较之下，西贝的抗风险能力就显得很薄弱。西贝的菜品大多不适合外卖，西贝也没有对外卖做进一步的研发，几乎没有发展外卖业务。因此，对企业来说，多元化的发展很重要。而且，企业要想抵御风险，3 个月的现金流是不够的，至少要 6 个月。

（资料来源：http://wap.hiyo8.cn/sxzt168/wap_doc/16726242.html）

创业者想做到稳赚不赔的话，首先要有风险意识，其次要有风险应对措施。就像带兵打仗一样，只有有战术规划、有预演、有应急方案，才能立于不败之地。在正式启动项目之前，要计算好毛利率，毕竟有盈利，项目才做得有价值。

案例 8-11

疫情下，西贝迅速"自救"

2020 年 1 月 31 日，西贝董事长贾国龙对外表示，在疫情防控期间，2020 年春节前后一个月，西贝预计会损失 7 亿～ 8 亿元的营收。在不营业的情况下，难以发放 2 万多名待业员工的工资，账面资金也只够撑 3 个月。这对每年服务顾客 5000 万人次，2019 年营业收入高达 40 亿元的西贝餐饮来说，可以用"灭顶之灾"来形容。西贝面临的问题，也是疫情初期中国众多传统企业面临的困境。现有的供应链渠道难以消化春节提前预备的食材，库存堆积如山，现金流来源被切断，员工待业在家。

困境中，西贝决定利用互联网技术将线下业务转移到线上并迅速调整商业模式。

一是增加线上外卖业务，一大半的门店均参与其中，外卖收入占到了西贝总体收入的绝大部分；

二是线上销售米、面、粮、油、蔬菜以及其他食材；

三是针对企业用户开启团购订餐模式；

四是各门店建立食客微信群，及时向用户推广西贝的产品信息、外卖服务以及食材订购等服务；

五是积极与银行的信用卡中心合作，将西贝的产品作为开卡赠品或者其他业务礼品赠送给顾客，从而发现潜在顾客。

西贝利用互联网技术成功"自救"，获得了支撑企业存活的现金流，使企业转危为安并持续生存。

（资料来源：https://zhuanlan.zhihu.com/p/112027555）

西贝的转型无疑是成功的，但无数案例也不断告诉我们，困境当下转型势在必行，然而不可盲目操作。任何一家公司想要转型，都应先结合自身的实际情况和当前的发展趋势，选择适合自己的。

课后练习

1. 请根据8.1的学习，分析下列各项开支项目属于投资还是流动资金支出，在相应的单元格内打上"√"。

序号	支出项目	投资	流动资金
1	收银使用的POS机		
2	工人工资		
3	市场调研费		
4	房屋租赁费用		
5	购置一辆货车		
6	员工的工作服		
7	办公电脑		
8	柜台		
9	经营权转让费		
10	广告费		

2. 预测企业启动资金明细。

请根据自己所学专业、兴趣或特长创业，根据拟创立企业的具体情况，预估有哪些项目需要开支，填入下表中，并预测每个项目需要多少钱，完成下面的表格。

（1）投资预测。

①开办企业所需机器和生产设备。

根据企业的实际销量预测，要达到这样的销量需求，需购置哪些机器和生产设备，请根据实际情况填入下表。

序号	机器、生产设备名称	数量/台	保修/年	单价/元	金额/元
1.1					
1.2					
1.3					
1.4					
1.5					
1.6					
合计				元	

记录上表机器、生产设备购买的经销商具体情况。

序号	机器、设备名称	经销商名称	地址	联系方式	最近维修点 / 电话
1.1					
1.2					
1.3					
1.4					
1.5					
1.6					

②企业经营所需器具及家具等物品。

根据企业的经营需要，将拟购置的器具和家具等物品填入下表。

序号	器具及家具等物品的名称	数量	保修 / 年	单价 / 元	金额 / 元
2.1					
2.2					
2.3					
2.4					
2.5					
2.6					
合计				元	

记录上表中器具、家具等物品的经销商具体情况。

序号	器具、家具名称	经销商名称	地址	联系方式	最近维修点 / 电话
2.1					
2.2					
2.3					
2.4					
2.5					
2.6					

③交通工具。

根据企业的经营需要，拟购置以下交通工具。

序号	交通工具名称	保修 / 年	数量 / 辆	单价 / 元	金额 / 元
3.1					
3.2					
3.3					
合计					元

记录上表交通工具的经销商具体情况。

序号	交通工具名称	经销商名称	地址	联系方式	最近维修点 / 电话
3.1					
3.2					
3.3					

④电子设备。

根据企业的经营需要，拟购置以下电子设备。

序号	电子设备名称	保修 / 年	数量 / 件	单价 / 元	金额 / 元
4.1					
4.2					
4.3					
合计				元	

记录上表中电子设备的经销商具体情况。

序号	电子设备名称	经销商名称	地址	联系方式	最近维修点 / 电话
4.1					
4.2					
4.3					

⑤无形资产。

根据企业的经营需要，拟购买以下无形资产（无形资产包括商标权、专利权等）。

序号	无形资产名称	金额 / 元
5.1		
5.2		
合计		元

⑥企业开办费。

根据企业的经营需要，需要支付的开办费用记录在下表中。

序号	企业开办费项目	金额 / 元
6.1		
6.2		
6.3		
合计		元

⑦其他费用。

根据企业的经营需要，除上述固定资产、无形资产及企业开办费用外，企业在开业前还需要支出的其他费用。

序号	其他项目支出名称	金额 / 元
7.1		
7.2		
7.3		
合计		元

（2）流动资金预测（按月计算）。

⑧原材料或商品费用。

序号	原材料或商品名称	数量 / 件	单价 / 元	金额 / 元
8.1				
8.2				
8.3				
合计			元	

⑨其他经营需要的费用。

序号	项目名称	金额 / 元	备注
9.1	维修费		
9.2	工资		
9.3	租金		
9.4	保险费		
9.5	水电费		
9.6	电话费		
9.7	宽带费		

序号	项目名称	金额 / 元	备注
9.8	办公用品费		
9.9	宣传费		
9.10	促销费		
9.11			
9.12			
9.13			
9.14			
合计		元	

3. 预测企业启动资金总表。

根据企业销售的实际预测，在企业达到收支平衡之前，对于哪些费用需要预测，哪些项目需要按年来支付，计算时按 12 月计算即可，按照实际项目时间计算下表。

项目	投资预测 / 元	项目	金额 / 元	时间 / 月	总金额 / 元
开办费		原材料			
POS 机		维修费			
计算机		工资			
		租金			
		保险费			
		水电费			
		电话费			
		宽带费			
		办公用品费			
		宣传费			
		促销费			
		其他费用			
投资预测		流动资金预测			
合计				元	

4. 小果开了一家图文印刷店，已经经营了 6 年，现有员工 5 名，有 6 台功能不同的印刷、胶印等设备，这些设备都是开业时一起购置的，总价值约 12 万元。

小果一直觉得自己的店经营得还不错，靠图文印刷店这几年获得的收益，小果刚刚开了一家分店，为了扩大经营，小果又买了一辆车方便开展业务。此时，小果手上的现金已经所剩无几，仅能维持基本生活。不幸的是，这周一店里的一台印刷设备坏了，维修费用需要 3 万元，差不多是新设备的一半费用，这可是图文印刷店必不可少的设备。可是小果的店里却拿不出这笔费用。

问题 1：你觉得小果有什么地方做错了，他应该怎么做？

问题 2：根据 8.2 学习的折旧及摊销费的相关计算方法，尝试计算企业的月折旧额和摊销额，完成下表。

单位：元

项目名称	金额	月折旧额或摊销额
房产		
生产设备		
家具		
交通工具		
电子设备		
开办费		
无形资产		
其他投入		
合计	元	元

5. 结合 8.1 和 8.2 所学知识，预测你正在筹划的企业生产产品或提供服务的单个成本，列出计算过程。

6. 按照产品定价法的两种方法，预测企业生产产品或提供服务的销售价格，完成下表。

序号	产品或服务名称	成本加成定价的价格	竞争对手的价格	你的产品或服务的价格
1				
2				
3				
4				
5				
6				

7. 预测企业的销售收入，完成下表。

项目		1月	2月	3月	4月	5月	6月	7月	8月	9月	10月	11月	12月
	销售数量												
	单价												
	含税收入												
	销售数量												
	单价												
	含税收入												
	销售数量												
	单价												
	含税收入												
	销售数量												
	单价												
	含税收入												
	销售数量												
	单价												
	含税收入												
	销售数量												
	单价												
	含税收入												

续表

项目	1月	2月	3月	4月	5月	6月	7月	8月	9月	10月	11月	12月
销售总数量												
销售总收入												

8. 计算企业年利润。

小薇打算在旅游景点开一家工艺品及特产销售店，她根据市场调查做了销售及成本预测。

（1）她预测年含税销售收入总计 750000 元。

（2）工艺品及特产进价总额 310000 元。

（3）其他经营成本为 160000 元。

请根据以上预测数据计算小薇的工艺品及特产销售店年利润。

9. 根据第 7 章课后练习中企业的销售预测，将企业应交增值税、附加税及企业所得税及成本核算填入增值税计算表、企业成本明细表及企业利润表中。

增值税计算表

项目	1月	2月	3月	4月	5月	6月	7月	8月	9月	10月	11月	12月	合计
含税销售收入													
应交增值税													
销售净收入													

企业成本明细表

	项目	1月	2月	3月	4月	5月	6月	7月	8月	9月	10月	11月	12月	合计
成本分项	原材料													
	工资支出													
	租金													
	促销费													
	保险费													
	维修费													
	水电费													
	电话费													
	宽带费													
	办公用品													
	开办费													
	折旧和摊销费													
	其他费用													
总成本														
销售收入														

企业利润表

项目	1月	2月	3月	4月	5月	6月	7月	8月	9月	10月	11月	12月	合计
销售收入													
应交增值税													
附加税费													
利润													
企业所得税													
净利润													

10. 根据第 7 章课后练习中企业的销售预测及资金筹集等情况，制定企业的现金流表。

现金流表

项目		准备月	1月	2月	3月	4月	5月	6月	7月	8月	9月	10月	11月	12月	合计
月初现金															
现金流入	销售收入														
	赊账销售														
	还贷														
	亲友众筹														
	合计														
成本分项	现金进货														
	赊账采购														
	工资支出														
	租金														
	促销费														
	保险费														
	维修费														
	水电费														
	电话费														
	宽带费														
	办公用品														
	开办费														
	其他费用														
	固定资产投资														
	装修费														
	增值税														
	附加税														
	企业所得税														
	折旧和摊销														
	现金流出合计														
销售收入															
月底现金															

11. 请查阅相关资料，了解一下宝洁公司是如何通过"改变产品使用频率"来开展低成本营销的。

12. 冰激凌的销售旺季一定在夏天，那么淡季的时候，工厂的冷冻设备停产，工人停工，对厂家来说一定是不利的。根据改变产品的营销策略，你觉得冰激凌生产厂商可以做哪些改变？

13. 网络营销时代的营销方法不断创新，事件营销就是其中一种方式。事件营销又被称为"事件炒作"。事件营销背后都拥有一支经验丰富的策划团队。事件营销就是经过策划团队的精密策划来为你的企业来打造独特卖点，最后经过媒体宣传从而达到迅速提升知名度的目的。

针对你的企业经营的产品或服务，尝试打造一次"事件营销"，请写出广告与详细的策划营销方案。

14. 阅读短文《把时间投资在自己的未来》，写下你的未来计划。

把时间投资在自己的未来

日本的"经营之神"松下幸之助先生曾经说过："想知道一个人会有什么成就，可以看他在晚上的时间在做什么。如果能够善用7点到10点钟的人，他的成就将比一般人高出2倍。"

有两个年轻的乡下人甲和乙一起挑水去城里卖，一桶卖1元，一天可以挑20桶。

甲说："我们每天挑水，现在可以挑20桶，但等我们老了还可以一天挑20桶吗？我们为什么不现在挖一条水管到城里，这样以后就不用这么累了。"

乙说："可是如果我们把时间花去挖水管，我们一天就赚不到20元了。"

因此，乙不同意甲的想法，就继续挑水，甲开始每天只挑15桶，利用剩下的时间挖水管。

5 年后，乙继续挑水，但只能挑 19 桶，可是甲挖通了水管，每天只要开水龙头就可以赚钱。

不知道大家对这个故事有什么感想？

其中，含有一层意义：我们一般人都像乙，每天把时间都花在公司，白天上班，晚上加班，为的只是要赚眼前的 20 元。

为什么我们不能像甲一样，挪出一点时间，把时间投资在自己的未来？现在台湾地区经济不景气，很多公司外移，我们还在等公司决定我们的未来吗？公司保障我们现在的生活品质，但它会保障我们的未来生活吗？我们为什么要把未来交给别人？每个人都想掌握自己的未来，可是现在却把未来交给别人，这不是很奇怪吗？

中国有一句话形容传统工作，我觉得很贴切，就是"传统行业像死胡同，都会走到底，差别只是多久的问题而已"。

现在加班的机会不多，一些人回家看电视继续浪费生命；一些人继续兼职，走另一条死胡同；而我选择把时间投资在学习上，学习另一种能力，另一种别人无法取代、各地都可以运用的能力，虽然现在看不到效果，但学成之后就可以掌握自己的未来了。再跟各位分享一句话："如果你不满意现在你的生活，就要不满意三五年前你的决定；如果三五年后你想过不一样的生活，就要从现在学习改变。"

提一桶水赚一桶的钱，生病或老了，不能赚钱时怎么办？还是在不影响正常收入情况下，找一个渠道赚持续性收入，一劳永逸。

（资料来源：http://info.biz.hc360.com/2013/11/210638230540.shtml）

第 9 章
撰写商业计划书

2018 年 4 月，拼多多第一次大额融资 30 亿美元。

2018 年 6 月，农村电商平台"汇通达"完成融资 45 亿元人民币。

2019 年 9 月，生活服务电商领域麦思加教育、丰桔出行等 9 家平台发起融资，涉及行业有在线教育、在线旅游、交通出行、在线住宿，总融资金额 3.97 亿元人民币；物流科技领域有聚盟、蓝店、运匠信息科技、雅澳供应链 4 家平台获得总计达 1.4 亿元人民币融资；据投融界研究院统计数据显示，2023 年 5 月我国创投市场共公开披露融资案例 342 起，融资金额 382.08 亿元人民币。

可见，企业要生存、要发展、要壮大，一定会融资。而融资之前，投资人首先要看企业的商业计划书。

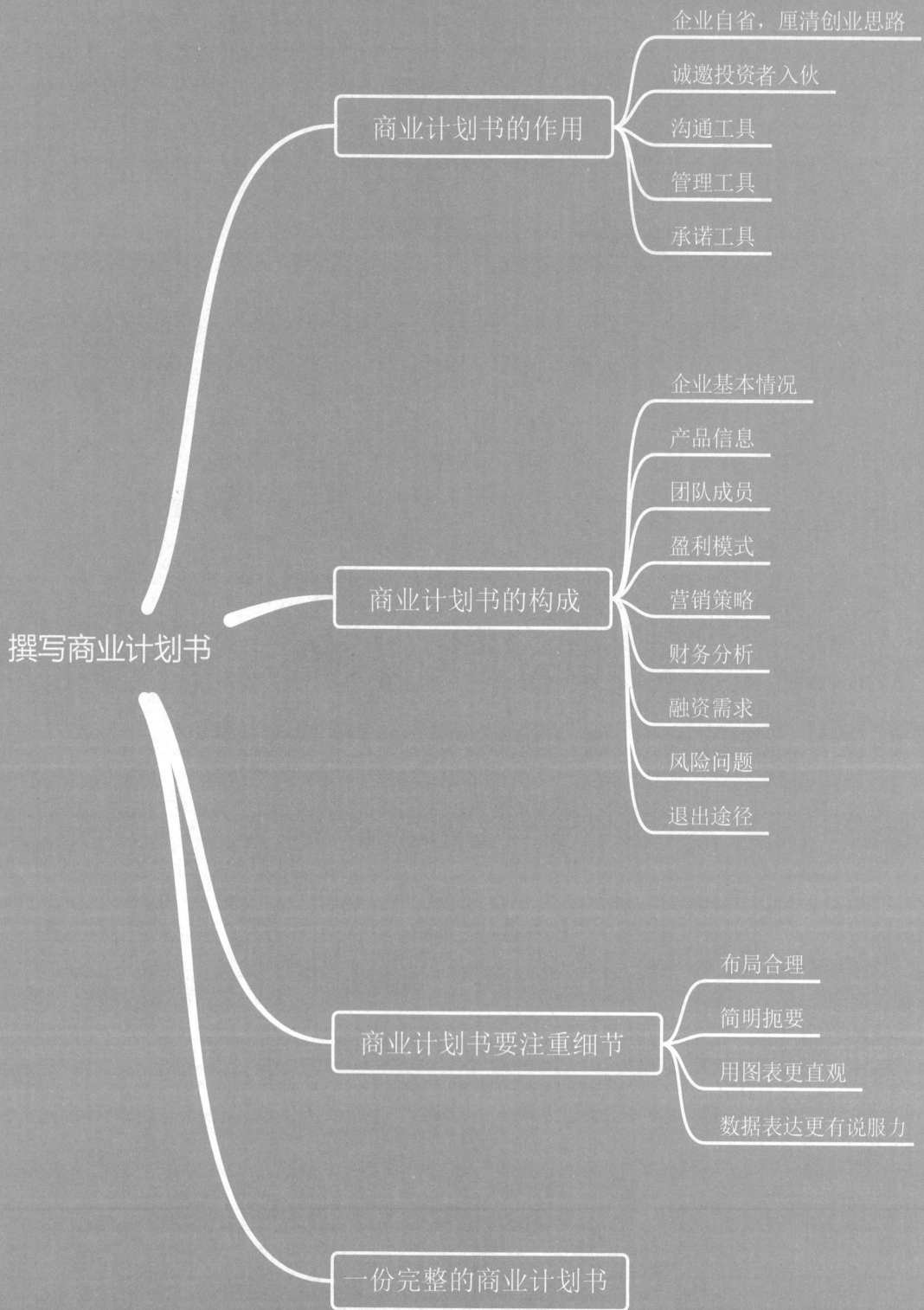

撰写商业计划书

- 商业计划书的作用
  - 企业自省，厘清创业思路
  - 诚邀投资者入伙
  - 沟通工具
  - 管理工具
  - 承诺工具

- 商业计划书的构成
  - 企业基本情况
  - 产品信息
  - 团队成员
  - 盈利模式
  - 营销策略
  - 财务分析
  - 融资需求
  - 风险问题
  - 退出途径

- 商业计划书要注重细节
  - 布局合理
  - 简明扼要
  - 用图表更直观
  - 数据表达更有说服力

- 一份完整的商业计划书

9.1 商业计划书的作用

当创业者为企业设立目标后，就会想着将自己的创意转化成商业价值。对于初创企业来说，商业计划书可以有效地表达创业者的创业意图，并由此寻求外部融资，以求将创业意图转化为现实。对于发展中的企业来说，商业计划书像助燃器，可以帮助企业内部整理思路、做出商业发展规划，推动企业快速发展。

商业计划书是企业根据一定格式和要求制作出来的企业发展战略的书面材料，材料全方位展示企业或项目的运作状况及发展目标。商业计划书力求简洁精练，能一句话说完的不用两句话。

说明理念由来。——切入点

说明市场的需要。——市场前景

说明企业提供了什么产品或服务。——产品

说明还有谁也提供了这些产品或服务。——竞争对手

说明你的企业产品或服务比竞争对手强在哪里？——优势

说明你们如何做到这个"强"的方面。——研发

说明你们如何把"强"的方面让顾客知晓。——市场运作

说明如何赚钱。——盈利模式

说明你们赚的我们能分多少，需要我们为你们提供什么。——回报

介绍一下你们的团队。——团队优势

商业计划书不只是给投资人看的，员工、企业管理者、项目合伙人等也是商业计划书的关注群体。

9.1.1 企业自省，厘清创业思路

在"大众创业，万众创新"的大背景下，越来越多的高校毕业生走上了创业之路。但由于缺乏经验，再加上能力不足，不知该从何下手。而撰写商业计划书可以对企业的发展目标或项目进行自省，从而厘清创业思路。

创业者要先通过商业计划书厘清创业思路，之后才有机会将企业的真实意图及状况介绍给投资者，否则自己都说不清楚的问题，别人更是无从知晓。硅谷著名创业家、风险投资者盖伊·卡维萨基说过："一旦他们将商业计划写到纸上，那些希望改变世界的天真想法就会变得实实在在且冲突不断。因此，文件本身的重要性远不如形成这个文件的过程。即使你不试图去集资，你也应当准备一份计划书。"

商业计划书可以作为企业的行动规划，通过它的督促和指导，创业之路不至于走得太偏，可能使创业过程变得安全并且顺利一些。在撰写商业计划书的过程中，企业要全方位考虑今后的发展及存在的各种各样的问题，并且不断地对这些问题进行补充、修正及完善。

商业计划书首先要做到让别人了解你，企业通过商业计划书介绍自己、展示自己，让读商业计划书的人了解你的企业、你的团队，了解企业的设想。在项目起步阶段，创业者一定会经过很多次规划，此时趁热打铁，通过撰写商业计划书，经营思路会更加清晰，而且会重新系统地考虑创业过程中的各个因素，对企业在创业过程中可能遇到的困难和问题都做充分的准备，制定详细的应对措施，不打无把握之仗。

古德曼说："你须建立商业计划，是为了指导自己创业的行动步骤，它具有相当的现实价值，它并不只是简单绘制步骤 A、步骤 B 到步骤 C。一旦你开始把行动细节落实在纸上，你就会看到一些通常无法发现的东西。"

9.1.2 诚邀投资者入伙

投资者每天会收到很多商业计划书，他们要从众多商业计划书中选择合适投资的项目，这时候商业计划书就是开启企业发展的敲门砖。

一份高品质且内容完整、丰富的商业计划书，能够把企业和项目的优势、潜力、运营思路、商业模式等完美地展现给投资者，让投资者与合作伙伴更快、更好地了解投资项目，对项目充满信心及热情，投资者对项目的青睐会促成他们参与该项目，最终达到合作共赢的目的。

案例 9-1

爱彼迎的商业计划书

爱彼迎（Airbnb）成立于 2008 年 8 月，总部设在美国加利福尼亚州旧金山市。

爱彼迎是一个旅行房屋租赁平台，用户可以通过网络或 App 发布、搜索度假房屋租赁信息并完成在线预定程序。截至 2015 年，业务已覆盖全球 190 多个国家 34000 多座城市。爱彼迎的估值更是高达 255 亿美元，已经远超凯悦、万豪等豪华酒店，并与希尔顿酒店不相上下。它的模式是，人们可以通过爱彼迎的网络平台将闲置的房间租售，供全球住客选用。

谁能想到，估值高达 255 亿美元的爱彼迎是通过 14 页堪称教科书级别的商业计划书敲开了投资者的大门，天使轮融资了 50 万美元？正是凭借着成功的天使轮，爱彼迎才有了今天的发展。

从这一点来说，项目发起人在争取获得投资与合作之初，应该首先将商业计划书的编制和撰写列为头等大事。

（资料来源：https://www.sohu.com/a/256587042_99920748）

9.1.3 沟通工具

商业计划书是一个沟通工具。无论是企业运营还是商业项目运作，都离不开合作双方的相互沟通和协同。在项目推进过程中，如果双方能共同认可项目的发展方向和运营方案，就会避免因分歧和冲突导致项目的进度滞后甚至中止。而商业计划书为双方提供了合作互惠、信息共享、顺畅沟通、统一行动的基础，充当了沟通的中间桥梁，节约了沟通成本。

撰写商业计划书，要介绍企业自身的基本情况和项目的运作情况，如果能使用数据直观地展示项目的商业价值，则可以吸引更多的投资方、优秀人才、战略合作伙伴一起加盟。成熟的商业计划书不仅能描述公司的成长历史，展现未来的企业愿景，还能将潜在的市场价值进行量化。在商业计划书中可以看到项目的整个策划方案，对可能存在的问题都进行深入的梳理和分析，对可能存在的隐患做好应对预案，并能看到行之有效的工作计划及进度安排。而这些又都会成为发起人、投资人、合作伙伴、运营者建立信任、顺畅沟通、正确决策、积极执行的基础。

9.1.4 管理工具

商业计划书是一个管理工具。对于新创企业或新项目来说，商业计划书首先会说明项目的契机和设想，其次会说明项目发展的方法和路径，再次会分析企业成功的关键要素，最后会明确资金筹集的方式和渠道。商业计划书不仅是一份文案，也是引导公司发展不同阶段的一份详细计划。优秀的商业计划书可以帮助企业管理者认清市场风险，想方设法规避市场障碍。从管理工具的角度来说，商业计划书具有如下几个特点。

（1）保证项目发挥自身优势。

（2）发现新的机遇和不足。

（3）帮助企业分析目标客户。

（4）帮助企业思考竞争环境，规划市场，制定销售方案。

（5）提前为项目可能出现的偏差制定应对方案。

（6）与企业雇员共享商业计划书，让团队更深刻地理解企业的业务走向，使上下级步调得到统一。

9.1.5 承诺工具

商业计划书是一个承诺工具。和其他法律文档一样，在企业和投资人签署的融资合同中，商业计划书往往会作为一份合同附件存在于融资合同中。与这份附件相对应的是主合同中商定好的对赌条款。对赌条款和商业计划书共同构成了一个业绩承诺，承诺的内容一般是当管理人完成或没有完成商业计划书中约定的目标时，投资人和企业之间将在利益上如何进行重新分配。

在辅助执行公司进行内部管理时，商业计划书也是一个行之有效的承诺工具。在管理层和下级员工就某一特定目标商定达成一致以后，他们合作完成的商业计划书就记录下了双方对目标的共同约定。这样的共同约定，今后将成为各类激励工具实施的重要依据和目标。企业战略要顺利实施，就意味着需要全员共同努力加上必要的资源投入，更需要领导者统筹全局，运筹帷幄。一方面，只有经过深思熟虑的战略方针，才能让管理层下定投入的决心；另一方面，稳定且具有可行性的战略思维，是管理层凝聚人心和统一指挥不可或缺的基础，是管理层对员工最重要的承诺。

9.2 商业计划书的构成

提起撰写商业计划书，很多人首先想到的就是打开各种编辑文档，一边做一边想，要展示什么内容，以何种方式展现，如何排版，如何吸引投资人的目光。但是，在没有进行前期调研、构思、商讨的情况下，制作出来的商业计划书只是一份看上去十分精美的文案，并不能达到企业自省、邀请投资者入伙及作为企业的沟通工具和管理工具。

在撰写商业计划书之前，企业应该先做相关的市场调研，在明确了企业撰写商业计划书的目的及受众后，就可以构思商业计划书的整体框架了。商业计划书的框架一定会把"项目值得投资"这个亮点凸显出来，使投资者在翻阅计划书时能立刻看到并被吸引。一般情况下，商业计划书的框架可以按照以下内容进行设计，如图 9-1 所示。

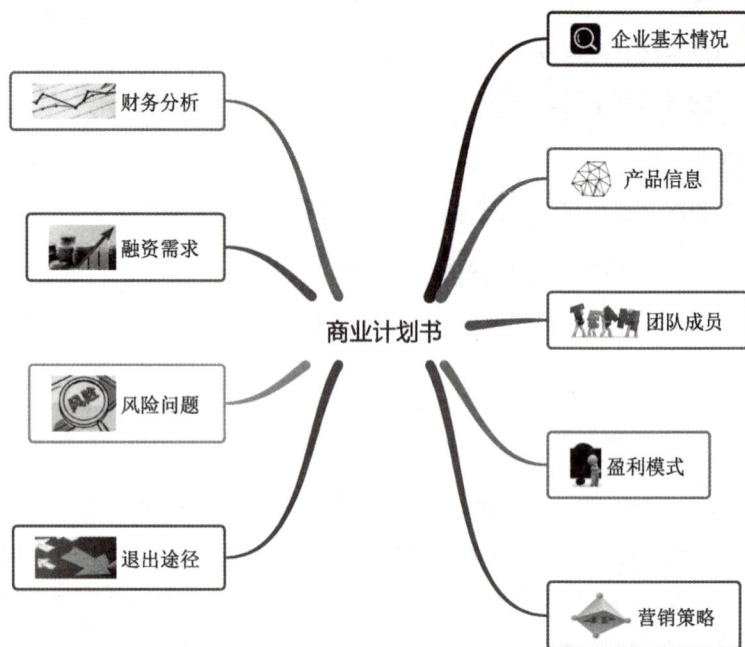

图 9-1 商业计划书的框架

9.2.1　企业基本情况

撰写商业计划书，展示企业基本信息是第一步要做的事情。基本信息包括企业名称、企业注册地址、企业性质、企业股东及股份占比情况、注册资金等。

除了上述基本信息外，最重要的一点是企业发展目标，这一点对投资者来说具有很重要的意义。企业目标可分短期目标和长期目标，短期目标包括1个季度、半年及1年的发展规划，长期目标可包括2年、5年甚至10年的目标。目标要明确且具体，如何实现目标，打算招聘什么样的人才，开发什么样的产品，如何将这些产品推向市场，这些都是需要写清楚的内容。

相对于企业的经营成果，投资人更看重企业的未来规划，也就是企业的发展愿景。企业的未来发展规划关系到企业存在的意义，更关系到投资者的直接利益。对于没有发展愿景的企业，投资者看不到任何希望，是不会投资的。因此，在商业计划书中，必须清晰明确地表达企业愿景，投资者只有通过企业的发展愿景看到其发展潜力，投资可以产生回报，才会下决心投资给企业。

案例 9-2

石墨文档的融资说明

石墨文档成立于2014年5月，花了1年多的时间做产品研发，产品于2015年6月正式上线，定位为中国版的Google Docs。石墨文档可以实现多人同时在同一文档及表格上进行编辑和实时讨论，文档保存在云端，可跨平台操作及编辑历史查看。石墨文档一开始就注重用户体验，在设计中融入了美学设计的元素，产品"小而美"。用户使用石墨文档可以实现高效的云端协作，轻松完成会议记录、讨论文案等工作。

石墨文档在融资时关于企业的说明如下。

从2014年5月成立至2018年4月，石墨文档已服务近千万个人用户，企业用户也高达12万个，覆盖行业包括互联网、教育、新媒体、金融、服务外包等行业，40%的需求来自移动端。

公司收入主要来自个人收费版和企业版，付费用户中有70%的用户选择继续续费。公司正在尝试给大企业客户做一些私有化部署和定制的项目，以及通过SDK输出产品收费。

截至2018年4月，团队人数100人左右，还没有完全实现盈亏平衡。从整体上来看，现阶段文档、表格这类工具还不是真正关注盈利的时候。接下来，公司的重心将放在继续完善产品上。产品已经覆盖了95%的基础Office场景，Excel端的一些功能大部分人用不上，因此暂时不会去做，但石墨文档同时支持导出Excel等功能，在石墨实现不了的功能，可以在Excel端继续操作。

（资料来源：https://shimo.im/welcome）

9.2.2　产品信息

对投资者来说，产品信息是决定其投资的基础，只有全面了解所有产品信息，投资者才会做进一步判断。对产品信息的描述可以从解决用户痛点、挖掘产品卖点、介绍产品信息、产品规划等四个方面进行，切忌夸大其词，一定要实事求是，投资者看过太多的产品介绍，一定会慧眼识珠的。

1. 企业是做什么的

在商业计划书中，投资者一定会重点关注产品的卖点，而卖点就是产品能为用户带来什么，能为用户解决什么问题，只有用户觉得产品能带来某些东西或解决某个问题，才会为此买单。

用一句话概括你要做的事情，解决了什么痛点问题。而投资者也会站在用户的角度考量产品是否解决了用户的痛点问题。而企业对用户痛点问题的解决不是突然的灵光一闪就得出来的，而应该是灵光一闪再加上基于市场的数据分析得来的，这样才更具说服力，更能经得起市场的检验。例如，我们现在人手一部手机，最早期产品是 20 世纪 90 年代看起来像半块砖头的"大哥大"。那么重的"大哥大"，在那个时期售价超过 1 万元，相当于今天的 10 万元。我们很难想象，花 10 万元去买那么大个的手机，可在当时，"大哥大"主要解决了边走路边打电话这个大家一直以来的痛点问题，再也不用守在办公室或家里的电话机旁打电话了。解决了用户的这一痛点问题，即便它又大又重还很贵，客户还是高兴。

商业计划书中对用户痛点问题的介绍要精准，要从产品属性着手介绍，不能含糊其词或泛泛而谈。例如，现在市场上的手机品类实在是眼花缭乱，那么它侧重显示效果、拍照或其他哪个方面，价格是走亲民路线还是高端价位，购买之后的售后服务如何体现品牌特点？企业只有站在用户的角度去审视产品的这些属性，才能充分了解用户的痛点问题，撰写商业计划书才会有理有据有数据。只有这样才能获得投资者的认可。

📘 案例 9-3

为痛点问题买单

宝洁是全球最大的日用消费品公司之一。宝洁公司在日本推广"帮宝适"纸尿裤时，把在美国市场推广过程中已经非常成功成熟的文案"让妈妈们照顾宝宝更方便"直接搬到日本进行宣传使用，而且进行大规模的传播。令期待销量暴增的经销商非常意外的是销量一直很低，看不到任何销量增加的可能。

此时，宝洁公司决定派市场调研人员对日本的妈妈群体做深入的市场调查，最终发现，原来在日本，妈妈普遍认为带孩子辛苦是应该的，妈妈就应该吃苦耐劳。如果给孩子穿纸尿裤是为了妈妈自己方便，她们会有很强烈的内疚感，甚至会被家里的老人或丈夫责骂。

经过这次市场调查，宝洁公司重新调整了文案，文案是这么写的："宝宝用了纸尿裤，肌肤会更加干爽。"

调整后的文案重点强调使用纸尿裤是为了给宝宝最舒适的呵护，之后配合一系列的营销推广活动，很快就提升了"帮宝适"纸尿裤在日本市场的销量。

（资料来源：https://wenku.baidu.com/view/24e4890808a1284ac9504307.html）

2. 企业是怎么做的

发现需求和痛点问题后，如何解决需求和痛点问题，可以提供什么样的服务；和竞争对手的产品或做法相比有什么优势？

投资是验证商业构想合理性的一种方式，而数据是投资人用于推断商业构想是否成立的一种手段。因此，考量数据的根本目的是预估企业未来盈利的空间，这直接影响了投资人是否要投资。

对于项目早期来说，主要的工作是验证产品和商业模式，产品是否被用户接受，用户是否愿意为产品买单，直接体现在数据中。投资人最关注哪些数据，初创企业应该用什么方法得出哪些数据？这都是需要思考的重点问题。

华为在介绍自己公司产品用户的认可度时，以各大网络销售平台的销售数据及用户的使用评价作为衡量的依据。例如，在亚马逊电商平台，华为 P10 手机在安卓手机中销量第一，不同内存版本的 P10 手机也都获得用户 4.5 分以上的高分。用数据来说话，以此体现用户的认可程度，效果显而易见。

企业在做产品介绍时，最重要的是要打动投资者。我们来看看案例 9-4 石墨文档做的产品信息说明，条理清晰，简明扼要。

案例 9-4

石墨文档——团队文档和表格协作工具

石墨文档是一款支持云端实时协作的企业办公服务软件（功能类比于 Google Docs、Quip），可以实现多人同时在同一文档及表格上进行编辑和实时讨论，同步响应速度达到毫秒级，并且它有着高颜值，水墨画一般的 UI 带来了宁静与优雅，这是看到的第一眼就能被颜值折服的产品。

同时，石墨文档也是一款轻便、高效的在线文档和表格协作工具，致力于成为下一代轻量版在线 Office。支持多人实时协作编辑是石墨文档最大的亮点，产品经理不管是撰写产品需求文档，记录灵感思路，还是与团队成员在线协作办公，都可以在石墨文档里高效完成。

产品经理可以直接在石墨文档里撰写产品需求文档、统计和整理用户使用与需求反馈、更新 Bug 修复与新功能实现情况等。此外，产品经理还可以邀请团队成员在同一个文档里共同撰写团队工作日报和周报，也可以直接在文档里分配工作任务并一键更新任务完成情况。石墨文档目前拥有网页端、微信端、iOS 端和 App，可跨平台使用。

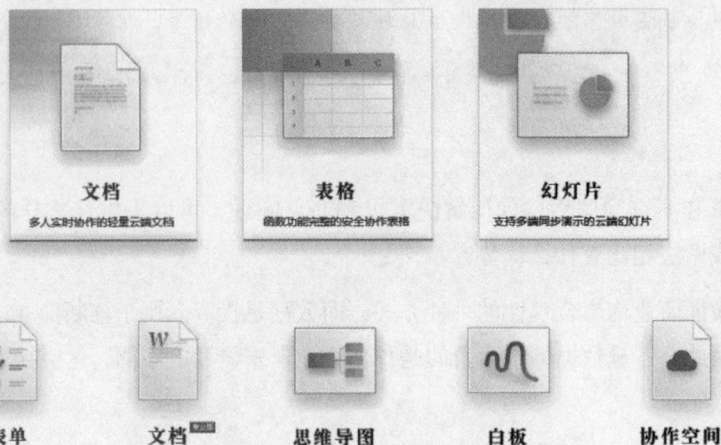

文档
多人实时协作的轻量云端文档

表格
函数功能完整的安全协作表格

幻灯片
支持多端同步演示的云端幻灯片

表单　　**文档**　　**思维导图**　　**白板**　　**协作空间**

图 9-2　多人实时协作的"云端 Office"

1. 实时协作

实时协作可以多人多平台同时编辑在线文档和表格。

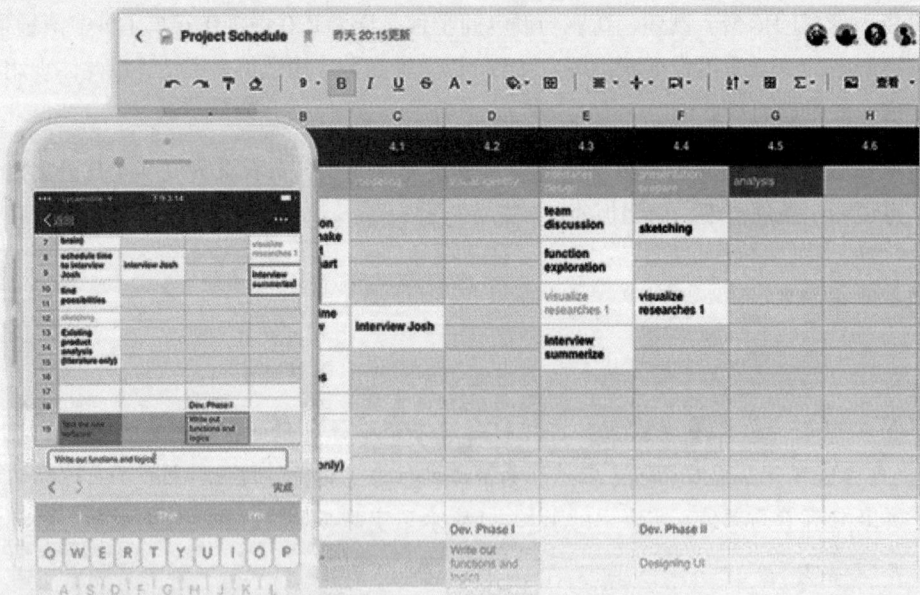

图 9-3　实时协作

2. 实时保存

文档／表格实时保存在云端，即写即存。在编辑过程中，文档页面上方会实时提示文档的状态，包括正在保存、保存成功和最后更新时间。

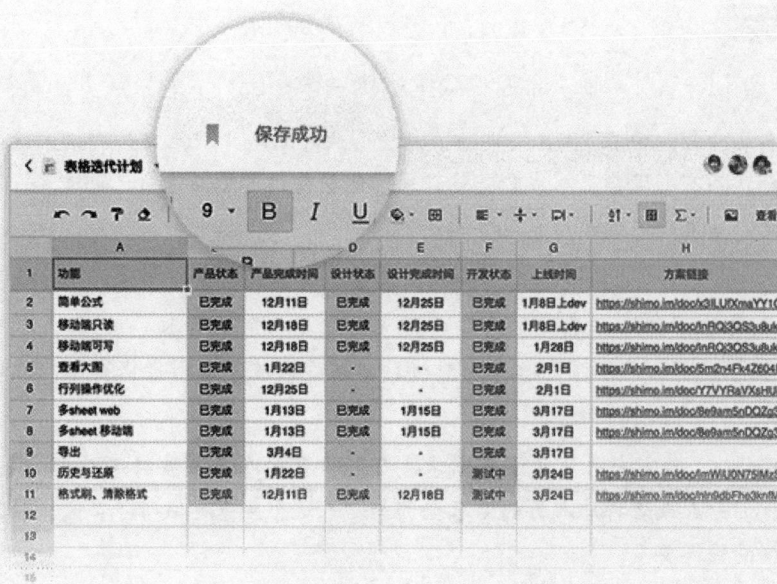

图 9-4　实时保存

3. 轻松分享

添加协作者，邀请小伙伴一起协作，你可以自行控制文档 / 表格的协作权限，只读 / 可写 / 私有，或协作或私密。

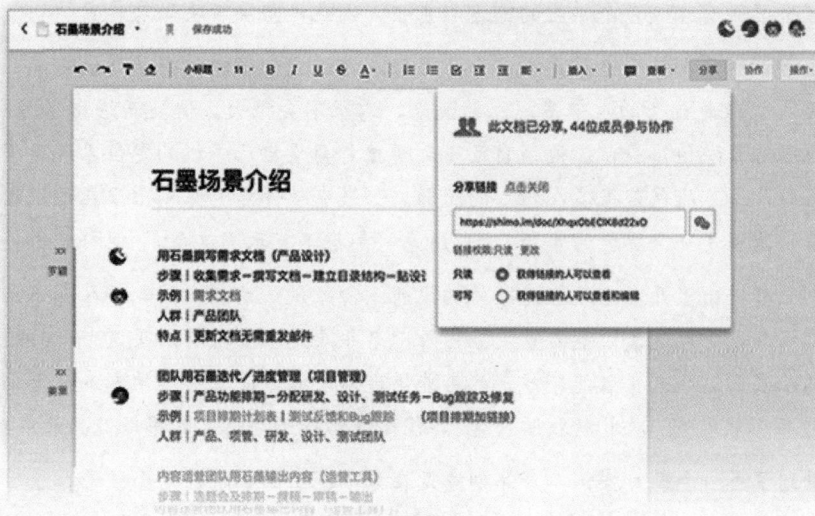

图 9-5　轻松分享

4. 还原历史

所有的编辑历史都将自动保存，随时追溯查看，还可一键还原到任一历史版本。

（资料来源：https://shimo.im/welcome）

案例 9-5

<h2 style="text-align:center">俞敏洪眼里的伪需求产品</h2>

俞敏洪自己介绍，他在 2015 年接触了大量商业计划书，用他自己的话来说，这些商业计划书描述的产品有七成甚至八成都是伪需求。他觉得这些创业者自己创造了一个想象，觉得是一个生意，结果验证到最后发现根本走不通。

俞敏洪举例说："停车位的再利用问题，很多公司都在做这个事情，但是家里的停车位在我离开后通过 App 让别人来使用，我认为实际上是一个伪需求。"现在大家经常讨论的 O2O 家教，教师、家长、学生先做线上对接后，然后由教师上门提供家教，他认为这也是一个伪需求。

俞敏洪强调："伪需求并不是没有需求，可能少部分人或某些特殊人群会有这个需求，但是把这些少部分人或者特殊人群的需求全部加起来这个生意也做不了多大，甚至做这个生意花的钱比挣的钱还要多。"

俞敏洪最早做线下英语培训，他就以培训举例来说明。他认为，中国的培训市场足够大，投资者进来前先要想明白从哪里作为切入点。做线上培训就得与地面培训相比，看哪个能做得最大，就先从能做得最大的方面做起。俞敏洪断言，移动互联网可以对培训起到补充作用，但培训市场一定是以地面教育为主，再辅以线上教育的附加值。

俞敏洪说，新东方突破 100 亿元收入用了 23 年，而房地产楼盘也许两年就卖出 100 亿元，但他觉得教育里面有 400 万个学生的前途和责任，因此他坚决不去做房地产。

有创业者针对无人机反追踪系统这个产品征求建议，俞敏洪觉得是个伪需求，因为在乎是不是有无人机跟着自己的人不多，总的说来，需求不会很大。他反而给出了另一个建议，反手机定位跟踪系统值得一试。他说自己走到哪里都会看自己手机的定位系统是否关掉，就是怕有人跟踪，这可能也是很多人担心的问题。如果有软件能够探测出谁在尝试定位或跟踪自己的手机，这将是一个更大的市场。"我愿意一年花 1 万元买这个。"他补充道。

也有创业者提出了开发老年智能穿戴的设想。俞敏洪认为，中国老年人真正需要的是摆脱孤独，广场舞或许比这套设备要重要。另外，老年人是不会主动购买这个产品的，因此促动老人的孩子去买这个老年智能穿戴产品可能更现实，这方面要去学学史玉柱卖脑白金的做法，"今年过年不收礼啊，收礼就收脑白金"，就是促动孩子为老人购买保健品最成功的案例。

他还提到了另一个项目案例，产品创意是在尿不湿上面加芯片，小孩子拉尿后父母立刻就能知道。这件事情的需求有两部分，一部分卖给家长，收入几百万元；另一部分卖给尿不湿厂家，价格卖 20 元 1 个，成本 10 元不到。俞敏洪解释自己的判断是一年不到尿不湿厂家就会自己生产这个产品，因为尿不湿厂家一年要卖几千万条尿不湿，这个成本大家都会算的，而一个 App 和智能硬件的连接，现在是 10 万元左右就能做到的事情。因此，分析需求真的很重要。

（资料来源：https://www.sohu.com/a/107028643_114965）

9.2.3 团队成员

如果没有团队，就不会有企业存在，一个人无法独自撑起企业的运营。同时，一个具备创意的团队需要高效的执行力一起打造企业的商业帝国。因此，商业计划书中企业对团队优势的展示要清晰有力，可以从三个方面入手，即创始人、核心团队及团队的管理模式。

1. 火车跑得快，全靠车头带

提起企业创始人，大家脑海中闪现的名字有很多，马云、王健林、马化腾、比尔·盖茨等都是其中的代表，这些人无疑都是企业团队中的核心。如果把企业比喻成一列行驶的火车，这些创始人显然就是这列火车的"火车头"，强劲有力地带着企业不断前进。

在商业计划书中介绍创始人时，可以通过一些有代表性的点将创始人突出体现出来，尤其是介绍创始人能够带着企业强劲有力发展的关键要素，如创始人的职业履历，创始人与项目有关的经历，以及创始人为什么如此坚持项目的主要原因或情怀。

创始人对项目有过一些经验，哪怕是失败的经验，有经验创始人才会有收获，而不会只是纸上谈兵。投资者会结合创始人的经验再根据自己的分析，判断创始人是否有能力对项目做进一步的运营。

2. 核心团队

核心团队就像企业的大脑一样，负责整个企业运行过程中的指挥工作。企业的核心团队决定着企业能否一直向正确的方向发展，决定着企业能否获得最大的效益。商业计划书对企业核心团队的介绍可以从分工、各自的优势特点加以详述。

企业运营是一个复杂系统的工作，包括营销、财务、开发等重要内容。团队一定要分工协作，以保证工作有条不紊地开展下去。核心团队人数在 3 人以上比较合适，每个人做自己最适合的工作，既各司其职，又协作无间。

在商业计划书中体现核心团队的工作划分，相当于向投资者展示这个管理团队分工明确并且高效运转的状况。当然，除了分工，在计划书中能体现每位核心成员在自己负责的领域能充分发挥自己的优势，也会为企业加分不少。核心团队成员的能力同样适用"木桶原理"，如果核心团队中出现一个能力不足的人拖后腿，那么团队的整体实力是无法得到提升的。不怕狼一样的对手，就怕猪一样的队友。因此，如果核心团队综合实力比较高，那么即便遇到再强悍的对手，都是毫无畏惧的。

团队组建好，分工明确，并不意味着这就是商业计划书中关于团队的所有内容。实践表明，以团队为基础的管理模式能为企业带来更高效的工作。打造一个好的团队管理模式，可以带领企业取得更优秀的成绩。例如，海底捞的团队管理模式，可以说是将每个人的强项都发挥了出来。

团队管理可以采取分权管理、目标管理等模式，或者打造一种新的管理模式。

　　分权管理的重点是将工作划分清楚，各司其职。分权管理把生产管理决策权分给下属组织，最高领导层只集中少数关系全局利益和重大问题的决策权。分权管理通常适用于规模较大、产品品种多、市场变化快、地区分布较分散的产业。

　　目标管理是以目标的设置和分解、目标的实施及完成情况的检查、奖惩为手段，通过员工的自我管理实现企业经营目的一种管理模式。目标管理是动员全体员工参与制定目标并保证目标实现，即由组织中的上级与下级一起商定组织的共同目标，并将其具体化展开至组织各个部门、各个层次、各个成员。在成果评定过程中，严格以这些目标作为评价和奖励标准，实行自我评定和上级评定相结合。最终，组织形成一个全方位的、全过程的、多层次的目标管理体系，提升上级领导能力，激发下级积极性，保证目标实现。

　　目标管理在提出后，被称为"管理中的管理"。它一方面强调完成目标，实现工作成果；另一方面重视人的作用，强调员工自主参与目标的制定、实施、控制、检查和评价。

　　团队的管理模式一定会左右企业的发展，企业要选择适合自身发展的管理模式，撰写在商业计划书中，一方面展示给投资者看，另一方面是对企业内部管理模式的一次审视。

案例 9-6

Facebook 的首席执行官

　　2004 年 1 月 11 日，扎克伯格向域名公司支付了 35 美元后，注册了 The Facebook，因此拥有了 TheFacebook.com 一年的域名使用权。2004 年 2 月 4 日，Facebook 正式启动运营。自此之后，Facebook 几乎是以飞一般的速度发展。

　　企业发展过程中一定需要更多合适的人才加入，Facebook 也不例外。为了招聘到合适的员工，扎克伯格专门聘请了猎头罗宾为公司服务。可是经过一段时间的招聘后，罗宾发现，为 Facebook 工作太难了，因为这么专业的猎头发现自己根本搞不清楚扎克伯格需要什么样的人才，因为扎克伯格每天向他描述自己期望的雇员都是不一样的。

　　后来，罗宾告诉扎克伯格，扎克伯格凭借自己的智慧创立了 Facebook，但是在商业的经营与运作方面，他做得实在是不够好，扎克伯格应该为 Facebook 找一位新的首席运营官。

　　扎克伯格在谈到自己时也表示："有的人是出色的管理者，能够管理庞大的组织；有的人则精于分析或注重发展策略。这两种特质通常不会存在于同一个人身上，我自己更多属于后者。"也就是说，他自己也意识到自己需要寻找一位管理型的人才与之形成互补。2008 年 3 月，桑德伯格应邀出任 Facebook 首席运营官。

　　桑德伯格上任以后，最大的目标是帮助 Facebook 盈利。凭借她强大的运营能力和销售技巧，2010 年 Facebook 首次实现盈利，桑德伯格加盟 Facebook 3 年后，全球范围内用户数量从 7000 万个增加了近 9 倍至 7 亿个。如今，Facebook 活跃用户人数已经突破 20 亿，

2018 年第二季度实现总收入 132 亿美元，广告收入同比增长超过 40%，达到 130 亿美元。

事实证明，找到正确的人做适合的事情，一定会事半功倍。

（资料来源：李茂华：《做自己的女王：Facebook 桑德伯格的魅力人生》，台海出版社 2018 年版）

9.2.4 盈利模式

投资者看商业计划书，如果看不到盈利模式，是不会投资一分钱的。投资者想知道的是，企业通过什么样的经营可以达到营利的目的。比较常见的盈利模式见表 9-1。

表 9-1　盈利模式说明

盈利模式	说　　明
关系服务模式	关系服务模式是指通过与客户建立长期、稳定的合作关系为企业带来利润的盈利模式。进入全球经济一体化的今天，面对被众多企业共享的客户需求信息，企业在提供基本产品或服务的同时，应该将工作重点放在客户关系的培养上，利用 20% 的客户为企业带来 80% 的利润这一原理，为企业的长期盈利创造必要的条件。与客户建立关系的基础是能为客户提供令其满意的产品或服务。过去依靠建立贸易壁垒的方法保护利润的做法已一去不复返。现在，能否提供优质的产品和服务是关系服务模式最重要的前提
产业标准模式	产业标准模式就是努力利用自己企业标准的先进性和可参照性，通过制定产业标准，提升竞争力并且获得盈利的模式。在信息化的今天，企业经营需要的绝大部分资源是可以共享的，像以前依靠垄断和信息不对称赚取利润已不大可能。要想在众多竞争企业中脱颖而出，产业标准模式是首选的盈利模式。2000 年，"南极人"参与制定了保暖内衣的产业标准，导致了业界创始者和领先者"俞兆林"的业绩大幅下滑，可见抢先制定产业标准的重要性
客户解决方案模式	客户个性化需求不断发生变化，企业必须适应客户需求的变化，不断提出新的解决方案，从而获得客户青睐、留住客户。总而言之一句话，客户解决方案模式就是为客户解决问题。例如，"知乎"的出现，就是专为客户解决问题的。当然，在信息化的今天，企业不能局限于仅仅了解和解决客户的需求，如果能从客户的角度出发，为客户创造出连他们自己都未曾感知到的需求，客户就会更加信任和喜欢企业。如果企业选择此种模式，在撰写商业计划书时，就应该突出企业是如何提供相应的解决方案解决客户问题的
个性挖掘模式	在这个宣扬个性的时代，不少企业选择为客户提供个性化服务。那么挖掘客户的个性化需求，为客户提供个性化服务获利的模式就是个性挖掘模式。在这种模式下，企业要善于挖掘客户已有的和潜在的需求，只有客户数量达到一定的规模，才能使企业在短时间内建立壁垒，减少竞争。如果企业盈利模式选择个性挖掘模式，那么在撰写商业计划书时，要突出企业服务哪类特定的客户群体，这类需求的市场能否达到一定规模，是否有建立行业壁垒的可能
速度领先模式	在信息化、全球经济化时代，速度在企业竞争过程中是非常重要的因素。速度领先模式是通过保持比竞争对手更快的速度对客户需求做出反应建立起来的盈利模式。如果企业选择这种模式，就要在商业计划书中重点阐述如何保持速度，充分展示企业面对客户需求变化的高度敏感状态

续表

盈利模式	说　明
数据处理模式	数据处理模式可以为企业降低运营成本，提高企业的工作效率和准确性。但是数据处理模式需要有强大的数据作为支撑，因此，建立完备的实时性数据采集将是采用该模式的首要工作。像阿里巴巴，除了向企业提供电子商务平台之外，还向企业出售数据分析结果
成本占优模式	成本占优模式是指通过对价值链的整合，利用低成本优势为客户提供价值的盈利模式。如果企业采用这种盈利模式，那么商业计划书中需要介绍质量管理、资源整合等多方面的成本优势，介绍与其他企业成本差距能做到多少
中转站模式	中转站模式是指为帮助社会组织实现"三大流"（物资流、资金流、信息流）的快速、高效运转而提供服务的盈利模式。中转站模式将企业和客户联系起来，节省双方时间，自己从中获得利润。作为中转站企业，要同时为上游企业和下游客户服务，因此必须有非常强大的中转能力才可以。因此，商业计划书要着重突出中转站能力

案例 9-7

日丰管铝塑管的代名词

1994 年，日丰公司率先引进铝塑管生产技术和设备，开创了国内第一家铝塑管企业。由于铝塑管比传统的镀锌水管环保节能、经久耐用又重量轻，还可以降低运输成本，市场前景一片大好。

日丰公司在引进技术和设备后就开始组织力量攻关，在 1996 年便能实现铝塑管管件和安装工具 100% 的国产化，并制定出两套企业铝塑管的生产标准。日丰公司指定的生产标准具有先进性与可操作性，被国家主管部门列为国内行业标准。不久之后，国家明令以铝塑管取代镀锌管，日丰公司迅速崛起，获利颇丰，此后的 4 年时间里，总销量增加了近 30 倍，利润额以每年 50% 以上的速度增长。2001 年，日丰各型铝塑管的销售占有近一半的市场份额，销售额超过 15 亿元，产品平均利润率达到 30%，最高的则能达到 100%。

但是，日丰公司并未沾沾自喜，停滞不前，而是在其他企业纷纷介入铝塑管行业时，开发研制出具有国际先进水平的铝塑管生产线，为其他企业提供生产线的销售和服务，一时间生产线也是供不应求。

为了巩固自己在行业内的绝对核心地位，日丰公司将自己的企业标准定得比行业标准还要高，又相继参与制定了 3 项有关"管道"的国家行业标准和 1 项省级地方标准，拥有专利技术 10 多项，申报专利技术 30 多项。自此，在消费者心中，"日丰"成为中国铝塑管的代名词。即使日丰管售价比其他同类产品高出 30% 还要多，但是销量依然很好。

（资料来源：https://business.sohu.com/49/86/article202928649.shtml）

投资者虽然关注企业的盈利模式，但是最关注盈利的多少。商业计划书中项目盈利的预测不能保守，也不能扩大，实事求是就好，因为夸大的盈利预测是逃不过投资人的法眼的。

一般来说，盈利预测包括三部分内容：一是假设的经营活动、经营资金和盈利金额，二是预测的利润表、资产负债表和现金流量表，三是预测结果。在这三部分内容中，投资者最看重财务利润表。完整的财务利润表应该包括成本核算、销售额及毛利润率3项数据。企业在融资阶段，有些企业项目还没有开始运营，这时候撰写的利润表是预测的利润表。

投资者要从财务利润表中看到利润空间，同时他们也关注项目的盈利模式是否可以真正落地。

9.2.5 营销策略

营销策略是商业计划书中非常重要的一部分，营销策略应该介绍如何开发产品或服务以满足市场的需求，还包括如何说服客户，如何实现产品或服务价格优于竞争对手。任何企业在出售产品或服务之前，都要制定切实可行、可衡量的营销策略。

企业不能坐着等客户自己走进来，然后认可你的产品或服务，因为对于客户来说，接受新产品和服务总是需要一段时间的。而客户通过哪些渠道知晓你的产品和服务，为什么愿意购买你的产品和服务，客户还能当回头客再次光临，这些都是营销策略开发中需要研究的内容。

商业计划书介绍营销策略，可从两个方面入手，一是分析市场同类产品的相关信息，包括分析市场同类产品或服务目前的状况如何，竞争者产品销量如何，客户的需求点在哪里。这个过程应该包括市场信息的收集、特点分析、做出总结等内容。二是根据这些市场信息完成市场营销策略的制定，主要是针对产品的质量、营销渠道等内容做详细说明。常见的营销策略如表9-2所示。

表9-2 营销策略说明

营销策略	说明
竞争营销策略	企业采用竞争营销策略，不仅要考虑顾客的实际需要，还要考虑自己在行业竞争中处于什么位置。在现代市场营销中，竞争是不可避免且非常重要的因素，以前市场营销包括"产品、价格、促销、渠道"四个要素，现在应该再加上"竞争"这个新的要素。如果要展示给投资者关于竞争营销策略的话，则要从三个方面加以说明：一是竞争对手的状态，二是分析竞争对手的优势、劣势，三是分析竞争对手的发展前景。从这三个方面的说明引出本企业关于竞争营销策略是如何制定的

续表

营销策略	说明
产品促销策略	在产品促销上，很多人认为没有必要，延续老观念"酒香不怕巷子深"，可如今是"酒香也怕巷子深"，因为城市发展中高楼林立，巷子实在太"深"了。产品做得再好，让顾客知道、体会到才有可能为其买单，尤其是对初创企业，最好的方法就是通过产品促销找到更多的顾客愿意接受并购买你的产品。"顾客要的不是便宜，而是占便宜"，产品促销何尝不是这样的心理。淘宝的"双 11"、京东的"6·18"都是采取了产品促销策略。在促销活动中，时间、地点、主题、面向的群体、流程安排及想取得什么样的预期效果都应在商业计划书中有所展示，投资者可以看到企业为此做的功课能否起作用。常见的产品促销策略有积分促销、折扣促销、抽奖促销、红包促销等。像滴滴打车、美团外卖等这些在线平台最开始都是通过红包促销的方式吸引顾客使用其产品的，以寻求更大的发展
广告营销策略	我们使用的产品中有多少是通过广告或身边朋友的推荐使用的？相信这个比例一定很高。这也是企业通过广告对产品进行宣传，让产品为大众所熟知，从而提升销量。商业计划书中的广告营销策略，可以从产品的信息、产品的目标客户及广告的预算等几个方面加以说明
价格策略	采用价格策略营销，不能一味地降价，而应该根据消费目标人群、产品成本及产品本身的特点做出合理的规划，选择最合适的产品价格。产品价格制定得是否合理一定会影响销量，而销量又与企业利润相关联。投资者一定会通过商业计划书详细了解产品的定价方法是否科学
渠道策略	产品从原材料采购、生产制造直到消费者手中需要经过很多环节。在这个过程中，环节越少，对于企业和消费者来说越是好事，渠道策略就是做这个事情的。例如，海底捞创始之初使用的很多原材料都是经过省级代理商来进货，后来主管采购的负责人调整了渠道策略，原料采购尽可能找厂家直接订货，减少中间环节，味精一些用品则直接自己生产，更是将成本控制到最低。有些企业刚起步，自身市场经验不足、管理经验也欠缺，可以选择一些商场、超市等作为营销地点。例如，家电企业起步阶段可以选择苏宁、国美等作为营销渠道
推广策略	现在的产品推广一定是线上线下结合的方式，甚至有些产品推广全部都做线上推广。那么，在互联网时代，如何让自己的产品更好地为大众熟知？可以利用百度的置顶帖、微信公众号、微博、小程序或使用知名 App 进行故事营销，还可以使用搜索类平台百度、360、必应等进行内容营销，这些方式都可以很好地进行企业产品推广。企业应根据自身的行业类别、发展方向、营销规划等各个方面分析选择合适的推广途径，让互联网营销推广变现更容易

案例 9-8

最借势广告营销策略——华帝

2018年3月5日，华帝正式与法国国家足球队签约，成为法国国家足球队官方合作伙伴。

5月30日，华帝打出广告，承诺6月购买"夺冠套餐"的消费者可以享受"法国队夺冠，华帝退全款"。

7月16日凌晨，在2018年俄罗斯世界杯决赛比赛上，法国以4∶2战胜克罗地亚获得本届世界杯冠军。

有媒体猜测，法国队夺冠！华帝7900万元退全款该赔哭了。

可谁知道，这是一笔大赚的账啊！

据统计，活动期间，华帝线下渠道总零售额预计超过7亿元，同比增长20%，其中，"夺冠套餐"零售额占总零售额的7%；线上渠道总零售额预计超过3亿元，同比增长30%，其中，"夺冠套餐"零售额占总零售额的9.67%。

最后，通过核算发现，华帝不但没有赔哭，还多赚了2000多万元。

华帝相关负责人表示，本次活动在大众层面已经得到了广泛的话题传播，无形中减少了公司后续需要投入的营销费用，真是稳赚不赔的广告啊！

（资料来源：https://www.sohu.com/a/241463349_266178）

企业在运营中每天都会面临与同行的竞争，如果只是一味地与对手互抢市场资源，就跟治水时用堵的方法一样，最终结果可能是两败俱伤。因此，在竞争过程中只有不断地升级自己，用疏的方法，才能在残酷的市场竞争中生存下来。例如，日丰公司优化产品、参与制定标准、研发生产线、提高自家产品标准等一系列措施就是在不断地升级自己，携程与艺龙的竞争终结则采用了握手言和的战略。

9.2.6　财务分析

任何商业运营活动，最终都是通过财务数字体现其运营的结果。投资人在商业计划书中希望从财务规划中看到企业商业活动产生的价值、收入及利润等。作为投资人，看的是投入产出比，他们一定不会把钱投给一个没有目标和计划的创业者。财务预测也是很好的一次沙盘推演过程，认真做好财务预测模块尤为重要。

要完成财务分析，一定要非常清晰地知晓几个问题：产品或服务的成本费用和销售定价分别是多少；产品或服务选择什么样的销售方式，预计利润有多少；产品或服务在一定时期的销售预测有多少；预计什么时候开始扩张经营？

商业计划书的财务分析应该包含的内容如图9-6所示，其中涉及的资产负债表、企业利润表及现金流表可以参考第 8 章的表格。

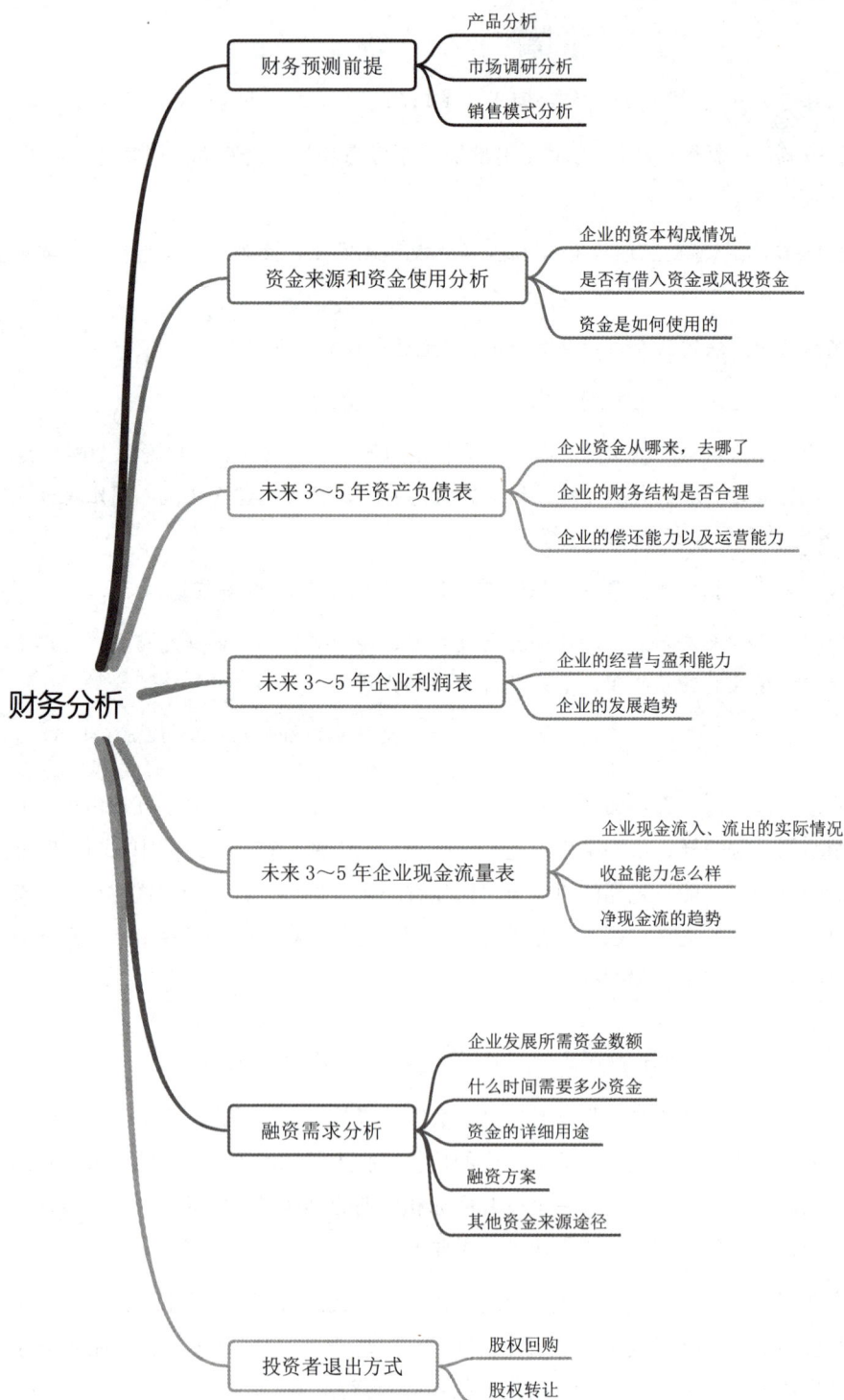

图 9-6　财务分析包含的内容

撰写财务分析时要注意两点。

第一点是要合理。商业计划书中的财务分析，一是要告诉投资者企业的运营和盈利能力，二是要主动分析企业财务、揭露问题、提出建议。因此，分析问题要抓住问题的实质，找到真正影响企业财务的因素，合理客观地预测企业发展趋势，有针对性地提出建议和整改措施。

第二点是要结合公司的发展战略进行规划。财务数据可以非常直观地反映企业的经营状况，因此，撰写财务预测也是企业对自身业务一次深入分析的结果，从财务数据的角度分析企业未来的发展，从中推演出企业在每个时间节点体现的商业价值。

9.2.7 融资需求

撰写商业计划书虽说可以让企业进行一次自省，但更多的是达到融资的目的。因此，商业计划书的融资需求不可或缺。

1. 说明融资计划

企业的融资计划包含企业发展所需的资金数额、什么时间需要多少资金、资金的详细用途、融资方案及其他资金来源途径。投资人要知道钱花哪了，企业是否把钱花在了该花的地方，只有了解这些具体的内容和数据才会决定是否投资。

如果能用图表的方式具体展示每季度或每年的资金使用情况，则会更清晰直观。

2. 说明资金运营计划

投资人看中项目的前景，有意愿投资，但投资人也关心企业对这些资金的使用是否有科学合理的运营计划。商业计划书的资金运营计划应该介绍哪些时间企业要组建新团队，预计花费多少；哪个时间要进行产品研发，花费多少；固定资产的投资是多少，产品营销、推广的费用又是多少，其他费用预计开销多少，都要有详细的计划。

企业除了说明资金的详细使用方案外，还要将监督资金使用的方式和每步投资的收益评估列出。列出监督资金使用的方式可以使投资者安心，列出收益评估可以使投资者对企业有信心。

案例 9-9

企业创始人被职业经理人逼迫出局

2005年，陈某和同学一起创立游戏对战平台G，使用了Good Game的缩写。他们在寻找投资的时候发现，很多产品不如他们的创始人都纷纷拿到了好的投资，因为这些创始人团队有MBA的背景，而他们却总是拿不到很好的投资。G公司只能一直凭借创始人的奖学金和参加电竞比赛的奖金支撑服务器与带宽开销。让陈某一直忧心的还有一件事，那就是目前公司的所有员工是一帮学生兵，都没有经营管理经验，能否带领 G 走得更远？

无奈之下，陈某决心背水一战。他想，既然名校 MBA 好融资，那就选一家最牛的学校读 MBA，这样两年他可以一边读书，一边接触其他投资人，就可以为 G 融到更多的资金，等学成归来继续发展和壮大 G。

2007 年初，陈某成功被某国际名校录取。要去读书，就得请一个有经验的管理者管理 G。这时候，陈某通过同学介绍认识了李某——一个有着人力资源管理经验的 MBA。

经过一段时间的磨合后，李某告诉陈某他希望全职加入，但提出要做 CEO，让陈某做总裁。李某还这样解释：总裁是公司的头，CEO 只是负责商务运营，而企业的创始人一般都不当 CEO，工程师出身的人更不适合当 CEO。其实，CEO 才是公司老大，总裁只是个虚职。

拿到 CEO 的职位后，李某又说，CEO 加入初创企业，一般要求 30% 的股份（天使投资人一般才 10%）。李某告诉陈某，股份的控制权一点都不重要，最关键是大家一起把公司做大（国际惯例是非创业之初加入公司的 CEO，一般股份不会超过 10%）！

在获得融资后，陈某自认为管理经验不足，坦然将财权、人权拱手相让给李某。可是在之后的时间里，陈某却一步一步地被逼迫从 G 彻底出局。

（资料来源：张进财：《打动投资人：直击人心的商业计划书》，清华大学出版社 2019 年版）

从案例 9-9 可以看到，陈某之所以被逼迫从公司出局，最大的原因是股权分配问题。他因为信任将股权大幅转让，从而导致自己失去了对公司的控制权。因此，在商业计划书中，如果股权分配过多，就会像陈某一样有可能被迫出局；如果股权分配较少，投资者就会不满意。因此，合理的股权分配一定要做足功课。

9.2.8 风险问题

任何企业绝非没有风险的理想国度，只有提前对企业风险进行全面评估，才有机会找出风险并努力进行规避。商业计划书也要体现企业的风险问题，从而让投资人对企业的风险有一个非常全面的了解。

企业存在的风险有很多，包括行业风险、政策风险、市场风险、技术风险、资金风险、管理风险、环境风险及其他难以预料的风险。

1. 行业风险

行业风险，是指由于技术发展或其他一些不确定因素的存在，对行业生产、经营、投资等偏离预期的结果可能造成的损失。

有线电视行业，在很多年前异常火爆，但随着网络技术的发展及人们生活方式的改变，现在使用有线电视的人越来越少了。

从数码照相机替代胶卷照相机，再到今天手机基本上替代数码照相机。

移动、联通、电信三家竞争了这么多年，现在才发现，原来腾讯才是真正的竞争对手。

瑞星杀毒收费，360 宣布全部免费，让整个杀毒软件市场翻天覆地。

康师傅和统一方便面的销量近几年急剧下滑，不过它们的对手不是白象、今麦郎，而是美团、饿了么这些外卖平台。

口香糖销量的下滑，不是因为益达突然变得强大，而是微信、王者荣耀打劫了口香糖的市场。原来顾客在超市收银台排队交费无聊的时候就会拿两盒收银台旁边货架上的口香糖，而现在大家时刻都在刷朋友圈、玩王者荣耀等。

打败银行的，不是其他的银行而是支付宝和微信。

大趋势是非常残酷的，这些都是行业风险的典型案例。

2. 政策风险

政策风险，是指政府相关政策发生重大变化或是有重要举措、法规出台，引起市场变化，从而给投资者带来的风险。例如，2016 年，国家下发了营改增的文件，就对建筑施工单位造成了比较大的影响。

3. 市场风险

市场风险，是指在市场中，因价格、利率、汇率等的变动导致潜在损失的风险。如 2020 年突如其来的新冠肺炎疫情导致很多原材料或日用品价格变动，这些都是市场潜在的风险。

4. 技术风险

技术风险，是指伴随着网络技术、人工智能技术等科学技术的发展影响人们生产与生活的风险。

例如，以前经常用到的手动挡汽车现在已经很少人用了，几乎都被自动挡汽车替代。

又如，2020 年 4 月中旬，百度无人驾驶出租车在长沙正式上线，长沙市民可以通过百度地图和百度 App 内小程序"Dutaxi"一键呼叫，130 千米以内车费全免。滴滴、曹操出行等也都在积极布局无人驾驶。这意味着自动挡汽车会逐步被无人驾驶替代。

很多企业都意识到风险管理的重要性，有些大企业会成立专门的风险管理部门评估风险。因此，企业在商业计划书中介绍自己企业面临的潜在风险，并能提出相应的措施，会增加投资者对企业的信心，投资的概率也会增大。

9.2.9 退出途径

投资者在阅读了商业计划书中项目的设想、规划、融资、资金使用方式、回报率等内容后，会关注最后一个问题：投资资金如何退出？

投资者投资的目的是现金回报，因此退出方式要说明白风险投资人最终可以以什么样的方式收回对企业的投资。一般来说，收回投资有五种方式。

1. 公开上市

企业上市后，公众会购买公司的股票，投资人在企业持有的股份就可以部分或全部卖出，以现金的方式回收投资资本。

2. 兼并并购

若企业经历一段时期的成长，可以以高于投资人投资时期的价格出售给一些大企业或大集团，投资人也是可以回收投资资本的。

3. 企业回购

股份回购，是指企业按一定的程序购回发行或流通在外的本企业股份的行为。这里讲的企业回购，是指创业企业经过一段时间的发展，其自身购回投资人手中股份的过程。

4. 股权转让

股权转让，是指投资人依法将自己的股东权益有偿转让给他人，套现退出的一种方式。

5. 破产清算

破产清算是投资人最不愿意看到的退出方式。

投资人既要知道企业创立成功状态下的退出机制，更要知道创立失败导致投资失败或存在投资失败可能状态下的退出机制。一般来说，天使投资平均投资成功率低于35%。对于已确认项目失败的企业应尽早采用清算方式尽可能多地收回残留资本。一般选择破产清算的企业也是不得已而为之。

9.3　商业计划书要注重细节

商业计划书的内容质量是重点，规划合理、布局完美的细节则是锦上添花，同样不容忽视。

9.3.1　布局合理

商业计划书的布局会影响投资人的看法。试想，有两份商业计划书摆在你的面前，一份逻辑清晰、详略得当、重点突出、易于理解、配色美观；另一份逻辑混乱、毫无重点、晦涩难懂，哪份会获得你的好感和关注？答案毋庸置疑。

商业计划书的布局要重视逻辑的先后顺序，确定先后顺序后不能事无巨细地全部表达出来，这样会使投资人在计划书中看不到重点，理不出头绪，可能失去耐心。因此，应该根据投资人关心的内容，突出重点，详略得当，虽说投资人看到的是一份优质的商业计划书，但投资人还看中商业计划书背后团队做事的能力。

商业计划书中应该体现这些重点内容：企业介绍、团队实力、财务分析、回报分析及退出机制。

此外，商业计划书应该遵循容易理解、可视化、简明扼要的原则，内容表达尽可能使用图片、表格、数据说明问题；文字方面也要简单通顺，不要咬文嚼字或晦涩难懂。总之，让投资人能轻松地看完商业计划书，看完之后能抓住重点，了解他想要知道的内容，这样就够了。

9.3.2 简明扼要

虽说文字是有魔力的，但通篇看不到尽头的文字会适得其反。有人认为，商业计划书是企业经营理念的阐述，必须把所有前景展望、经营理念等展示出来，没有几千字、上万字是无法说清楚的。但事实证明，人们对大篇幅文字的阅读并不感兴趣。如果不想让投资人还没看进去就已经厌烦的话，商业计划书的文字使用要恰到好处，一要简洁并突出主体，二要务实且以事实为依据。

《商业计划工具包》的作者巴巴拉·芬德利·申克说："你需要的是一张纸，它阐明了你业务的主要内容。"他认为，商业计划书要写清楚企业的业务基础、阐述明白企业的商业模式及团队的合作方式等。

如果商业计划书中使用专业术语，那么一定要对专业术语进行解释说明。例如，SEO 全称是 Search Engine Optimization，意思是搜索引擎优化，通过搜索引擎的技术优化对网站内容进行优化，使用户浏览的网站内容更符合自己的使用习惯，从而提高此网站的访问量，最终可实现宣传或销售的目的。这些专业术语尽量不使用，如果要使用，则要在计划书中说明白。

此外，商业计划书中的文字一定要务实，不说空话、简明扼要。投资人能一见钟情，从中看到自己的利益所在，才会感兴趣继续阅读。如果投资人看到里面的文字内容空洞不切实际、夸夸其谈、大话连篇，谈行业发展，谈世界格局，就是没有谈自己的项目如何发展，那么投资人一定会放弃继续翻阅这份商业计划书。

9.3.3 用图表更直观

人是视觉动物，相比于文字，更愿意看图或表，图表可以更直观、更清晰地说明问题。但图表的使用要注重其逻辑性及表达的直观性，不能为了放图表而放图表。例如，要表达企业项目的销量增长方式可以用柱状图、折线图来呈现。在使用图表时，还要注意文字与图表的排版，要做到可以清晰地看到文字且突出图片中的重点，让图表发挥最大的作用（见图 9-7）。

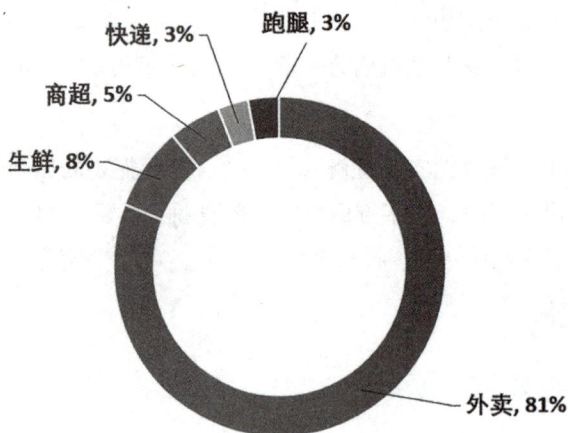

图 9-7　2018 年订单类型占比（使用图表说话）

9.3.4　数据表达更有说服力

在任何时候，用数据说话说服力都远远超过文字，例如，2 年内的销量、用户的增长速度、5 年内的利润、财务状况等这些都可以用数据来说话。与文字相比，数据更直观。但数据的表达要恰当，不能是没有调查或计算的结果。

在商业计划书中，需要大量数据支撑的部分有市场数据、财务数据及投资数据等几个方面。企业在描述市场分析这一部分时，可以用数据表达的有市场规模、竞争对手、用户变化等。在财务方面，则更是用数据说话，例如，资产负债表、利润表、现金流量表等都是财务要展示的内容。

商业计划书不能千篇一律，要有针对性地撰写。无论是传统企业还是高科技企业，商业计划书都应该要针对特定的行业问题进行阐述，而且要尽量做得有吸引力，才能吸引投资人的目光。

古德曼说，在撰写商业计划时，搞清楚计划书针对的特定听众是很重要的。如果计划书是一个旨在提升公司业绩和增长的内部执行文件，那么它应该侧重公司内部信息，例如，雇佣计划或重要合伙人。如果商业计划是一个对外宣传的文件，那么其中关于业务的描述，应尽可能吸引投资者的兴趣。

对于创业者来说，首先要考虑项目的经营目的、销售、受众群体及如何赚钱。这些问题要在计划书中看到合理的回答。客观地评估企业的需求和计划，以确保项目的计划足够稳定，可以持久经营。

9.4　一份完整的商业计划书

爱彼迎（Airbnb）早期的商业计划书简单明了，总计 14 页 PPT，却清晰地阐明了商业模型及能够解决的问题。这份商业计划书是爱彼迎进行天使轮融资时使用的计划书，当时融资资金为 50 万美元，自从这次成功的天使轮之后，爱彼迎得以发展成为如今价值 250 亿美元市值的企业。

下面，我们就来看看这个目前最受市场关注的企业早年的商业计划书是怎么做的，从中我们也能了解一份完整的商业计划书具体包括哪些内容。

（1）第 1 页：一句话说明产品（见图 9-8）。

图 9-8　爱彼迎商业计划书第 1 页

（2）第 2 页：解决市场和用户的什么痛点（见图 9-9）。

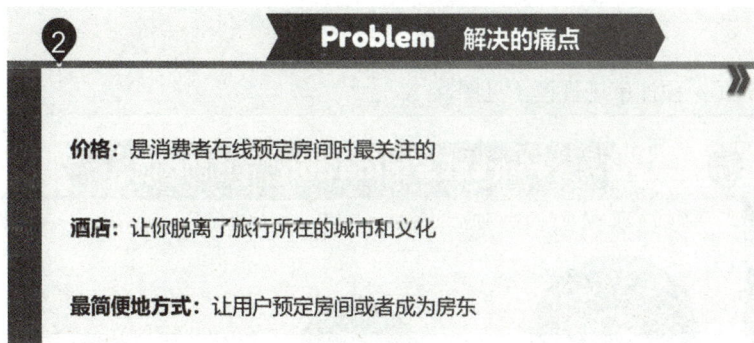

图 9-9　爱彼迎商业计划书第 2 页

（3）第 3 页：爱彼迎的解决方案（见图 9-10）。

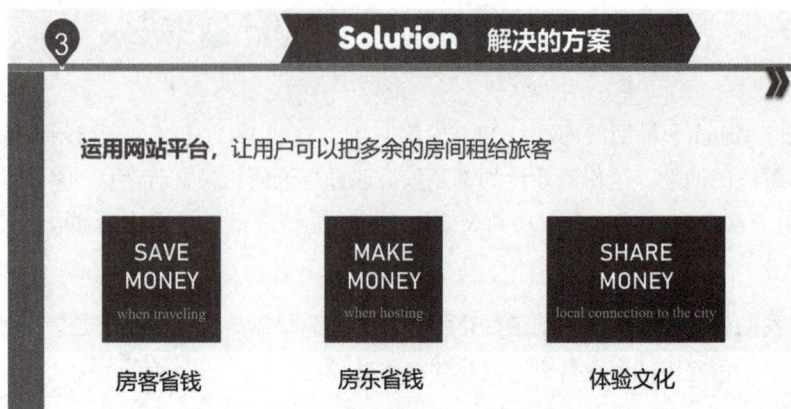

图 9-10　爱彼迎商业计划书第 3 页

（4）第 4 页：相关的运行数据，用数据说明市场的可行性（见图 9-11）。

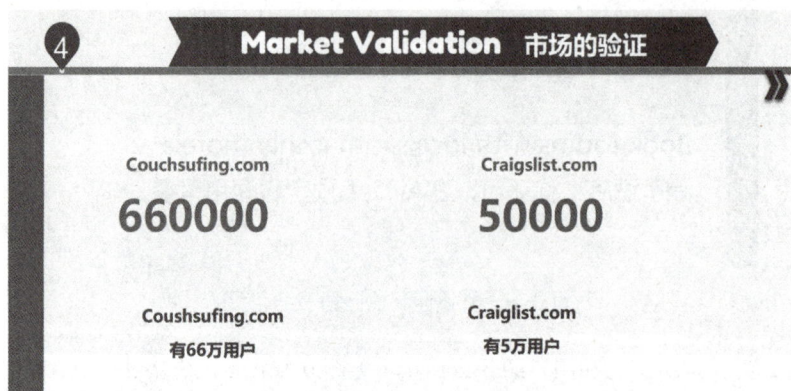

图 9-11　爱彼迎商业计划书第 4 页

（5）第 5 页：预计市场规模（见图 9-12）。

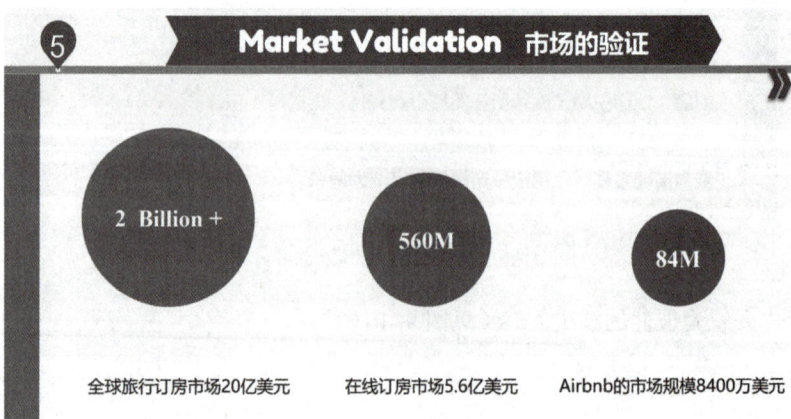

图 9-12　爱彼迎商业计划书第 5 页

（6）第6页：爱彼迎已经上线的产品（见图9-13）。

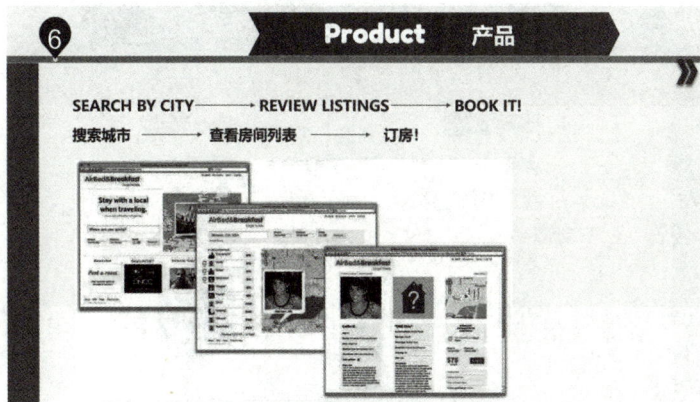

图9-13 爱彼迎商业计划书第6页

（7）第7页：爱彼迎的盈利模式（见图9-14）。

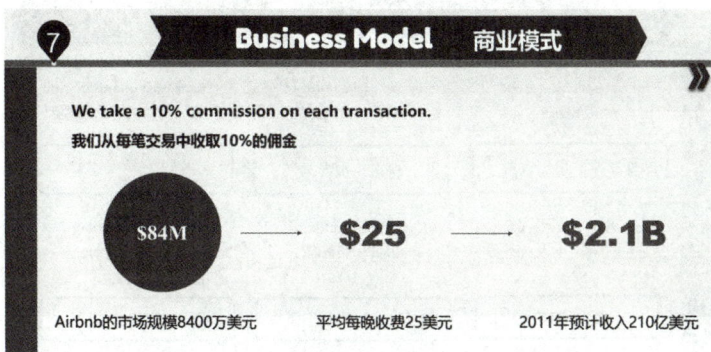

图9-14 爱彼迎商业计划书第7页

（8）第8页：推广方案（见图9-15）。

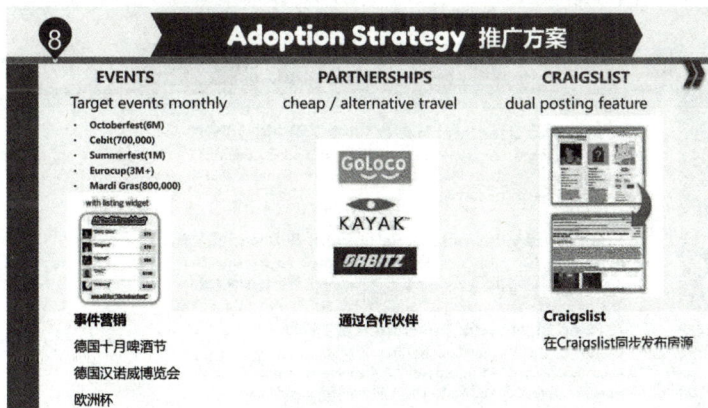

图9-15 爱彼迎商业计划书第8页

（9）第 9 页：介绍竞争对手（见图 9-16）。

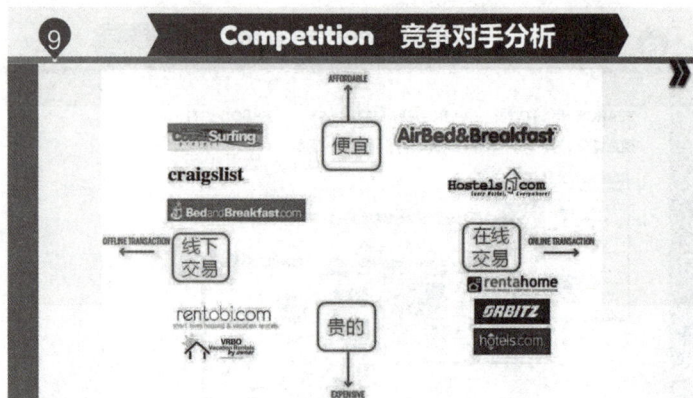

图 9-16　爱彼迎商业计划书第 9 页

（10）第 10 页：爱彼迎的竞争优势（见图 9-17）。

图 9-17　爱彼迎商业计划书第 10 页

（11）第 11 页：核心团队成员及分工（见图 9-18）。

图 9-18　爱彼迎商业计划书第 11 页

（12）第 12 页：市场反馈（见图 9-19）。

图 9-19 爱彼迎商业计划书第 12 页

（13）第 13 页：用户真实评价（见图 9-20）。

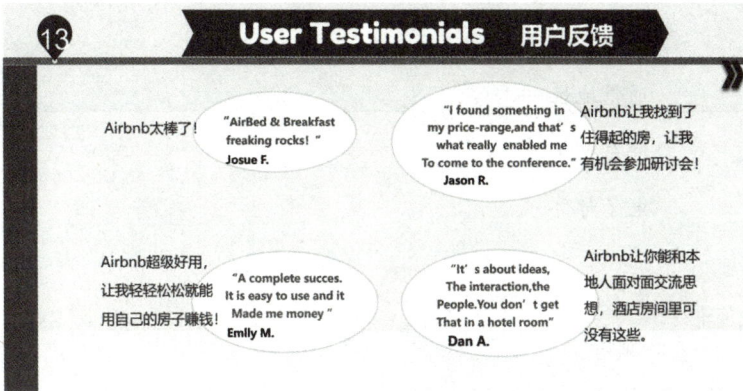

图 9-20 爱彼迎商业计划书第 13 页

（14）第 14 页：融资条件及目标（见图 9-21）。

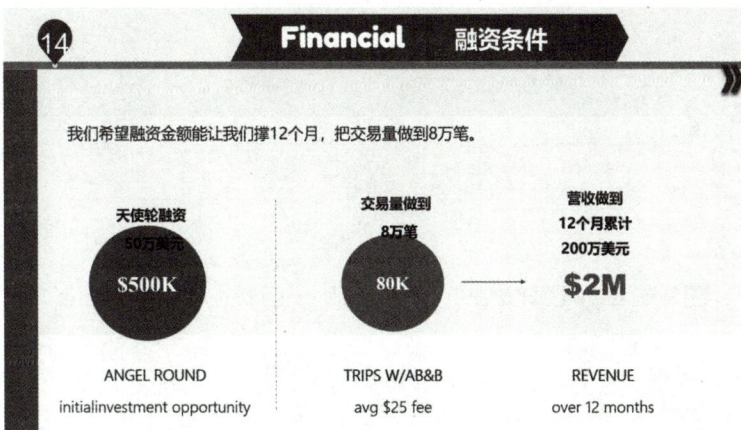

图 9-21 爱彼迎商业计划书第 14 页

课后练习

学习制作"创业计划书"。

创业计划书

企业名称 ....

负　责　人 ....

日　　期 ....

通信地址 ....

联系电话 ....

电子邮件 ....

一、企业概况

阐述企业愿景：..

....

....

选择创业项目的理由：..

....

....

企业经营范围：..

....

....

企业类型：□制造业　　□贸易业　　□服务业　　□农、林、牧、渔业

□其他

二、创始人个人简介（简述个人教育背景、相关经验以及学习的相关课程）

三、市场评估

目标客户：

选择此创业项目的理由：

企业经营范围：

竞争对手有哪些优势：

竞争对手有哪些劣势：

本企业相对于竞争对手有哪些主要优势：

本企业相对于竞争对手有哪些主要劣势：

四、市场营销计划

1. 产品或服务（Product）。

序号	产品或服务名称	产品或服务的主要特征
1		
2		
3		
4		
5		
6		

2. 价格（Price）。

序号	产品或服务	预测成本价格	预测销售价格	竞争对手的销售价格
1				
2				
3				
4				
5				
6				

3. 地点（Place）。

（1）选择以下地址的主要原因：

（2）选址具体细节：

地址	面积 / 平方米	租金或建筑成本

（3）销售方式：

企业将产品或服务提供给：□消费者　　□零售商　　□批发商

（4）选择如上方式的主要原因：

4.促销（promotion）。

广告促销方式		成本预测	
人员推销方式		成本预测	
营业推广		成本预测	
公共关系推广		成本预测	

五、企业组织结构

1.企业名称：

企业注册形式：

□个体工商户　　□个人独资企业　　□合伙企业　　□有限责任公司

□其他

2.企业成员。

职务	工作职责	薪金或工资／月
经理		
员工1		
员工2		
员工3		
员工4		

3.企业注册涉及的费用。

类型	预计费用
营业执照	
许可证	

4. 股份合作协议。

条款	合作人 1	合作人 2	合作人 3	合作人 4
企业注册资金				
出资方式				
出资数额				
股权份额				
利润分配				
亏损承担				
分工、权限及责任				
违约责任				
协议变更和终止				
其他条款				

5. 企业组织结构图。

六、投资预测

1. 投资概要。

序号	项目名称	金额 / 元	月折旧额或摊销额 / 元
1.1	房屋、建筑		
1.2	机器、生产设备		
1.3	器具和家具		
1.4	交通工具		
1.5	电子设备		
1.6	无形资产		
1.7	开办费		
1.8	其他投资		
1.9			
1.10			
合计			

2. 机器、机械或其他生产设备。

根据企业的实际销量预测，要达到企业销量预测的实际需求，需购置哪些机器和生产设备？

序号	机器、生产设备名称	数量 / 台	单价 / 元	金额 / 元
2.1				
2.2				
2.3				
2.4				
2.5				
合计			.... 元	

3. 器具、家具。

根据企业实际经营需要，需要购买以下器具及家具。

序号	器具及家具等物品的名称	数量 / 件	单价 /（元 / 件）	金额 / 元
3.1				
3.2				
3.3				
3.4				
3.5				
合计			元	

4. 交通工具。

根据企业的实际交通需要，需要购买以下交通工具。

序号	交通工具名称	数量	单价 /（元 / 辆）	金额 / 元
4.1–1				
4.2–1				
4.3–1				
合计			元	

记录上表交通工具的经销商具体情况。

序号	交通工具名称	经销商名称	地址	联系方式
4.1–2				
4.2–2				
4.3–2				

5. 电子设备。

根据企业的经营需要，需要购置以下电子设备。

序号	电子设备名称	数量 / 件	单价 /（元 / 件）	金额 / 元
5.1–1				
5.2–1				
5.3–1				
合计			元	

记录上表电子产品的经销商具体情况。

序号	交通工具名称	经销商名称	地址	联系方式
5.1–2				
5.2–2				
5.3–2				

6. 无形资产。

根据企业的经营需要，购买以下无形资产（无形资产包括商标权、专利权等）。

序号	无形资产名称	金额 / 元
6.1		
6.2		
合计		

7. 企业开办费。

根据企业的经营需要，开始营业前需要支付的开办费用。

序号	企业开办费项目	金额 / 元
7.1		
7.2		
7.3		
合计		

8. 其他投资。

根据企业的经营需要，除如上固定资产、无形资产及企业开办费用外，企业在开业前还需支出的其他费用。

序号	其他项目支出名称	金额 / 元
8.1		
8.2		
8.3		
合计		

七、流动预测（月）

1. 原材料或商品费用。

序号	原材料或商品名称	数量/件	单价/（元/件）	金额/元
1.1-1				
1.2-1				
1.3-1				
1.4-1				
1.5-1				
1.6-1				
合计			元	

记录上表电子产品的经销商具体情况。

序号	原材料或商品名称	经销商名称	地址	联系方式
1.1-2				
1.2-2				
1.3-2				
1.4-2				
1.5-2				
1.6-2				

2. 其他经营费用（不计入利息）。

单位：元

项目名称	金额	备注
工资或薪金		
租金		
促销费		
办公用品购置费		
维修费		
保险费		
水电费		
电话费		
合计		

八、销售收入预测

项目	1月	2月	3月	4月	5月	6月	7月	8月	9月	10月	11月	12月	小计
销售数量													
单价													
月含税收入													
销售数量													
单价													
月含税收入													
销售数量													
单价													
月含税收入													
销售数量													
单价													
月含税收入													
销售数量													
单价													
月含税收入													
销售总数量													
销售总收入													

九、销售与成本计划

增值税计算表

项目	1月	2月	3月	4月	5月	6月	7月	8月	9月	10月	11月	12月	合计
含税销售收入													
应交增值税													
销售净收入													

企业利润表

项目	1月	2月	3月	4月	5月	6月	7月	8月	9月	10月	11月	12月	合计
销售收入													
应交增值税													
附加税费													
利润													
企业所得税													
净利润													

企业成本明细表

项目		1月	2月	3月	4月	5月	6月	7月	8月	9月	10月	11月	12月	合计
成本分项	原材料													
	工资支出													
	租金													
	促销费													
	保险费													
	维修费													
	水电费													
	电话费													
	宽带费													
	办公用品													
	开办费													
	折旧和摊销费													
	其他费用													
总成本														
销售收入														

十、现金流量计划

现金流表

	项目	准备月	1月	2月	3月	4月	5月	6月	7月	8月	9月	10月	11月	12月	合计
	月初现金														
现金流入	销售收入														
	赊账销售														
	还贷														
	亲友众筹														
	现金流入合计														
成本分项	现金进货														
	赊账采购														
	工资支出														
	租金														
	促销费														
	保险费														
	维修费														
	水电费														
	电话费														
	宽带费														
	办公用品														
	开办费														
	其他费用														
	固定资产投资														
	装修费														
	增值税														
	附加税														
	企业所得税														
	折旧和摊销费														
	现金流出合计														
	销售收入														
	月底现金=月初现金+现金流入合计-现金流出合计														

第 10 章

创业融资

　　从狭义上讲，创业融资是创业企业根据自身发展需求，结合生产经营、资金需求等现状，通过科学分析与决策，借助不同的渠道和方式筹集发展所需资金的行为和过程。从广义上讲，融资是货币资金的融通，是创业者通过各种方式向金融市场筹措或贷放资金的行为。

　　自 2015 年以来，随着"大众创业、万众创新"的潮流，国内开启了新一轮的创新创业热潮。但资金来源仍然是众多创业者难以跨越的一道屏障，特别是没有资金积累的青年创业者，更是难上加难，于是屡屡出现"一分钱难倒英雄汉"令人唏嘘场面。万事开头难，难的不是市场没有钱，而是去哪找钱，该怎么找钱，后续资金又怎么办？通过本章的学习，让我们深入了解创业融资的概念、特点，掌握创业融资的渠道，更好地帮助创业者打好创业融资这场持久战。

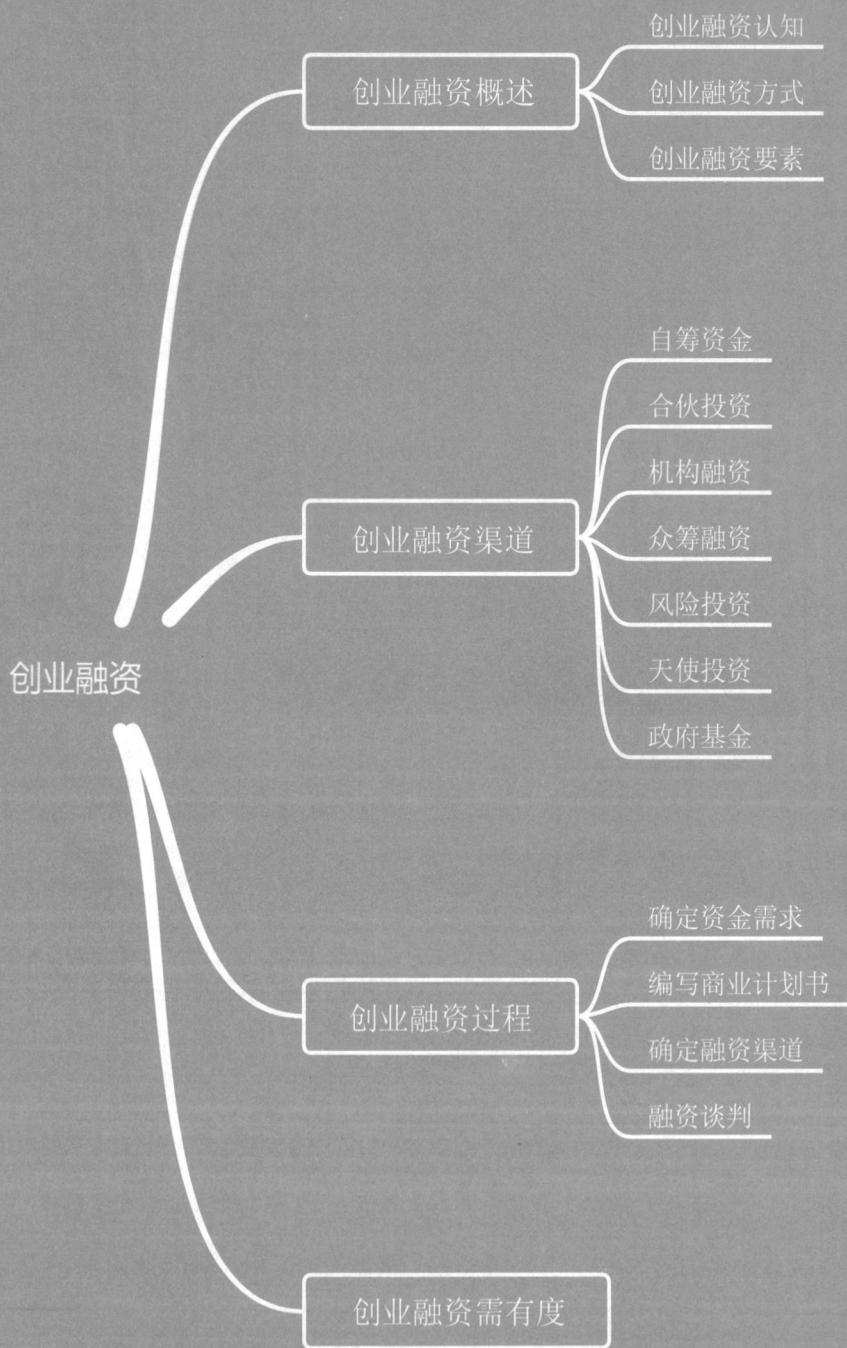

10.1 创业融资概述

10.1.1 创业融资认知

如果说创业者是驱动一家企业的引擎，资金无疑就是推动它的燃料。创业企业的成功，资本是必要条件，从企业最初建立到生存发展的各个阶段都需要投入资金，而融资对于企业的发展至关重要。有一句流传在美国华尔街的名言："失败起源于资本不足和智慧不足。"可以看出，资本对于创业者的重要性不言而喻。

案例 10-1

创业融资的重要性

第二次世界大战期间，美军军械部需要一台用于计算弹道曲线的电子计算机。当时，美国宾夕法尼亚大学的穆尔电子工程学院处于行业领先地位。因此，穆尔电子工程学院最终承担了这一项目，并由埃克特和莫奇里博士负责研制工作。1946 年，他们开发出了世界上第一台电子计算机，命名 ENIAC（埃尼阿克）。后来，两人辞职成立了一家经营计算机的公司，取名"电子控制公司"，并将计算机商业化，于 1948 年将它推向市场。到 1949 年，该公司制造了第一台把编程指令存放于内存中的二进制自动计算机 BINAC，可以说，这比 IBM 至少领先 5 年。但是，由于公司承担不了庞大的研发费用，缺乏外来资金的支持，在同年被雷明顿 - 兰德商用机器公司兼并收购了。

（资料来源：http://www.gs5000.com/mingren/fuhao/14921_2.html）

创业从产生动机、寻找创业机会、企业设立到企业成长的过程中，都离不开资金的支持。美国做过一项统计，24% 的初创企业在 2 年内倒闭，52% 的初创企业在 4 年内倒闭，63% 的初创企业在 6 年内倒闭，而在倒闭的企业中近 90% 是因为财务原因。由此可以看出，资金是企业创立、发展及壮大的必要资源之一。

企业发展可分为种子期、起步期、成长期、成熟期，不管企业处于哪个阶段，都需要发展资金。对于种子期和起步期的创业企业很少有充足的启动资金，特别是在校或刚毕业的大学生创业，通过融资获取资金的更是少而少之又少。调查显示，大概有 66% 的初创企业是创业团队自己集资，只有 10% 左右的初创企业能够从银行贷款筹借到资金，通过其他投资渠道获得资本的比例更小。初创企业相比成长企业融资难，主要体现在创业投资机制不健全、融资渠道不畅通、融资金额小等方面。而成长期和成熟期的企业由于发展较成熟、企业具备一定规模，各方面资源较多，获得融资资金相对初创企业要好很多。

10.1.2 创业融资方式

企业融资方式，是指协助企业筹集资金采用的途径或方法，是融资渠道的宏观描述。创业融资方式多种多样，根据资金来源于企业自有资金还是企业外部资金的不同，可分为内源融资和外源融资。正常来说，新企业在没有更多利润和自身资产的情况下，基本为外源融资。根据融资过程中是否存在融资中介，可分为直接融资和间接融资。不管使用哪种方法融资，最终都可以根据融到资本产权属性分为债权融资和股权融资。

1. 债权融资

债权融资也称为"债务融资"，是通过增加企业债务，定期支付债务利息的融资方式。债务融资可进一步细分为直接债务融资和间接债务融资两种模式。直接债务融资，是指不经过金融机构，直接向社会发行债券、股票及商业信用等形式筹集所需资金；间接债务融资，是指企业向金融中介机构（商业银行、金融机构等）申请贷款，取得资金的方式。债务融资的优势是不涉及企业所有权出让，创业者能够保有企业较高控制权；劣势是资金使用上的时间限制，到期需要偿还，容易造成企业现金流量压力增大。

2. 股权融资

股权融资，是指企业为了筹集资金，出让部分企业所有权，通过企业增资引进新股东的融资方式。股权融资获得的资金，企业无须还本付息，但是出资者以股东身份分享企业所有权与利润。采用股权融资方式的优势是筹措的资金具有永久性，无到期日，不需要归还；但劣势是会使创业者所占的企业股份比例下降，造成企业控制权被稀释。

总而言之，对于创业者，不同的融资类型会对企业产生不同的利弊因素，选择哪种融资类型需要慎重考虑，在满足资金获取的基础上，要兼顾融资的财务成本和融资对企业控制权的影响。相对于债权融资来说，股权融资风险较大，成本也较高，二者的差别如表 10-1 所示。

表 10-1　债权融资和股权融资的差别

项目	债权融资	股权融资
融资成本	较低	较高
控制权	对企业控制权没有影响	控制权被分割
风险	需要到期还本付息	无须还本付息

10.1.3 创业融资要素

创业融资的过程是以资金供求形式表现出来的创业资源配置过程，其具体行为包括：在一定的融资风险下，如何获得资金，使融资成本最小，创造企业的价值最大化。因此，创业融资必须具备以下几大要素。

1. 融资是否必要

企业在自有资金有限的情况下，为了满足新创企业多方面的投入需求，需要从企业内部或外部市场多种渠道，以不同的融资方式，借助社会各方面的力量，获取外源性资金。因此，创业者在制订企业发展计划时，应预测企业每个阶段的资金需求，如果有融资需求，则要提前做好融资准备。

2. 融资是否低成本

目前，创业融资变得很普遍，市场上支持创业的资金规模也很庞大。但是，融资是需要成本的，即所谓的融资成本，主要包括融资费用和资金使用费，具体可呈现为债权或股权的形式。融资成本越大，企业债务越多，发展越受限。因此，在同等资金的融资情况下，创业者应首先选择成本较低的融资渠道。同时，低成本的融资渠道还应当包括考虑投资者能带来的管理、资源及技术等。

3. 融资是否低风险

融资风险主要来源于创业资金的来源、用途、期限和效益。企业在确定每一阶段的融资策略时，在同等情况下，必须首先考虑稳定性高、变数小的融资来源。如果有银行贷款，那么首先选择银行贷款，其他不确定因素较多、风险较大的融资渠道，只能作为企业的备用融资选择。

总而言之，企业在融资过程中，要深入研究创业资金的需求情况，根据"必要性、合理性、合法性、效益型"的融资原则，合理确定融资渠道和方式，通过有效的融资结构，降低融资成本，减少融资风险。

10.2　创业融资渠道

企业用于筹集发展所需资金的来源通道即为融资渠道。目前，我国普遍存在"中小企业多，融资难""市场资金多，投资难"的问题，资金和企业的对接通道不顺畅。不同发展阶段的企业，融资渠道及策略有所不同，有的需要短期的资金周转，有的需要长期经营资金，有的希望引入投资者；同时，不同的融资方式对企业的资质要求各不相同。因此，企业能否顺利融资，首先要清楚自己的企业规模，了解融资需求；其次要了解各个融资渠道的特点和风险。

10.2.1　自筹资金

1. 个人资金

个人资金是创业者本人所有的、可用来启动企业的资金。可以说，个人资金几乎是所有创业资金的第一来源。根据调查，我国 90% 以上的私营小微企业中，在企业初创阶段几乎完全依靠自筹资金，主要是由创业者及其家庭和创业团队成员共同出资完成。

2. 亲朋好友融资

创业初期，创业者往往个人资金不足，又缺乏正规融资的抵押资产。亲朋好友成为创业者获取资金的重要渠道，因为亲朋好友关系可以让彼此之间不需要更多的信誉担保，也比较灵活。但是，在向亲朋好友融资时，必须明确资金性质，融资资金的性质是债权性资金还是股权性资金。最好是借助契约或法律形式规范融资行为，以保障各方利益，减少不必要的纠纷。

📑 案例 10-2

借钱起家的华坚鞋业集团

1984 年，张华荣从江西农村远赴浙江沿海鞋厂做学徒，短短几个月，聪明好学的他便弄懂了其中的窍门，学会了制鞋的流程和找到了销售鞋子的渠道，并通过自己的钻研，发现了这些鞋子的缺点及改进方法。于是，同年底，他把自己打工积累的钱和家人凑了 4000 元钱，买了 3 台缝纫机，聘请 8 位工人开起了自己的制鞋厂。到 1991 年，张华荣的鞋厂发展到了 200 多人，资产超过了百万元。目前，华坚鞋业集团已经成为中国最大的女鞋生产企业，张华荣从当初几个人几千元创业资本，到如今国内外著名的女鞋生产企业，就是用打工积累的 4000 元起家并发展壮大的。

（资料来源：https://www.sohu.com/a/250684117_100243313）

自筹资金不管是个人资金还是向亲朋好友融资，对于初创企业者来说，都有很大的帮助，但并不是解决创业资金的根本方案。因为自筹资金有限，对于大规模的企业项目，特别是前期投入资金大，产品开发周期长的创业企业来说，自筹资金相对比较困难。尤其是大学生，不能盲目创业，可以先就业，通过打工筹集创业资金，积累经验和资源，再择机选择创业。

10.2.2 合伙投资

合伙投资，是指寻找其他人一起合伙投资创办企业，组成合伙企业。合伙人是参与合伙经营的组织和个人，是合伙企业的主体。区别于投资人，合伙投资是按照"共同投资、共同经营、共担风险、共享利润"的原则，直接吸收单位或个人投资，合伙创业的一种筹资途径和方法。合伙人可以是亲朋好友，也可以是素昧平生的陌生人，合伙投资创业不但可以有效筹集到资金，还有利于分散创业风险，通过优劣互补提高驾驭企业风险的能力，降低新创企业的失败风险。

案例 10-3

新东方的合伙之路

2013 年，一部《中国合伙人》电影炒热了合伙创业的概念，同时让故事的原型新东方的"三驾马车"——俞敏洪、徐小平、王强的合伙之路公之于众。虽然电影与原型有一定的差距，但是确确实实透露出一个问题：不要和好朋友合伙开公司。

俞敏洪、徐小平、王强三人是大学同学，俞敏洪从北大出来后，于 1993 年成立了北京新东方学校。那时候的他，意识到要发展壮大公司，必须有合伙人，于是从国外找回了徐小平和王强一起合伙。那时候的新东方，执行模块划分制，俞敏洪做考试，徐小平做出国咨询，王强做口语，实行按模块分配的松散合伙制。在公司规模扩大之后，出现了利益之争，导致效率低下，从而迫使公司转变成股份制，也就有了后来的新东方教育科技有限公司。

公司转变成股份制后，也出现了很多问题，诸如分股后到底谁该干什么，公司的职权排位怎么设置，公司发展所需和利润分配之间的矛盾等，出现了合伙人之间打架，直至后来的人员散伙。

因此，俞敏洪说，现在很多创业公司因为合伙人打架散伙的现象比比皆是，他要投资必须一个创始人才投，有三个合伙人的他就不投。因为投完以后搞不清哪天就打架，而且合伙人之间打架好像是一个必然现象，不是一个偶然现象。

（资料来源：https://www.sohu.com/a/251901109_460424）

俗话说："生意好做，伙计难做。"合伙投资创业人人是老板，在企业决策上容易产生意见分歧，导致办事效率低下；甚至会因权力与利益等问题导致合伙人之间矛盾，不利于企业的发展。因此，合伙投资创业，一定要"丑话说在前"，决策权、股权分配、利益分成等制度问题需要事先说明，白纸黑字，莫因小问题给未来埋下隐患。

10.2.3 机构融资

1. 银行贷款

银行作为我国金融业的主体，也是创业者在资金筹措不足情况下首先想到的融资渠道，常见的银行贷款主要有以下四种：一是抵押贷款，是指借款人向银行提供一定的财产作为信贷抵押的贷款方式；二是信用贷款，是指以借款人的信誉发放的贷款，借款人无须提供抵押物；三是担保贷款，是指以第三人为借款人提供相应的担保为条件发放的贷款，担保可以是人的担保或物的担保；四是贴现贷款，是指借款人在急需资金时，以未到期的票据向银行申请贴现而融通资金的贷款方式。

创业者要根据自身情况选择相应的贷款途径，但是目前银行渠道的贷款业务中被信用高的大中型企业挤占了 80% 的份额，给看似高风险的小微企业留下的融资空间太少，造成了小微企业"融资难、融资贵"的问题。近些年，国家高度重视中小企业特别是小微企业的发展，先后发布了有关政策，以切实帮助小微企业创业者解决融资落地的问题。

案例 10-4

浦发银行合作联华便利为创业者提供资金支持

陈聪大学毕业后回到上海，一直没找到合适的工作。有一天，看到小区附近有家小型超市，生意很是红火，心想：不如自己也开个小超市，自己创业。但是，一了解，开个小型超市投资起码都得七八万元，自己手里也没有这么多钱，只好作罢。

日前，陈聪通过《东方新闻》得知上海浦东发展银行与上海联华便利商业有限公司（以下简称"联华便利"）签约，凡是准备加盟联华便利店但缺乏开业资金的经营者，都将有可能获得由上海浦东发展银行提供的"投资 7 万元，做个小老板"担保贷款，由联华便利作为合作方为创业者提供集体担保，创业者无须任何担保即可申请 7 万元的创业贷款，以解除创业者经营上的后顾之忧推出面向创业者的免担保贷款业务。陈聪激动得立即递交了申请，两个月后，陈聪顺利地从上海浦东发展银行拿到贷款，如愿以偿地开启了自己小超市的创业梦。

据悉，上海浦东发展银行此次与联华的合作正是促进就业基金担保贷款的首次尝试，切实解决创业过程中资金短缺的难题，旨在为创业者提供一个更宽松的融资环境。

（资料来源：http://world.eastday.com/epublish/gb/paper12/20000822/class001200001/hwz167807.htm）

目前，很多银行为了拓展信贷业务，充分考虑创业者"担保难"的问题，主动寻找合作担保方，为创业者提供免担保贷款。这种创业信贷业务种类繁多，手续简便，不同银行提供的业务和贷款金额不尽相同，需要创业者具体咨询。

2. 非银行金融机构融资

非银行金融机构主要包括证券公司、保险公司、信托投资公司、基金管理公司、小额贷款公司、第三方理财公司等。自全国启动推广普惠金融政策以来，国家除了要求各大商业银行建立普惠金融部外，还发展了一大批小额贷、保理、担保、典当、租赁、互联网金融企业等非银行金融机构，以细分市场、分门别类地助推满足小微企业融资需求。其中，小额贷款和融资租赁是目前最普遍、最基本的非银行金融形式。

小额贷款是以个人或企业为核心的综合消费贷款方式，贷款的金额一般从 1 万元到 20 万元不等，需要有担保。小额贷款公司的设立，合理地将一些民间资金集中起来，规范了民间借贷市场，同时有效地解决了小微企业"融资难"的问题。

案例 10-5

小额贷款助解小微企业"融资难"

2015 年以来，随着国务院大力推动"大众创业、万众创新"的举措，政府提出改革完善金融服务体系，支持金融机构扩展普惠金融业务，规范发展地方性中小金融机构，着力解决小微企业"融资难、融资贵"问题。

银保监会提出鼓励有条件的银行业金融机构在市场上发行专项金融债，扩大为小微企业提供服务的资金来源，同时鼓励大型商业银行和政策性银行更多向中小金融机构提供长期稳定低成本资金，以推动降低小微企业融资成本。这在一定程度上拓宽了小额贷款公司和典当行等融资渠道，促使我国社会融资手段日趋多元化。根据银保监会发布的数据，截至 2018 年第一季度末，全国小微企业贷款余额 31.76 万亿元，较 2017 年末增加 1.02 万亿元，小微企业贷款 1545 万户。

(资料来源：https://baijiahao.baidu.com/s?id=1599472430768886403& wfr=spider & for=pc)

融资租赁是集融资与融物、贸易与技术更新于一体的新型金融产业，主要是以融资租赁机构（出租方）根据用户（承租方）的请求，与第三方（供货商）订立供货合同，由出租方向供货商购买承租方选定的设备，并租给承租方使用，承租方则分期向出租方支付租金，三方的关系如图 10-1 所示。在租赁期内租赁物件的所有权属于融资租赁机构所有，承租方拥有租赁物件的使用权。融资租赁因其融资与融物相结合的特点，在出现问题时融资租赁机构可以回收、处理租赁物，因此对融资企业资信和担保的要求不高。

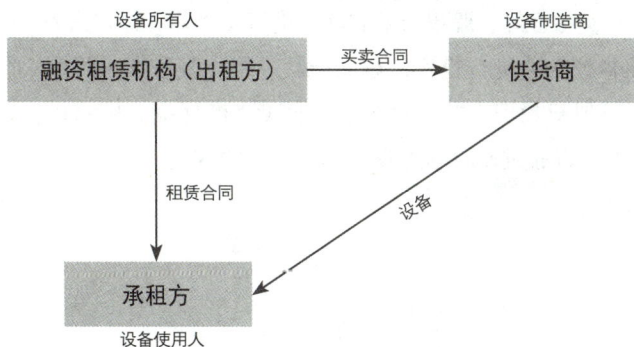

图 10-1 融资租赁关系

案例 10-6

医疗设备租赁业务

某三甲医院，目前拥有床位 500 张，设施、配置、功能齐全，配备价值近亿元的先进医疗设备，年门诊量达 50 万人次，年收入达 1.5 亿元，收支结余 100 万元，负债率为 43%，货币资金为9000万元，现决定引进某国际品牌公司的1.5T核磁共振设备，价格为1200万元，但要求分期支付设备款项。经设备供应商推荐，医院向租赁公司提出了融资租赁申请。租赁公司经过实地考察，并和相关人员讨论、询价，提出了租赁方案，经院方讨论通过，租赁公司经过相关程序后批准了该方案，随即和医院签订了"租赁合同"，合同约定：医院首先向租赁公司支付部分保证金，其次在租赁期内按月等额支付租金，租赁合同结束后，设备所有权可转让给医院。同时，租赁公司和设备供应商签订了"买卖合同"，合同约定：租赁公司按照设备安装进程付款，厂家承担售后服务等事项。

（资料来源：https://wenku.baidu.com/view/28ad31b465ce0508763213d2.html）

案例10-6是一个典型的、由三方参与的融资租赁案例。在企业实际创业过程中，由于缺乏足够资金购买设备，可以借助第三方租赁公司完成融资租赁。融资租赁具有程序简单、方式灵活、融资期限长、还款压力小等特点，可以较好地解决因其他融资贷款困难的情况，有效防止中小企业比较脆弱的资金链发生断裂，比较适合生产、加工型的新创企业。

10.2.4 众筹融资

众筹是个人或企业通过互联网平台向社会募集资金的形式。自2011年国内第一家众筹网站上线以来，诸多众筹融资形式层出不穷，被视为最具创新与发展潜力的典型互联网金融模式之一。相比于传统的融资方式，众筹融资模式更开放，能否获得投资资金也不再完全取决于项目是否具有商业价值，只要是人们喜欢的项目，都可以通过众筹方式获得项目启动资金，这种方便、快捷、高效的融资模式，为更多想创业而没钱的创业者提供了无限可能。

目前，众筹融资主要有实物众筹、股权众筹和网络借贷（也称"债权众筹"）三种模式。实物众筹是投资者对于项目或企业进行投资，获取产品或相应服务作为回报；股权众筹是投资者通过对创业企业进行股权投资，并分享企业成长带来的回报；网络借贷是投资者与资金需求者双方形成借贷关系，通过回收本息收益作为回报的方式。

案例 10-7

3W 咖啡的成功众筹

3W咖啡由许单单、马德龙、鲍春华三位创始人发起，就是采用众筹模式创办的新型咖啡馆。3W咖啡向社会公众进行资金募集，每人10股，每股6000元，等于每人投资6万元。3W咖啡的经营理念为"以咖啡为载体，为创业培训及风险投资机构寻找项目搭建平台"。3W咖啡有一个豪华的投资人阵容，包括乐峰网创始人、知名主持人李静，红杉资本中国基金创始及执行合伙人沈南鹏，新东方联合创始人、真格基金创始人徐小平，德讯投资创始人、腾讯创始人之一曾李青，高德软件副总裁郏建军等。很快，3W咖啡以创业咖啡为契机，将品牌衍生到了创业孵化器等领域。

3W 咖啡通过同一个圈子的人共同出资做一件大家想做的事情，属于典型的会籍式众筹方式，创新了咖啡馆模式，完美演绎了众筹模式。3W 咖啡不仅仅是一家普通的咖啡馆，它还通过定期组织沙龙和聚会，为投资人和创业者提供一个分享交流的平台。因此，3W 咖啡给股东的价值回报在于圈子和人脉，试想，如果投资人通过 3W 咖啡投资了一个好项目，就可以获得丰厚的回报。同样，有项目的创业者花 6 万元入会就可以认识大批同样优秀的创业者和投资人，不仅可以获得经验分享，还能收获很多的人脉价值。

（资料来源：http://wisdom.ichinaceo.com/news_detail-id45239.htm）

众筹在我国的成功应用源于模式本身拥有巨大的市场价值、融资价值和营销价值。首先，它打破了传统的融资模式，众筹不仅拓宽了个人和中小微企业的直接融资渠道，还优化了我国社会融资结构和金融服务覆盖面；其次，众筹以互联网为平台，没有国家地域的限制，只要项目合适，资金充足，众筹就可以建立起来，门槛低，快速、便捷，有利于分散融资风险，增强金融体系的弹性和稳定性。

由于目前我国的众筹模式发展并不完善，而且采用众筹方式的大多是初次创业者，缺乏创业和投资的经验，存在信用风险。此外，有些众筹项目缺乏持续性盈利模式，因此，众筹模式带有很多不确定性和风险因素。

案例 10-8

美微传媒的违规众筹

2012 年，通过在网上售卖原始股权而闹得沸沸扬扬的美微传媒，最终以被证监会叫停的方式结束了这场中国式股权众筹"闹剧"。美微传媒的创始人朱江公开承认不具备公开募股主体条件，退还通过公开渠道募集的款项。

事件起因是一家名为"美微会员卡在线直营店"的淘宝店铺，店主就是美微传媒的创始人朱江。朱江为了解决初创企业的急需资金，尝试通过在线众筹方式募集资金，通过在淘宝店出售相应金额会员卡，会员卡即为公司原始股，单位金额为 1.2 元，最低认购单位为 100 股，消费者只需要花费 120 元购买会员卡即可成为持有美微传媒 100 股的原始股东。

此次，美微传媒总共募集到 380 万元，但是在网络上引起了巨大争议。有法律人士认为，按照公司法规定，有限责任公司股东人数不能超过 50 人，只能实行股份代持方式。与此同时，根据证券法规定，向不特定对象发行证券或向特定对象发行证券累计超过 200 人的，都属于公开发行，需要经过证券监管部门核准才可以进行。

最后，美微传媒的淘宝店铺被淘宝官方关闭，淘宝对外宣称不允许在淘宝平台公开募股。同时，证监会约谈了朱江，最后宣布该融资行为不合规，为非法集资。美微传媒需要先公开发布声明，然后向所有购买凭证的投资者全额退款。

（资料来源：http://www.6ke.com.cn/seoxuetang/kj/2019/0803/11256.html）

目前，我国的众筹模式还存在很多不规范性，在利用众筹模式的时候，要注意以下方面。一是政策面，我国目前没有相关的立法，许多众筹项目会因为众筹者的法律意识淡薄触碰非法集资的红线，特别是股权融资。二是众筹平台业务模式不成熟带来的风险，很多众筹平台依然处于发展初期，业务模式不成熟，都在摸着石头过河。不成熟的发展模式与平台自身风险管理能力不匹配，潜在的资金欺诈、道德风险等问题不容忽视。

10.2.5 风险投资

风险投资（以下简称"风投"），也叫"创业投资"，主要指向初创企业提供资金支持并取得股份的一种融资方式。投资者投入资本，待企业发展相对成熟后，通过市场退出机制，将所投入的资本由股权形态转化为资金形态，获取收益。

风投起源于美国，美国研究与发展公司（American research and development corporation，ARD）作为第一家风投公司，成立于 1946 年，20 世纪 70 年代后期，伴随高新技术的发展，风投步入高速成长时期，培育出一大批世界级的大企业，如微软、苹果、英特尔、思科等。而中国的风投浪潮起源于 20 世纪 80 年代，全国"自上而下"地推动风投行业发展，但由于国内缺乏大环境和市场，最终以失败收场。直到 2003 年前后，随着新一波创业浪潮兴起，中国才逐渐成为全球风投的热土。

📚 案例 10-9

美通公司的成功融资

王维嘉，美国通用无线通信有限公司（以下简称"美通公司"）总经理，是一位留学美国并在硅谷创业成功的中国人。1994 年，王维嘉在硅谷创办了美通公司，专注于移动互联产业。1998 年，他发明了双向个人移动信息机（TFMIM），这种信息机在世界上首次投入使用，它标志着个人移动信息新兴产业的诞生。

王维嘉意识到高新技术企业的发展离不开庞大的资本支撑，在企业还没创办之前，王维嘉就开始了他的融资之路。1993 年底，王维嘉参加了一次风险投资演讲会，在会议临近结束时，王维嘉在演讲台上向风险资本家说了开发个人移动通信信息终端的创意。其中，有个风险资本家给了王维嘉一个电话号码说："我们找时间再谈。"在那之后，王维嘉激动地给风险资本家打电话，但是连续打了 3 天都无人接听，最终是风险资本家主动给王维嘉回了个电话并约定会面。后来，风险资本家告诉王维嘉，之前不接他的电话是对他的一个测试。"如果你连打电话的困难都不能克服，我肯定不会找你。因为一个创业者必须有不怕困难的基本素质。"风险资本家对王维嘉这么说。

就这样，经过长达半年的谈判后，王维嘉终于如愿以偿地获得两家风险投资公司一共 200 万美元的风险投资，王维嘉也成为在硅谷创业获得风险投资的第一个华人。后来，从

1995 年至 1999 年，王维嘉先后从 IDG、Intel 等 7 家公司 3 次分别获得 700 万美元、900 万美元、1200 万美元的风险投资。

（资料来源：https://www.cyzone.cn/article/47866.html）

在企业起步成长过程中，需要大量资金，自筹资金数额有限、银行不愿意贷款，也不可能实行股市融资，因此，风险投资变得非常必要，它是企业发展中最关键和主要的融资方式之一。当企业发展成熟后，企业能够通过银行贷款进一步壮大规模。最后，在企业成功上市后，风险资金就能功成身退，收获风险投资收益了。

案例 10-10

携程的第一笔风投融资

1999 年，梁建章、沈南鹏、范敏、季琦 4 人合资 200 万元创立了携程旅行网（以下简称"携程"），总部在中国上海。初期的携程发展之路非常坎坷，经费紧张，导致公司财务捉襟见肘，连一分钱的印刷费也要跟印刷厂计较。但是，随着当时互联网在中国的风靡，携程在公司网站还没有正式推出的情况下，就受到资本的青睐。公司创立当年，仅仅凭借一份 10 页的商业计划书，就被美国著名风投企业 IDG 看中，向公司投资了 50 万美元股权资金，IDG 相应获得携程 20% 多的公司股份。

（资料来源：http://blog.eastmoney.com/z2324315765501590/blog_897421816.html）

风险投资是典型的股权融资形式，投资者更看重企业发展的未来，对于中小企业而言，风投为企业长远发展提供市场化的资金支持，减小了创业者承担的风险程度。但是，企业要想获得风险资本的支持，创业项目需要具备良好的盈利预期和市场前景，以及包装好的商业计划书和优秀的创业团队。

10.2.6　天使投资

天使投资可以看作风险投资的补充，因为在创业设想还停留在创业者脑海或纸上时，风险投资很难眷顾到，天使投资是创业公司最早介入的外部资金，它们敢为创业者买单，当你需要融资时，它们就是真正的"天使"。天使投资是自由投资者或非正式风险投资机构对原创项目构思或小型初创企业进行的一次性前期投资，它专注于投资种子期和萌芽期的创业企业。天使投资有三个方面的特征：一是天使投资的金额一般不大，而且是一次性投入，项目只要有发展潜力，就可能给予资金支持；二是天使投资人或天使投资基金不但可以带来资金，而且可以带来关系网络；三是投资程序简单，资金快速。自 2011 年开始，我国以移动互联网掀起的新一波创业高潮，成功吸引了一大批有条件的天使投资人加入天使投资行业。

案例 10-11

谷歌的第一次天使投资

1998 年，在斯坦福上学的拉里·佩奇和谢尔盖·布林（两位谷歌的创始人）找到了斯坦福大学的一位教授——大卫·切瑞顿。

他们在切瑞顿教授家中展示了他们的创业项目。切瑞顿教授和他的朋友安迪·贝托谢姆在谷歌两位创始人还没有银行账户的情况下，当场开出了一张 10 万美元的支票，成为谷歌的首位个人天使投资人，持有了谷歌的股权。拿到投资后，谷歌在加利福尼亚州的一个车库里正式成立，谷歌的第一个数据中心就坐落在这个 56 平方米的房间里。公司除了佩奇和布林之外，就只有一个雇员。

随后，谷歌进入了快速发展期，1999 年又拿到了硅谷最有名的两家风险投资公司凯鹏华盈和红杉资本 2500 万美元的投资。这标志着谷歌不再是车库公司，而是成为互联网浪潮中的正式玩家。

2004 年，谷歌成功上市。切瑞顿教授持有的股票市值达到 3 亿美元，而当时谷歌每股价格才 85 美元，如今，谷歌的股价已经高达每股上千美元。切瑞顿教授不仅成为全球最富有的教授，还成就了股权投资界的经典案例。

（资料来源：https://www.bolect.net/Home/NewsDetail/14.html）

10.2.7　政府基金

近年来，国家为支持中小微企业发展，鼓励财政部等相关部门、企业、高校等设立了多种创业扶持基金，从而丰富了我国创业融资的供给，对资助创业者起到一定的作用。政府提供的创业基金通常被创业者高度关注，首先，借助政府资金不用担心投资方的信用问题；其次，一般，政府的投资免费使用，进而大大降低了筹资成本。但是，政府每年投入的创业基金有限，而且有严格的申报要求，申报企业数量多，导致门槛很高，对于刚创立的企业略显困难。政府创业扶持基金根据设立的主体不同，主要有地方层面设立的创业扶持资金和国家层面设立的创业扶持资金两大类。

1. 地方层面设立的创业扶持资金

国家为鼓励创业，鼓励地方设立创业基金，各地方政府、企业积极配合参与创业扶持措施，设立创业扶持资金，主要有两种。第一，扶持对象较广的创业资金。这是各地方政府设立的一般性创业扶持资金，主要为新企业提供了一个政府扶持资金来源。第二，扶持大学生的创业资金。为鼓励大学生创业，许多地方政府相关部门及社会各界有识之士纷纷出资，帮助大学生创业提供启动资金。根据出资主体不同，主要分为以下几种：一是以政府名义设立的大学生创业基金，如中国大学生创业基金、上海市大学生科技创业基金等；二是以高校名义设立的大学生创业基金，如北京吉利大学大学生创业基金，它是国内首家高校设立的创业基金，此外，北京航空航天大学、上海复旦大学等高校也相继设立了学生创业基金；三是以企业或个人名义设立的大学生创业基金，如诺基亚青年创业教育基金、武汉新技术创业中心设立的大学生创业基金等；四是以联合形式设立的大学生创业基金，由政府牵头，高校和企业联合设立的大学生创业基金，或者由社会组织和企业共同设立的创业基金等。

案例 10-12

上海大学生科技创业"天使基金"

2005 年，上海设立了全国首个以政府为主导的扶持大学生创业的基金——上海市大学生科技创业"天使基金"，并在 10 余所高校设立分基金，主要用于资助高校毕业生创办科技类企业，并且兼顾企业咨询。以大学生创业的企业只要有意向，可以向基金会提出申请，根据不同情况可以获得 5 万～30 万元的基金资助。如果公司成长了，就把钱还给基金会；如果亏了，基金会不再收回投资。据了解，基金会在设立的最初 5 年，累计受理创业项目申请 1607 项，批准 452 项。据不完全统计，创业企业实现销售额累计已过亿元，创造利润 2000 余万元。10 余家企业年销售额超过千万元，个别优秀企业的投资估值已达 2 亿元。

2010 年，浙江泰隆商业银行接触到了上海市大学生科技创业基金会，并接洽了一家从事医药行业的大学生初创企业，最终该企业与浙江泰隆商业银行上海分行进行了首次合作，成功获得 150 万元贷款。该笔贷款从调查至最终发放前后只用了短短 10 天时间。

（资料来源：https://tech.qq.com/a/20100926/000386.htm）

2. 国家层面设立的创业扶持资金

目前，国家层面设立的扶持资金有三种。一是科技型中小企业技术创新基金，是由国务院批准建立、用于支持各种所有制类型的科技型中小企业技术创新的政府专项基金，通过无偿资助、贷款贴息和资本金注入等方式，对融资能力较弱的早中期、初创期创新型中小企业给予资金支持，鼓励和引导中小企业参与技术创新活动；二是中小企业发展专项资金，主要是用于支持中小企业专业化发展、与大企业协作配套、技术创新、新产品开发、新技术推广等方面的专项资金，其中，不包含科技型中小企业技术创新基金；三是中小企业国际市场开拓资金，是中央财政用于支持中小企业开拓国际市场各项业务和活动的政府性预算基金和地方财政自行安排的专项资金，旨在支持中小企业发展，鼓励中小企业参与国际市场竞争，降低企业经营风险，促进国民经济发展。

10.3 创业融资过程

清楚了融资渠道后，需要具体了解融资的过程是怎样的。企业发展的不同阶段，融资过程有一定的区别，企业在成长期和成熟期融资过程相对于种子期和起步期简单很多。一般来说，创业融资过程包括确定资金需求、编写商业计划书、确定融资渠道及融资谈判四个步骤。

10.3.1 确定资金需求

创业融资第一步就是创业者要明确需要融多少钱，融资款用于做什么。作为初创企业，首先要测算的是企业的启动资金，即企业开办必须购买的物资和必要的开支总费用，主要分为固定资产投资和流动资金两部分。

1. 固定资产投资测算

固定资产投资主要用于购买价值较高、使用寿命较长的资产，如企业场地（企业用地及建筑）、办公家具、器械、运输工具，以及其他与生产经营有关的设备、器具和工具等。不同类型的企业所需的固定资产不同，有的企业用很少的投资就能开办，而有的企业却需要大量的投资才能启动。一般的固定资产投资包括企业用地及建筑、设备及其他费用，如图 10-2 所示。

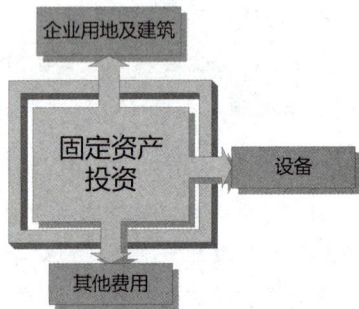

图 10-2　固定资产投资测算项

不同投资项目花费的资金总量和时间成本有一定的差别，在进行固定资产投资测算时，需要了解清楚企业运营需要什么样的场所和设备，是否绝对需要，在此基础上选择正确的投资方案，应尽可能把必要的投资降到最低成本，减少企业承担风险。表 10-2 及表 10-3 是企业用地及建筑和设备投资项目中具体不同项目的投资情况说明。

表 10-2　企业用地及建筑投资项目说明

项目	投资原则	费用	建设时间
建房	有特殊要求	需资金量大	长
买房	有特殊要求	需资金量较大	较长
租房	适当装修可用	一定资金	一般
自住房	适当调整可用	较少资金	短

表 10-3　设备投资项目说明

项目	投资原则	费用
机器	选择正确机型，可考虑购买二手或租赁	适用前提下尽量降低
工具	经济适用	适用前提下尽量降低
工作设施	经济适用	适用前提下尽量降低
车辆	经济适用	适用前提下尽量降低
办公家具	经济适用	适用前提下尽量降低

其他费用主要包含企业的无形资产及其他开办费。其中，无形资产包括商标使用权、设备专利权等；其他开办费包括注册、转让等不属于固定资产和无形资产的其他投入费用。

2. 流动资金测算

流动资金，是指为保证企业正常生产经营，用于支出购买原材料、商品库存、租金、支付工资、促销、保险及其他经营费用（水电费和电话费等）等必不可少的周转资金，如表10-4 所示。

表 10-4　流动资金测算项目说明

流动资金类型	说明
原材料和商品库存	制造企业在生产产品之前需要购置原材料；服务企业在提供服务之前需要多少材料库存；零售和批发商在开始营业之前需要准备商品库存
租金	租用场所支付的金额。租金 = 没达到收支平衡的月数 × 每月房租金额
工资及保险	一是企业雇员工资及创业者自己生活费用，二是员工医疗保险、养老保险、工伤保险等相关保险费。工资及保险 = 没达到收支平衡的月数 × 每月工资 + 保险总额
促销费用	为提升产品知名度和市场占有率，前期对产品或服务进行促销活动的费用总额
其他费用	包含基本的日常费用，如电费、电话费、办公用品费、交通费等

一般来说，初创企业在获得销售收入之前，必须准备足够的流动资金维持企业的正常运转。依据企业类型不同，需预先投入 3 ～ 6 个月的流动支出费用。

10.3.2　编写商业计划书

商业计划书在本书第 9 章中进行了详细介绍。初创企业把自己的企业想法通过一份文本的形式进行描述，可以有效地表达创业者的创业意图，厘清自己的创业思路，是创业者叩响投资者大门的"敲门砖"。因此,商业计划书的好坏,在很大程度上决定了创业融资的成败。

商业计划书具体的框架构成和注重点请参考第 9 章内容。

10.3.3　确定融资渠道

企业的发展可大致分为种子期、起步期、成长期、成熟期四个阶段,不管在哪个阶段,都需要有足够的发展资金。如今的融资渠道有很多,不同的融资渠道对于企业的发展存在很大的利弊差异,如何确定最终的融资渠道需要创业者依据企业发展所需资金数额,结合各种融资渠道的优缺点、融资机会的大小,权衡利弊,最终确定适合自己的一种或多种融资渠道。根据企业发展阶段确定融资渠道可参考表 10–5。

表 10-5　创业过程与融资渠道

融资渠道／发展阶段	种子期	起步期	成长期	成熟期
自有资金	■	▨		
亲朋借贷	■	▨		
合伙投资	■	▨		
银行贷款			■	■
融资租赁				
众筹融资	■	■	▨	
风险投资		■	■	
天使投资	■	■		
政府基金		■		

注:深色表示建议采用,浅色表示参考备用,白色表示不适合。

创业融资除了依据发展阶段确定融资渠道外,还需要考虑筹集资金的时间长短,一般可分为中长期融资和短期融资。中长期融资主要用于企业的生产、固定资产投资等方面,这类需求可以通过债券融资、股权融资和银行贷款等途径解决;而短期融资主要用于解决企业短期资金的使用或者临时周转需要,可以通过小额贷、典当等渠道解决。

10.3.4　融资谈判

一份优秀的商业计划书,在融资谈判中只成功了一半,另一半取决于创业者与潜在投资者之间的谈判。由于潜在投资者个人背景、喜好、知识结构等不同,他们关心的问题及谈判过程也不尽相同。因此，融资谈判，没有所谓的技巧可言，真正的技巧，其实就是创业者的心理建设过程和基本的谈判原则，凡事预则立，不预则废。因此，为提高融资谈判的成功率，在融资谈判前，创业者需要做以下几个方面的准备。

1. 有备而谈

以项目为基础，事先做充分准备，包括人员、资料文件等，对项目内容做到非常熟悉，并且对项目充满信心。

2. 共赢原则

融资合作的目的是通过融资促进企业发展，达到双方共赢。因此，对于投资者来说，对于企业发展，他们有自己的理解和方式，创业者需要做好妥协。

3. 平等原则，灵活处理细节

投资者和创业者可以是不同国度、不同背景下的人，存在一定的差距性，但融资不是乞讨，双方在法律地位上是平等的，对谈判要不卑不亢，进退自如。在谈判过程中，要讲策略、讲原则，对投资者的提问，要抓住兴趣点，陈述重点，注意方式方法，做到有理有节，让投资者看到项目的美好蓝图。

10.4 创业融资需有度

每位创业者都能意识到，在创业过程中，有融资就有钱，能筹到钱肯定是好事情，毕竟手中有粮，心中不慌。但是，融资需要有度吗？换句话说，融资规模也不是越大越好，外来的钱并不是越多越好。如果融资超出了企业需要，而且没有适当财务约束，就会使企业在"文火煮青蛙"的舒适环境中不知不觉陷入困境。

融资需有度一方面表现为取之有道，融资量要有度。创业者在融资过程中，要根据企业实际需求引入资本，理想的融资是锦上添花，而不是雪中送炭。因此，融资要提前做好计划，并且对资金数额要有度，以防止因为融资过度丢失股权的局面。因此，融资并不是越多越好。

❖ 案例 10-13

阿里巴巴的 2000 万美元融资

关于阿里巴巴能获得孙正义 2000 万美元的投资，一直有这么个传说：马云在厕所碰到了孙正义，双方在厕所中交谈了 6 分钟后，孙正义就决定投资给阿里巴巴 2000 万美元。事实真是如此吗？

6 分钟确有其事，但在厕所交谈是无稽之谈。这次见孙正义，马云准备了许久，马云说了 6 分钟，在对阿里巴巴完全没有实地考察的情况下，孙正义决定向阿里巴巴投资 4000 万美元。

有人说马云幸运，遇到了孙正义。事实是，马云当年去找孙正义投资之前，前前后后已经见过了 48 个投资机构，而且都被残忍地拒绝了。或许是他兢兢业业、永不放弃的精神感染了对方。但是，没有投资人只为企业创始人的情怀或坚持买单，投资人看重团队的重要性，也看重项目本身的发展。

第二次与孙正义会面，马云提出了三个条件：第一，阿里巴巴只接受软银一家投资，不再希望其他投资人进来；第二，软银作为股东，不能只看眼前利益，不顾阿里巴巴的长远打算，必须以阿里巴巴的发展为重心，也就是说孙正义不要过分干涉阿里巴巴的运营事项；第三，请孙正义担任阿里巴巴的董事。结果是孙正义答应投资 3000 万美元，占阿里巴巴 30% 的股份，但是只同意担任阿里巴巴顾问。

马云回到杭州后，经过冷静思索之后，他问自己："我要那么多钱干什么呢？真是太愚蠢了。"此时，马云也担心软银持有阿里巴巴的股权比例过大，管理层股权稀释后失去话语权。他立刻开始了同软银的第三次协商，马云表示只需要 2000 万美元，钱太多在某种层面上来讲会是坏事。最终，孙正义同意了 2000 万美元的投资。

有人问孙正义，为什么那么快决定给阿里巴巴投资？

孙正义直言不讳地回答：他在马云的眼睛里看到了激情和力量。孙正义敏锐地感觉将来马云肯定是个了不起的人。只有有激情的人，才会不遗余力地做事情。当你在跟一个充满激情的人谈话时，他的气场就是与众不同的。强烈的气场感染着孙正义，马云这股激情带来的神秘力量说服了孙正义。

（资料来源：https://www.sohu.com/a/125265849_580459）

所谓"取之有道，用之有度"。融资需有度另一方面表现在企业在融到钱后要有规划地用钱。对于很多初创的小微企业，由于缺乏足够的资本使用和管理能力，在融到钱之后，屡屡出现对投资资金不负责任地使用的情况，相当于"烧别人的钱圆自己的梦"，这也是市场资本投资小微企业的风险之一。

案例 10-14

ofo 之死，失败的资本盛宴

2015 年前后，中国共享单车的风口在资本的追逐下飞了起来，大量共享单车企业不断涌现。可以说，这种用"共享经济＋智能硬件"解决"最后一公里"出行问题的经营模式，最早来自 ofo 共享单车项目，其创始人叫戴威，连同 4 个校友在北京大学校园推出这一项目。

ofo 共享单车项目由于新颖的创业模式，迅速获得大量资本的青睐，从创立初始就获得数创业是创业者实现理想的过程，融资是投资者的资本投资增值过程，二者是相辅相成的，只有通过企业这个载体的发展过程，才能很好地实现双赢的目标。因此，对于创业者来说，在创业过程中具备负责、守信的品质非常可贵。

总而言之，资本是企业发展的核心支撑，即使创业者有足够的融资能力，也不能融太多钱，这对于企业家可能百害而无一利，容易被资本膨胀和融资成本加大打败，这对创办企业和创业者潜藏着巨大风险。因此，创业融资需要分析自身实际情况和资金需求确定融资规模，以降低创业风险。

课后练习

1. 大学生创业融资的特点有哪些？

2. 债券融资和股权融资各有什么优缺点？

3. 分别从投资者和企业角度分析债权融资和股权融资哪种方式更好？

4. 解决大学生创业融资的渠道有哪些?

5. 众筹融资的概念是什么?

6. 发展众筹融资的意义是什么?

7. 如何区分固定资产和流动资金?

参考文献

［1］ 北京掘金知识产权.掘金知产："湾仔码头"撤三案件简析［EB/OL］.（2017-02-24）［2020-05-30］. https://www.sohu.com/a/127173845_555094.

［2］ 陈荣秋，马士华.生产与运作管理［M］.北京：高等教育出版社，1999.

［3］ 陈志祥.现代生产与运作管理［M］.广州：中山大学出版社，2002.

［4］ 创业味道.创业没有钱，有什么关系？资源整合创业才是真正的创业［EB/OL］.（2019-09-16）［2020-06-06］. https://www.sohu.com/a/341165808_ 397446.

［5］ 岛田洋七.佐贺的超级阿嬷［M］.陈宝莲，译.海口：南海出版社，2007.

［6］ 丁云升.一句顶一万句的管理智慧［M］.北京：人民邮电出版社，2014.

［7］ 洞见知行.估值百亿的 Airbnb 的商业计划书，教科书级别的 BP！［EB/OL］.（2017-09-27）［2020-05-30］. https://www.sohu.com/a/194978962_355028.

［8］ 段继扬.试论发散思维在创造性思维中的地位和作用［J］.心理学探新，1986（3）：31-34.

［9］ 樊登.低风险创业［M］.北京：人民邮电出版社，2019.

［10］ 宫鑫，王培陞.域名投资的秘密［M］.北京：电子工业出版社，2016.

［11］ 龚雅雯.硅谷精英的创业秘籍［M］.北京：中信出版社，2018.

［12］ 郭雯.趣谈专利［M］.北京：知识产权出版社，2018.

［13］ 国家知识产权局.2017 年度打击专利侵权假冒十大典型案例发布［EB/OL］.（2018-07-19）［2020-05-30］. http://www.sipo.gov.cn/zscqgz/1126380.htm.

［14］ 国家知识产权局.2018 年度商标行政保护十大典型案例［EB/OL］.（2019-05-28）［2020-05-30］. http://sbj.cnipa.gov.cn/sbjg/201905/t20190528_301489.html.

［15］ 国家知识产权局自动化部.专利申请在线业务办理平台实用指南［M］.北京：知识产权出版社，2017.

［16］ 海南省人民政府办公厅关于进一步做好普通高等学校毕业生就业创业工作的意见［EB/OL］.（2014-08-01）［2020-05-30］. http://www.hainan.gov.cn/hainan/szfbgtwj/ 201408/ee391d877057413a ae0ff65da068b260.shtml.

［17］ 黄铁鹰.海底捞你学不会［M］.北京：中信出版社，2011.

［18］ i 奇趣儿.出货量下跌 3 成，诺基亚手机再衰退，情怀路线走不通？［EB/OL］.（2020-02-07）［2020-06-06］. https://baijiahao.baidu.com/s?id=1657863447254954027& wfr=spider & for=pc.

［19］ 贾晔清，唐康.第三方物流企业物流中心选址研究［J］.商业现代化，2007（7）：146-148.

［20］ 凯林，哈特利，鲁迪里尔斯.市场营销［M］.董伊人，史有春，何健，等译.北京：世界图书出版公司，2011.

［21］库兹韦尔.奇点临近［M］.董振华，李庆成，译.北京：机械工业出版社，2011.

［22］蓝倾修璃.我国现行的企业组织形式有哪些，有何区别？［EB/OL］.（2018-04-27）［2020-06-06］.http://www.360doc.com/content/18/0427/13/38106548_749168797.shtml.

［23］李爱华，杨淑琴.大学生创新创业教育［M］.上海：上海交通大学出版社，2018.

［24］李成钢.大学生创新创业经营模拟实践教程［M］.北京：中国纺织出版社，2018.

［25］李华凤，斯日古楞，魏守长.大学生创新创业教程［M］.北京：电子工业出版社，2018.

［26］李嘉.哪里有抱怨哪里就有机会［M］.北京：团结出版社，2014.

［27］李肖鸣.大学生创业基础［M］.北京：清华大学出版社，2009.

［28］李笑来.斯坦福大学创业成长课［M］.天津：天津人民出版社，2016.

［29］李兴光，田立新.汽车物流中心的选址方法［J］.统计与决策，2007（9）：121-122.

［30］梁巧转，赵文红.创业管理［M］.2版.北京：电子工业出版社，2013.

［31］刘静静.浅析"互联网+"背景下公共图书馆的服务创新［J］.求知导刊，2016（8）：26-28.

［32］刘胜辉.大学生创新创业基础［M］.2版.北京：北京理工大学出版社，2017.

［33］刘永芳.管理心理学［M］.北京：清华大学出版社，2008.

［34］洛可可创新设计学院.产品设计思维［M］.北京：电子工业出版社，2016.

［35］米歇利.星巴克体验［M］.靳婷婷，译.北京：中信出版社，2012.

［36］倪云华.商业计划书：团队也是融资关键，如何介绍团队成员，吸引投资人［EB/OL］.（2019-02-03）［2020-06-06］.https://www.jianshu.com/p/10170a0ce2b3.

［37］诺曼.设计心理学［M］.梅琼，译.北京：中信出版社，2015.

［38］齐莉格.斯坦福大学最受欢迎的创意课［M］.秦许可，译.长春：吉林出版集团有限公司，2013.

［39］商务宁波网."商业秘密网"成功维权又一典型案例［EB/OL］.（2016-04-21）［2020-05-30］.https://www.sohu.com/a/70686888_343981.

［40］赏容说.中国骄傲！李彦宏美国获得专利，谷歌创始人都曾被他启发［EB/OL］.（2019-04-18）［2020-05-30］.https://baijiahao.baidu.com/s?id=1631137227280158140& wfr=spider & for=pc.

［41］眭平.联想，吹来创意的春风［J］.科学24小时.2002（4）：21-22.

［42］汤历漫.从创意到创业［M］.北京：中国经济出版社，2017.

［43］唐青林，黄民欣.商业秘密保护实务精解与百案评析［M］.2版.北京：中国法制出版社，2017.

［44］陶陶，王欣，封智勇，等.创业团队管理实战［M］.北京：化学工业出版社，2018.

［45］王道平.生产运作管理［M］.长沙：湖南大学出版社，2004.

［46］王学文.工程导论［M］.北京：电子工业出版社，2012.

［47］万维刚.高手［M］.北京：电子工业出版社，2017.

［48］沃尔德罗普.复杂［M］.陈玲，译.北京：生活·读书·新知三联书店，1997.

［49］ 无笔秀才．域名投资从入门到精通［M］．北京：清华大学出版社，2017．

［50］ Xy0467．怎样保护自己的创意［EB/OL］．（2016–04–15）［2020–05–30］．https://zhidao.baidu.com/question/64078127.html．

［51］ 小默日历．石墨文档：团队文档和表格协作工具［EB/OL］．（2018–03–23）［2020–05–30］．https://www.jianshu.com/p/93387376e53b．

［52］ 新三板法商研究院．真实的诺基亚：你以为它倒下了，实际上……［EB/OL］．（2018–09–27）［2020–05–30］．https://www.sohu.com/a/256591839_618578．

［53］ 形象思维．横向与纵向思维：你是否有创新的思维潜意识？［EB/OL］．（2018–11–30）［2020–05–30］．https://baijiahao.baidu.com/s?id=1618482925580857567& wfr=spider & for=pc．

［54］ 烟台上禾知识产权管理．企业外观专利申请与维权的四大误区，你中招了吗？［EB/OL］．（2019–06–20）［2020–05–30］．https://www.sohu.com/a/236696477_100109572．

［55］ 杨代胜．创始人如何找到合伙人，你的创业合伙人在哪里？［EB/OL］．（2016–01–08）［2020–06–06］．http://blog.sina.com.cn/s/blog_5fd72d2c0102vzzo.html．

［56］ 杨中兴，胡丽丽．创业合伙人［M］．天津：天津科学技术出版社，2019．

［57］ 伊斯梅尔，马隆，范吉斯特．指数型组织［M］．苏健，译．杭州：浙江人民出版社，2015．

［58］ 袁国宝．指数型发展的创业公司，是如何实现裂变式增长的？［EB/OL］．（2017–07–21）［2020–06–06］．https://www.sohu.com/a/158937199_101032．

［59］ 张印帅．产品思维创新设计的六条法则［M］．北京：电子工业出版社，2019．

［60］ 赵春芳．如何保护商业秘密［CD］．北京：机械工业出版社，2005．

［61］ 中国汽车维修行业协会法务部．维修企业擅自使用他人企业名称侵权责任案例简析［EB/OL］．（2018–03–05）［2020–05–30］．http://www.camra.org.cn/content/Content/index/id/9035．

［62］ 周攀峰．中国企业赢利模式［J］．商界，2002（9）：36–40．

［63］ 周游．穷画家的专利：带橡皮头铅笔的发明［J］．小学生之友（智力探索版），2009（10）：7．

［64］ 朱邦凌．曾每年投580亿研发，花610亿买技术，诺基亚为何还会跌落神坛？［EB/OL］．（2019–11–07）［2020–06–06］．http://finance.sina.com.cn/stock/relnews/us/2019–11–07/doc-iicezuev7850510.shtml．

［65］ 朱健．商标，可不是小事［M］．北京：清华大学出版社，2018．